"十四五"普通高等教育本科部委级规划教材

纺织科学与工程一流学科建设教材

纺织工程一流本科专业建设教材

# 数 智 营 销

王海霞　李罡　著

中国纺织出版社有限公司

# 内 容 提 要

数智营销是一种技术手段的革命，也是一种结合了先进计算机、网络、移动互联网和物联网技术的创新营销方式。数智营销利用人的创造性、创新力及创意智慧，通过大数据分析、机器学习算法和人工智能技术分析消费者行为，提供个性化推荐和定制化营销方案。本书深入分析各类数字营销工具的特征、应用策略和发展趋势，为实现数智营销提供思路。

本书适合市场营销专业的师生使用，也可供企业宣传和营销相关领域的人员参考。

## 图书在版编目（CIP）数据

数智营销/王海霞，李罡著. --北京：中国纺织出版社有限公司，2024.8
"十四五"普通高等教育本科部委级规划教材　纺织科学与工程一流学科建设教材　纺织工程一流本科专业建设教材
ISBN 978-7-5229-1725-2

Ⅰ.①数… Ⅱ.①王… ②李… Ⅲ.①网络营销－高等学校－教材 Ⅳ.①F713.365.2

中国国家版本馆 CIP 数据核字（2024）第 082939 号

责任编辑：孔会云　陈怡晓　　责任校对：寇晨晨
责任印制：王艳丽

中国纺织出版社有限公司出版发行
地址：北京市朝阳区百子湾东里 A407 号楼　邮政编码：100124
销售电话：010—67004422　传真：010—87155801
http://www.c-textilep.com
中国纺织出版社天猫旗舰店
官方微博 http://weibo.com/2119887771
三河市宏盛印务有限公司印刷　各地新华书店经销
2024 年 8 月第 1 版第 1 次印刷
开本：787×1092　1/16　印张：18
字数：400 千字　定价：49.00 元

凡购本书，如有缺页、倒页、脱页，由本社图书营销中心调换

# 前言

# 智能引领的营销新纪元

在这个瞬息万变的时代，数据如同无尽的海洋，而智能技术则是驾驭这浩瀚波涛的"帆船"。数智营销是解锁未来商业增长的密钥、新时代的营销宝藏。随着人工智能、大数据、云计算等前沿技术的深度融合，我们正迈入一个全新的"数智"时代。数智营销、不仅是技术的堆砌，更是思维方式的革新，它要求我们在海量数据中洞察先机，在智能算法的支持下实现个性化、自动化和最优化的营销策略。

数智营销不仅是一种技术手段，更是一种思维方式的转变。它要求我们从消费者的角度出发，运用数据和技术手段，深入挖掘消费者的需求和行为特征，从而制定出更加科学、有效的营销策略。这种思维方式的转变对于传统营销人员来说是一个巨大的挑战，但也是一个难得的机遇。在各行业飞跃发展的大趋势下，利用数智营销手段，企业可以收集和分析更多的用户数据，更好地了解消费者的行为、偏好和需求。这些数据可以用于制定更精准的营销策略，提高营销效果。利用人工智能及大数据技术和智能营销服务云平台，通过 IP 营销和短视频营销等方式，将传统流量转化为私域流量，最终达到良好的营销效果。

本书旨在探讨数智营销的理论框架、实践案例和未来趋势，为市场营销、新媒体技术、电子商务、时尚行业纺织行业转型升级、提供一本全面、深入的指南。感谢珍岛信息技术（上海）股份有限公司研究与实践数智化转型专家李罡第一部分的撰写，感谢高贤、张艳波、贾云中、郑小满等众多业内专家提供技术支持，悉心指导和深入交流讨论，深入调研市场。感谢参与本书编写校队的张旭、张祖恺、李韩、冯婉仪、石硕博夫等结合多年的营销经验和实践，力求使本书内容既具有理论深度，又具有实践指导意义。

王海霞

2024 年 6 月

# 目录

## 第一部分　数智营销概述

# 第二部分　IP 营销

# 第三部分 短视频营销

# 第四部分　私域流量运营

# 数智营销概述

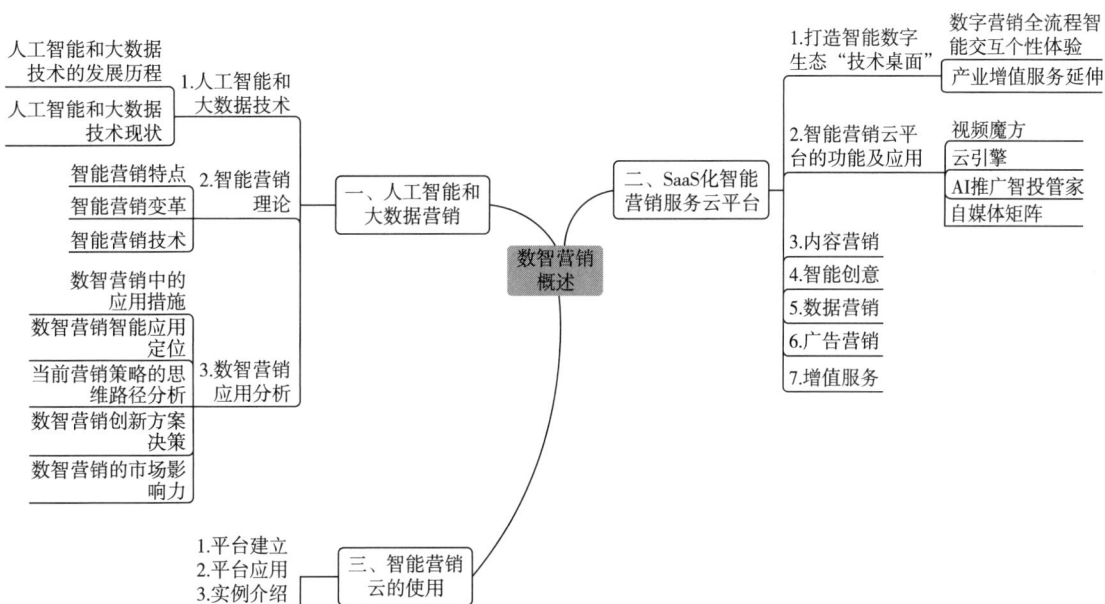

- 一、人工智能和大数据营销
  - 1.人工智能和大数据技术
    - 人工智能和大数据技术的发展历程
    - 人工智能和大数据技术现状
  - 2.智能营销理论
    - 智能营销特点
    - 智能营销变革
    - 智能营销技术
  - 3.数智营销应用分析
    - 数智营销中的应用措施
    - 数智营销智能应用定位
    - 当前营销策略的思维路径分析
    - 数智营销创新方案决策
    - 数智营销的市场影响力

- 数智营销概述

- 二、SaaS化智能营销服务云平台
  - 1.打造智能数字生态"技术桌面"
    - 数字营销全流程智能交互个性体验
    - 产业增值服务延伸
  - 2.智能营销云平台的功能及应用
    - 视频魔方
    - 云引擎
    - AI推广智投管家
    - 自媒体矩阵
  - 3.内容营销
  - 4.智能创意
  - 5.数据营销
  - 6.广告营销
  - 7.增值服务

- 三、智能营销云的使用
  - 1.平台建立
  - 2.平台应用
  - 3.实例介绍

# 第一章　人工智能和大数据营销

## 第一节　人工智能和大数据技术

人工智能(AI)技术属于新型科学技术,能够模拟和扩展各方面的内容,且人工智能的理论、技术、应用系统较多。通过人工智能技术,可以分析人的思想与行为,设计研发人工智能产品和人工智能技术,训练计算机对人的思想、行为方式的学习,通过长时间训练,可以增强计算机学习和行动能力,存储新知识与新技术。应用计算机语言,能够更好地存储知识与技术,丰富计算机系统技能。通过应用人工智能技术,计算机系统可以永久存储数据信息,同时完善自身应用程序,提升各应用程序的性能。

人工智能是主要研究和开发用于模拟人类的智能的理论、方法和技术的应用系统,是计算机学科的一个重要分支。人工智能的终极目的是掌握智能的实质,从而生产出一种全新的能以与人类智能相似和相近的方式快速做出反应的智能机器。可以说人工智能的发展与计算机科学技术的发展紧密相连、密不可分。

大数据技术属于数据信息资产,通过新型处理模式,可以加强数据分析、优化能力。传统应用程序无法高效收集和存储海量数据。而通过大数据技术,可以高效处理不同信息。数据是一种具有多样性、持续更新的资产,只有应用大数据技术,才可以实现科学化分析与处理。大数据技术与传统抽样调查法、随机分析法的差别较大,具备高速性、高密度、真实性特点。通过应用大数据技术,可以科学地分析和处理海量数据信息,结合历史数据与实时数据,开展深度分析与处理,有助于研发新数据模型。

大数据的特征:一是数据类型非常多,数据来自多种数据源,而非单一的一种数据源,数据的种类和数据的格式日渐丰富;二是数据规模非常大,通常在10TB左右;三是数据的真实性非常高,一些新的数据源渐渐兴起,打破了之前传统的数据源,如今的企业愈发需要这些有效的信息,以确保其真实性及安全性;四是数据处理的速度非常快,能够做到数据的及时快速处理。

### 一、人工智能和大数据技术的发展历程

人工智能一词起初是在1956年由美国达特茅斯学院提出的。人工智能的发展经历了半个多世纪,它的发展历程十分曲折,大致可分为3个发展阶段:20世纪40年代中期到50年代中期为第一阶段,被称为人工智能启蒙探索时期。1950年,英国数学家图灵发表了《计算的机器与智能》,提出了机器可以思维进而帮助人类的问题,直接推动了现代人工智能的发展。20世纪50年代中期到80年代末期为第二阶段,被称为人工智能经典符号时期。人工智能与认知科

学、认知心理学这三门学科开始了相依为命的发展历程。20 世纪 80 年代末期至今为第三阶段,被称为人工智能联结主义时期。这一时期,主要采用分布处理的方法通过人工神经网络来模拟人脑的智力活动。

大数据一词是由麦肯锡研究院于 2011 年发布的研究报告《大数据》中提出。之后,经美国高德纳公司和美国一些科学家的宣传推广,渐渐地大数据概念开始流行起来。大数据发展的萌芽期是 20 世纪 90 年代至 21 世纪初,此时处于数据挖掘技术阶段。这一时期,随着数据挖掘理论和技术的逐渐成熟,已有一些与商业相关的智能工具开始被人们所应用,如专家系统、数据仓库和知识管理系统等。大数据发展的突破期在 2003 ~ 2006 年,此时处于自由探索非结构化数据阶段。这一时期,非结构化数据的迅猛发展带动了大数据技术的快速发展。2004 年 Facebook 的创立是大数据发展的突破期的标志。大数据发展的成熟期是 2006 ~ 2009 年,此时大数据技术形成并行运算与分布式系统。到了 2010 年,智能手机开始大量涌现,并广泛应用。数据的碎片化、流媒体、分布式等特征更加凸显,移动数据开始急剧增长。近年来,大数据技术的发展十分迅猛,开始向社会各行各业逐步渗透,导致大数据的技术领域和行业边界越来越不明显,大数据的应用创新已经超越了大数据技术的本身,越来越受到各行各业的青睐。如今大数据技术能够改变一个领域,为该领域带来变革和创新。

## 二、人工智能和大数据技术现状

### 1. 人工智能(AI)

①深度学习。深度学习是 AI 领域的一个重要分支,通过构建多层次的神经网络模型,实现对复杂数据的学习和分析。近年来,深度学习在图像识别、自然语言处理等领域取得了显著的进展。

②强化学习。强化学习是一种让计算机通过与环境的交互来学习的方法。这方面的研究集中在开发更加高效的强化学习算法,以解决复杂的决策问题,如自动驾驶、游戏策略等。

③自然语言处理(NLP)。NLP 研究致力于让计算机能够理解、处理和生成自然语言。近年来,预训练的语言模型(如 BERT、GPT 系列)在 NLP 任务中取得了显著的成果,推动了对话系统、机器翻译等领域的发展。

④可解释性和公平性。随着 AI 应用的不断普及,研究者们对 AI 模型的可解释性和公平性提出了更高的要求。研究工作集中在开发能够解释和纠正模型决策的方法,以及减少模型对不同人群的偏见上。

⑤AI 在医疗领域的应用。AI 在医疗图像分析、疾病诊断、药物研发等方面的应用逐渐成为研究热点。研究者们正在努力提高医疗 AI 的准确性和可靠性,以促进其在实际医疗实践中的应用。

⑥AI 在时尚领域的应用。目前 AI 正逐步被应用到时尚领域,AI 会利用灵感板上的图像,选择并组合不同的颜色、布料印花图案和设计草图,通过一系列特定的 AI 技术,设计师在构思及设计过程中的不同需要,辅助创作设计。有大量的创意人和公司在使用 AI 图像生成器进行绘画、平面设计以及艺术创作,开发应用到了时尚领域,将功能拓展到服装设计之上。图案匹配

设计在 AI 应用上可以大大提高图案运用效率。设计师可以尝试不同风格,不同主题的创作,进而实现小批量快速反应设计。

**2. 大数据技术**

①分布式计算。随着数据量的不断增加,分布式计算成为处理大规模数据的重要手段。Apache Hadoop 和 Spark 等开源框架在大数据处理中发挥着重要作用。

②数据存储和管理。大数据时代需要高效的数据存储和管理系统。NoSQL 数据库(如 MongoDB、Cassandra)和分布式文件系统(如 Hadoop 的 HDFS)等技术需要不断发展,以适应不同类型和规模的数据。

③数据安全和隐私。随着大数据的应用范围扩大,对数据安全和隐私的关注也在增加。研究者们致力于开发更安全的数据处理和存储方法,同时保障用户的隐私权。

④实时数据处理。针对需要实时响应的应用场景,实时数据处理技术变得越来越重要。流式处理框架(如 Apache Flink)的发展使得实时数据分析成为可能。

⑤人工智能与大数据的融合。AI 和大数据技术的结合是当前研究的一个重要方向。研究者们探索如何通过 AI 算法更好地分析和理解大数据,以提高数据的价值和应用效果。

总体来说,AI 和大数据技术的研究一直在迅速发展,研究者们持续努力提高这些技术的性能、可靠性和可解释性,以推动它们在各个领域的广泛应用。未来,随着技术的不断演进和应用场景的不断拓展,这两个领域的研究将继续取得新的突破。

# 第二节 智能营销理论

智能营销(intelligent marketing)是通过人的创造性、创新力以及创意智慧将先进的计算机、数据网络、移动互联网、物联网等科学技术的融合应用于当代品牌营销领域的新思维、新理念、新方法和新工具的创新营销新概念,其内涵包括以下几个方面:

(1)数据驱动的决策。智能营销依赖于大数据分析和人工智能技术,通过对消费者行为、偏好和历史数据的分析,可以更准确地预测市场趋势,指导决策制定。

(2)个性化营销。基于用户的数据和行为,智能营销可以实现个性化的推广和营销活动。这意味着能够向每个用户提供更相关、更有吸引力的信息,从而增强用户参与度,提高转化率。

(3)实时互动。智能营销可以通过实时互动方式与消费者进行沟通,如通过社交媒体、聊天应用等,及时回应用户的问题和需求,提高用户满意度。

(4)多渠道整合。智能营销通过整合不同的营销渠道,如社交媒体、搜索引擎、电子邮件、短信等,实现全方位的宣传和推广,以便更好地覆盖目标受众。

(5)自动化营销。利用自动化工具和流程,智能营销可以在不需要人工干预的情况下,进行营销活动的执行和监测。这可以提高效率,降低人力成本。

(6)预测分析。基于历史数据和趋势,智能营销可以进行预测分析,帮助企业更好地了解市场动态,做出更有远见的决策。

(7)实时反馈和优化。智能营销的一个重要特点是可以实时监测和评估营销活动的效果,从而迅速调整策略,优化营销方案,以取得更好的结果。

总的来说,智能营销的内涵在于将技术和数据融合到市场营销的各个环节中,以实现更精准、更高效、更具创造力的营销策略,从而更好地满足消费者需求,提升企业的竞争力。

**一、智能营销特点**

借助于云计算、大数据、人工智能等先进的理念,研发出的具备智能化、自动化的数字营销工具及平台,为数字营销提供智能匹配、智能投放、智能运营和智能交互等服务(图1-1-1)。

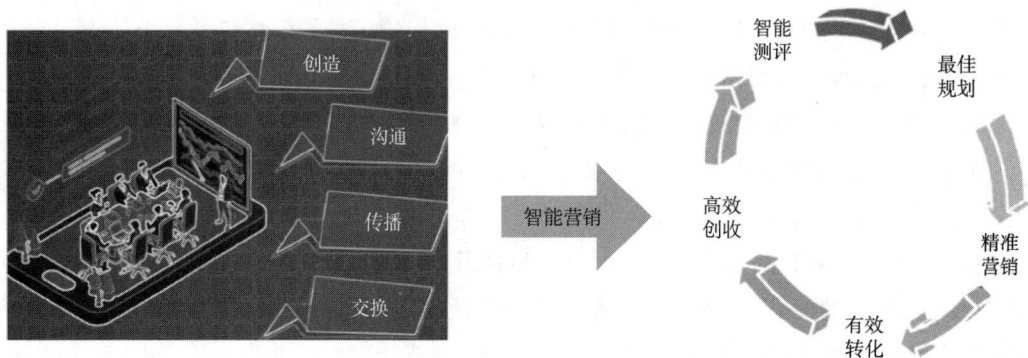

图1-1-1　智能营销特点图

**1. 智能匹配**

智能匹配是智能营销的重要特点之一,它涵盖了个性化推荐、定向广告和内容匹配等方面。大数据智能分析,能够搜寻具有一定特点的用户群体,通过用户习惯或喜好,将广告信息自动匹配覆盖到用户群体。通过数据分析和人工智能技术,智能营销可以实现更精准的目标受众匹配,从而提高营销活动的效果。以下是智能匹配的一些关键特点:

①个性化推荐。智能营销可以根据用户的历史行为、兴趣和偏好,向他们推荐更相关的产品、服务或内容。这种个性化推荐可以提高用户的参与度和转化率。

②定向广告。通过分析用户的地理位置、性别、年龄、兴趣等信息,智能营销可以将广告投放到特定的目标受众,提高广告的曝光率。

③内容匹配。在内容营销方面,智能匹配可以将特定内容(如文章、视频等)匹配到适合的用户群体,从而提高内容的吸引力和分享率。

④购买历史分析。通过分析用户的购买历史,智能营销可以预测用户可能的购买兴趣和需求,从而针对性地进行营销活动。

⑤实时调整。智能匹配不仅依赖于历史数据,还能实时监测用户的行为,及时调整推荐和广告策略,以适应用户不断变化的兴趣。

⑥跨渠道匹配。智能匹配可以在不同的营销渠道中实现一致的个性化推荐和广告投放,增强品牌的一致性和用户体验。

⑦反馈循环。智能匹配可以根据用户的反馈和互动,不断优化匹配策略,提高推荐和广告的准确性。

⑧避免滥用。智能匹配也需要注意避免滥用用户数据和过度依赖个人隐私信息,以保护用户的权益和隐私。

总的来说,智能匹配是智能营销的核心特点之一,它通过数据分析和人工智能技术,实现更准确、个性化的营销推荐和广告投放,从而提高用户参与度和营销效果。

### 2. 智能投放

智能投放是智能营销的另一个重要特点,它强调利用数据分析和人工智能技术,将营销内容在合适的时间、地点和渠道上展示给目标受众,以提高广告的效果和用户互动。在合适的时间、合适的地点,将合适的产品以合适的方式投放给合适的用户,并辅以后期的实际效果追踪。以下是智能投放的一些关键特点:

①时间优化。智能投放可以根据用户的行为模式和历史数据,确定最佳的投放时间,以获得用户在合适时刻的注意力和参与度。

②地理定位。通过分析用户的地理位置信息,智能投放可以将广告在特定地区进行投放,从而增加广告的相关性和有效性。

③行为预测。基于用户的历史行为和数据,智能投放可以预测用户可能的行为,进而选择合适的广告内容和呈现方式。

④A/B测试。智能投放可以实现快速的A/B测试,通过比较不同广告内容、样式和渠道的效果,找到最优的投放策略。

⑤跨平台投放。智能投放可以在多个平台和渠道上展示广告,确保广告在用户常去的地方得到展示,提高曝光率。

⑥广告呈现方式。智能投放可以根据不同平台和用户特点,调整广告的呈现方式,如文本广告、图像广告、视频广告等。

⑦动态调整。通过实时监测广告效果和用户反馈,智能投放可以动态调整投放策略,提高广告的点击率和转化率。

⑧预算控制。智能投放可以根据广告效果自动控制预算分配,确保资金投入在最具潜力的广告渠道上。

⑨个性化体验。智能投放可以根据用户的个人特征和行为,呈现与他们兴趣相关的广告内容,提供更有价值的体验。

⑩效果监测。智能投放具备强大的数据分析能力,可以实时监测广告的效果和互动情况,帮助优化广告策略。

综上所述,智能投放是智能营销的一个重要特点,通过数据驱动和人工智能技术,实现广告在合适时间、地点和渠道的优化展示,从而提高广告效果和用户参与度。

### 3. 智能运营

智能运营是智能营销的关键特点之一,它强调利用数据分析和人工智能技术来优化营销活动的执行和管理,以提高效率和效果。根据用户ID信息、上网痕迹以及评论回复,分析出是否

是目标消费者,通过智能小程序及消费者运营平台等进行用户需求对接。以下是智能运营的一些关键特点:

①自动化流程。智能运营利用自动化工具和流程,可以自动执行一系列营销任务,如发送电子邮件、管理社交媒体账号等,从而减少人工干预。

②数据分析。智能运营可以对大量数据进行分析,从中提取有价值的信息,帮助企业了解市场趋势、用户行为等,支持决策制定。

③预测和优化。基于数据分析,智能运营可以预测未来的市场走向,帮助企业调整策略以适应变化,并优化营销方案。

④个性化营销。智能运营可以根据用户的行为和兴趣,自动发送个性化的营销内容,提高用户的参与度和响应率。

⑤实时监测。智能运营可以实时监测营销活动的执行情况和效果,及时调整策略,提高活动的成功率。

⑥多渠道协调。智能运营可以协调不同的营销渠道,确保品牌信息和用户体验一致。

⑦客户关系管理。智能运营可以帮助企业更好地服务客户,从而提高客户忠诚度和满意度。

⑧自动回应和互动。智能运营可以自动回应用户的查询、反馈和互动,提高用户满意度和品牌形象。

⑨节省成本。通过自动化和智能化的运营,企业可以节省人力和时间成本,提高运营效率。

⑩持续优化。智能运营不断收集数据并进行分析,从中汲取经验教训,持续优化营销策略和运营流程。

总的来说,智能运营是智能营销的一个关键特点,它利用数据和技术,优化营销活动的执行和管理,提高效率和效果,从而帮助企业更好地实现营销目标。

**4. 智能交互**

智能交互是智能营销的一个重要特点,它强调通过各种渠道和方式,与用户进行实时、个性化的互动,以建立更紧密的关系,提高用户参与度和满意度。智能交互是指人机交互,是种基于如面部识别、语音互动、增强现实等领先的 AI 技术,实现更前沿的交互沟通。以下是智能交互的一些关键特点:

①实时沟通。智能交互可以通过实时的方式,如聊天应用、社交媒体等,与用户进行实时沟通,解答问题、提供帮助等。

②个性化互动。基于用户的行为和偏好,智能交互可以提供个性化的互动内容,使用户感受到更贴近自身需求的体验。

③自动化回应。智能交互利用自动化工具和机器学习,可以自动回应用户的查询和需求,提高用户获得答案的效率。

④情感连接。通过智能交互,品牌可以更深入地了解用户情感和反馈,建立情感连接,增强用户的忠诚度。

⑤虚拟助手。智能交互可以引入虚拟助手或聊天机器人,与用户进行互动,解决问题,提供

信息,提高用户参与度。

⑥互动式内容。智能交互可以通过互动式的内容,如投票、问卷调查等,引导用户参与,提供更丰富的互动体验。

⑦用户参与活动。借助智能交互,可以设计用户参与型活动,如抽奖、挑战等,吸引用户积极参与。

⑧用户反馈。智能交互可以帮助企业收集用户反馈信息,了解用户需求,指导产品和服务的优化。

⑨知识传递。通过智能交互,企业可以向用户传递有关产品、行业知识等的信息,提供有价值的内容。

⑩多渠道互动。智能交互可以在多个渠道上进行,如社交媒体、网站、移动应用等,确保与用户的全方位互动。

综上所述,智能交互是智能营销的一个重要特点,它通过实时、个性化的互动方式,建立品牌与用户之间的紧密关系,提高用户的参与度和满意度,从而实现更好的营销效果。

**二、智能营销变革**

智能营销带来了许多变革,影响了企业的营销策略、用户体验、市场竞争以及商业模式等方面。以下是智能营销带来的一些重要变革:

①个性化营销。智能营销通过数据分析和人工智能技术,实现了更精准的个性化推荐和广告投放,使企业能够根据用户的兴趣、偏好和行为,定制化地呈现营销内容。这大大提高了用户与品牌之间的互动和参与度。

②实时互动。智能营销让品牌可以通过实时的方式与用户互动,例如社交媒体、聊天应用等。这种实时互动使品牌能够更迅速地回应用户的问题、反馈和需求,增加用户满意度。

③数据驱动的决策。智能营销使企业可以基于数据进行更明智的决策。通过数据分析,企业能够更好地了解市场趋势、用户需求,从而制定更精准的营销策略,提高决策的成功率。

④全渠道整合。智能营销强调多渠道的整合,使企业能够在不同的渠道上进行一致的宣传和推广。这种全渠道整合增加了品牌的曝光度,提高了用户的感知度。

⑤自动化和效率。智能营销利用自动化工具和流程,降低了重复性的工作量,提高了营销活动的效率。这使营销团队能够将更多的时间投入策略制定上。

⑥市场预测和优化。基于数据分析,智能营销能够预测市场趋势和用户行为,帮助企业提前做出调整,优化营销策略,从而更好地应对市场的变化。

⑦用户参与和忠诚度。通过个性化的互动和体验,智能营销提高了用户的参与。

⑧新商业模式。智能营销为企业创造了新的商业模式,如基于订阅的模式、定制化产品等。这些模式可以更好地满足用户多样化的需求。

⑨数据隐私和安全。随着智能营销的发展,数据隐私和安全问题也引起了更多的关注。企业需要更加重视用户数据的保护,确保用户数据的合规性。

综上所述,智能营销带来了许多变革,从个性化营销到数据驱动决策,从实时互动到效率提升,这些变革影响了企业的营销方式、用户体验和市场竞争,为企业带来了更多的机会和挑战(图1-1-2)。

## 智能营销带来的变革

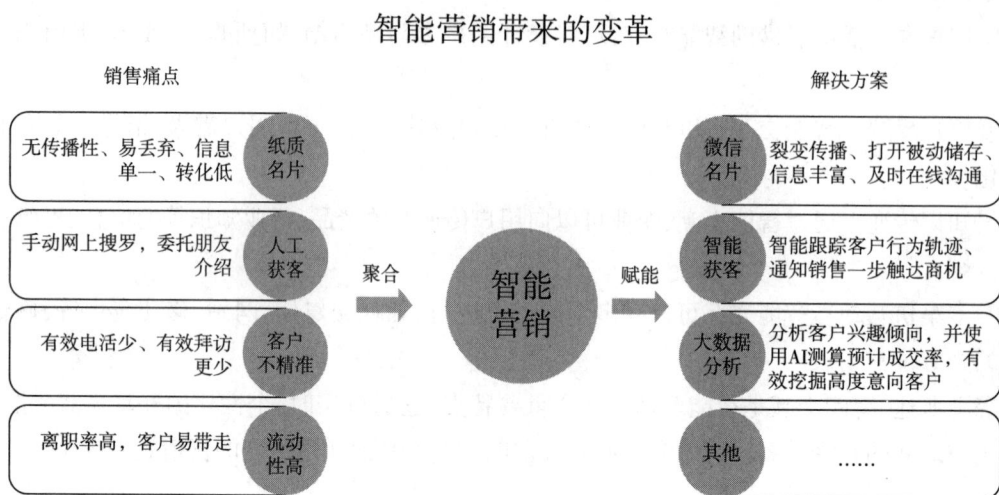

图1-1-2　智能营销变革图

## 三、智能营销技术

### 1. 云计算服务平台架构

SaaS是software as a service的缩写,即"软件即服务",是指通过网络提供软件服务。SaaS平台供应商将应用软件统一部署在自己的服务器上,用户可以根据工作实际需求,通过互联网向厂商定购所需的应用软件服务,按定购的服务多少和时间长短向厂商支付费用,并通过互联网获得SaaS平台供应商提供的服务。

SaaS化智能营销服务云平台,即T云。T云为企业用户提供了一站式、全方位、按需所取的数字营销工具、资源与服务(图1-1-3)。T云的"平台化智能"则是对传统数字营销服务模型的全面革新,"数据驱动决策,服务众企共享"的"桌面化工作台"模式,大大降低企业数字营销的实践成本,同时也满足了众多中小企业普适性的实际数字营销所需。

PaaS是platform as a service的缩写,即"平台即服务"。简单地说,PaaS平台就是指云环境中的应用基础设施服务,也可以说是中间件即服务。在传统内部(on-premise)部署方式下,应用基础设施即中间件的种类非常多,有应用服务器、数据库、ESBs、BPM、Portal、消息中间件及远程对象调用中间件等。

IaaS是infrastructure as a service的缩写,即"基础设施即服务",指把IT基础设施作为一种服务通过网络对外提供,并根据用户对资源的实际使用量或占用量进行计费的一种服务模式。

IaaS提供给消费者的服务包括处理CPU、内存、存储、网络和其他基本的计算资源,用户能够部署和运行任意软件,包括操作系统和应用程序。消费者在使用模式上,IaaS与传统的主机托管有相似之处,但是在服务的灵活性、扩展性和成本等方面IaaS具有很强的优势。

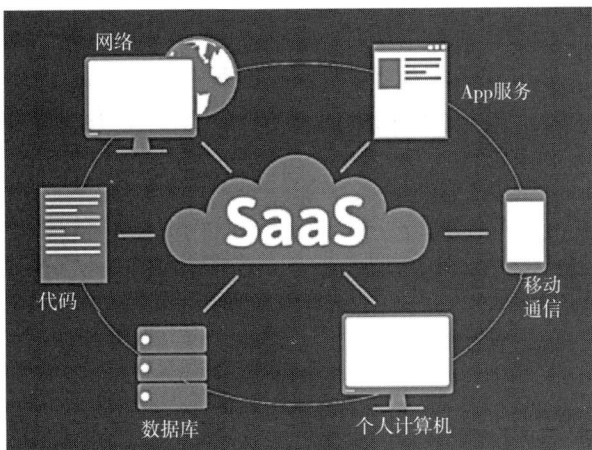

图 1-1-3　SaaS 云平台关联示例图

云计算服务云平台的特点是管理简单,成本经济;安全稳定,有保障;弹性好,支持更新;配置简单,响应速度快。

### 2. 大数据商业智能分析

大数据分析是智能营销的核心。平台使用大数据技术,收集、存储和分析大量的用户行为数据、市场趋势等信息,从中提取有价值的信息,支持决策制定和优化营销策略。智能营销云平台秉承"整合数字资源,技术驱动营销",通过大数据商业智能分析,助力营销力赋能,最终实现企业用户的高效营销。

大数据分析的步骤和特点如图 1-1-4 所示。

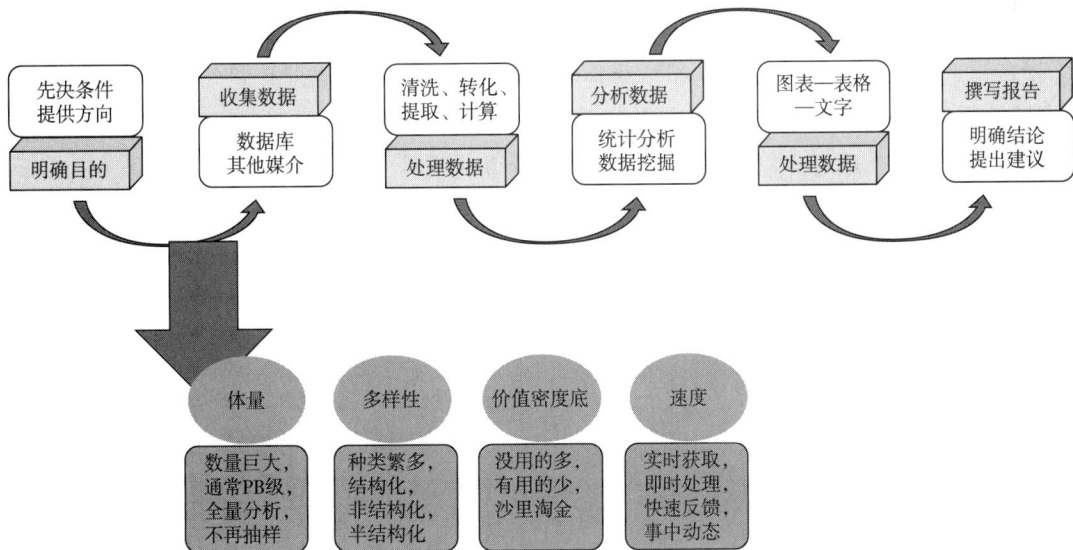

图 1-1-4　大数据分析的步骤和特点

大数据商业智能分析特点：

①丰富的数据源接入与用户的交互性强。可连接多种渠道和多种类型的数据源,用户不再是信息传播中的受者,还可以方便地以交互的方式管理和开发数据。

②数据处理显示的多维性。支持将分散在不同系统的各类指标集中管理,将每一维的值分类、排序、组合和显示,帮助企业统一指标口径,构建完善的指标体系。

③直观的可视性特点。数据可以用图像、曲线、二维图形、三维体和动画来显示,并可对其模式和相互关系进行可视化分析。

④数据的客观与价值导向。通过提供对用户行为最新趋势的分析,能够制定全面的战略,并为更有效的活动做好准备。

麦肯锡对大数据的定义:大数据(big data)是指其大小超出了典型数据库软件的采集、存储、管理和分析等能力的数据集合。

Gartner 对大数据的定义:大数据是指需要新处理模式才能具有更强的决策力、洞察发现力和流程优化能力的海量、高增长率和多样化的信息资产。

大数据商业智能分析的流程如图 1-1-5 所示。

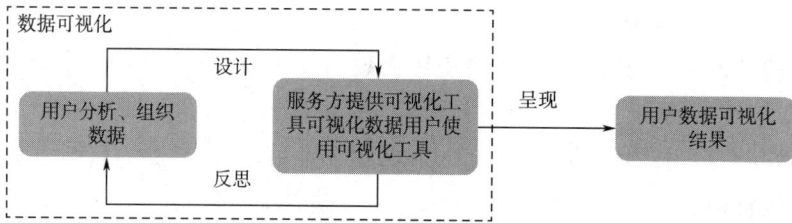

图 1-1-5　大数据商业智能分析流程图

### 3. AIIaS

AIIaS(artificial intelligence, location-based services and analytics)是一种集成了人工智能、基于位置的服务和分析技术的综合解决方案,用于实现更精准的个性化营销和与用户互动。它可以根据用户的位置、偏好等信息,提供定向广告、个性化推荐等服务。AIaaS(AI as a service,人工智能即服务),就是直接通过第三方平台就可以对 AI 神经网络模型,机器学习算法的测试、训练和试验,以达到为企业所用的效果。在云平台上,人工智能主要体现在智能诊断、智能素材生成、智能交互、智能洞察等方面。

AI 平台的开放与成长将让大众都能借用现有的 AI,在现有服务基础上打造新的功能(图 1-1-6)。这可能会具有颠覆性的意义,小微企业甚至是个人都将能够使用智能工具和强大资源。

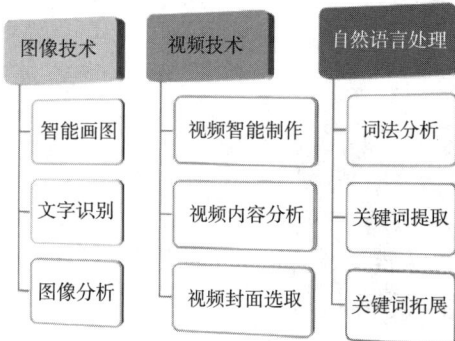

图 1-1-6　AI 平台功能示例图

人工智能及服务特点：

①高级基础设施。让企业能够以可承受的成本来应用这些超高速计算机,特别是机器学习和深度学习应用程序,可以在具有多个并行运行工作负载的高速图形处理单元(GPU)的服务器上执行最佳性能。

②低成本。不再需要为昂贵的硬件支付费用,仅需支付服务本身的费用和可能需要的部分硬件支出,大大降低了成本。

③可拓展性。组织通常从一个试点项目开始,会看到人工智能的作用,可以快速将该试点项目转化为全面生产,并随着需求的增长而扩大规模。

④易用性。云计算人工智能服务通常使开发人员更容易访问人工智能功能,而无须成为这方面的技术专家。

**4. 全栈整合营销**

全栈整合营销是指将多个营销工具、渠道和技术整合到一个统一的平台上,实现全方位的营销活动管理。这包括整合社交媒体、电子邮件营销、内容管理、客户关系管理(CRM)、数据分析等功能,使营销团队能够在一个平台上协调执行和监测营销活动。

①全栈整合营销的特点。

全栈的速度:快速数据洞察能力,助力企业对"症"营销。

全栈的广度:整合全球网络资源综合智能推广,让网络营销更简便。

全栈的维度:贴合用户决策行为推广,分场景分层次。

全栈的精度:渠道信息精准智能发布,大数据精准匹配。

全栈的力度:营销力赋能,发挥数字化智能营销平台自身的优势。

全栈的温度:智能交互,可以大大地提升客服的效率。

全栈的深度:打通企业内外部环境,智能企业信息化管家,协助企业一体化运营与管理。

②全栈整合营销的多渠道平台。多渠道平台可覆盖国内外多语种渠道或媒体(图1-1-7),同时也针对层出不穷的数字媒介,不断进行扩容,并整合出更多平台资源(包括视频软件、小程序、搜索引擎网站等),如图1-1-8所示。

图1-1-7　媒体平台示例图

# 全栈营销平台

打造全网、全域、全流程、全数据、自动化生态营销体系，让网络营销变简单！

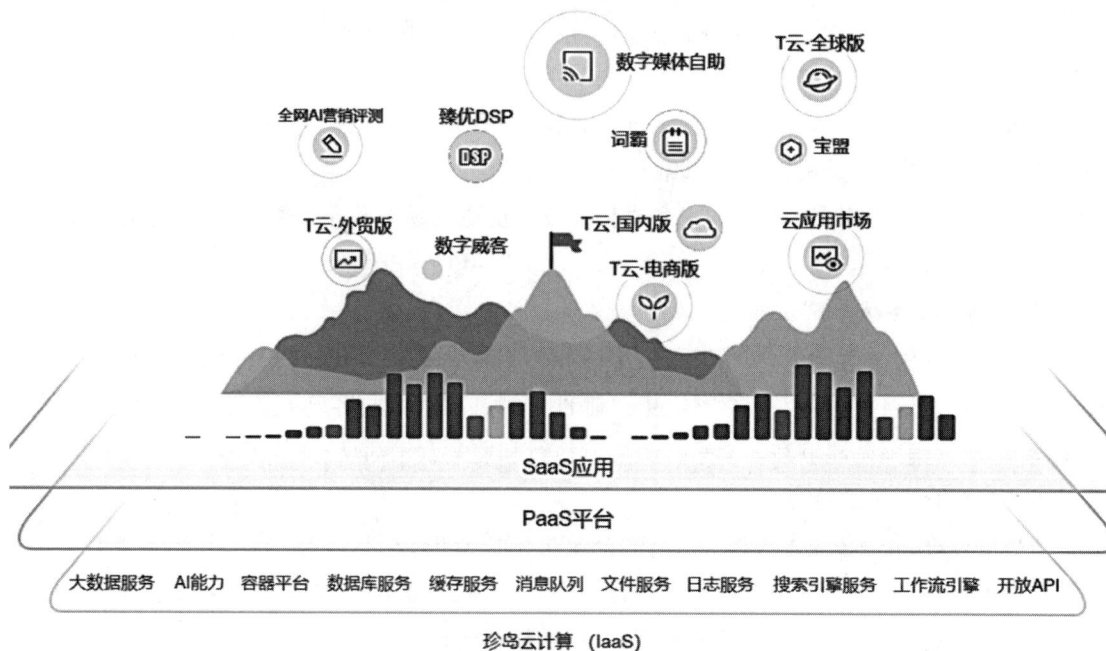

数字媒体自助

T云·全球版

全网AI营销评测  臻优DSP  词霸  宝盟

T云·外贸版  数字威客  T云·国内版  云应用市场

T云·电商版

SaaS应用

PaaS平台

大数据服务  AI能力  容器平台  数据库服务  缓存服务  消息队列  文件服务  日志服务  搜索引擎服务  工作流引擎  开放API

珍岛云计算（IaaS）

图 1-1-8　全栈营销平台页面示例图

# 第三节　数智营销应用分析

当前人工智能在市场营销中的应用大致可以分为需求方平台、数据管理平台、实时竞价、供应方平台、互联网广告交易平台等。收集消费者的消费行为数据，通过对数据的分析与研究，有针对性地对消费者进行产品的营销活动，从而获得更好的营销效果。借助人工智能，可以获得大量消费者的消费行为以及消费的偏好，从而使产品的供应方及互联网广告交易平台能够得到快速的发展。随着电商平台的快速出现，越来越多的电商平台进行商业的合作，进而使各企业的数据库信息资源能够实现共享。随着电商平台对智能营销方法的大量使用，使消费者在浏览各种网页、搜索引擎、电商平台中的浏览记录被收集，或是在浏览的过程中弹出一些广告，使消费者对智能营销产生了非常大的误解。当前人工智能技术对消费者在实施智能营销的过程中所采取的推送方式，大多数都是在消费者浏览网页的过程中随机弹出广告框，或使用某款软件时嵌入相应的广告信息，分析消费者的消费方向，无法对消费者所需产品的价格、产品的质量以及其他消费需求等进行判断，进而影响精准营销的具体实施的效果。

## 一、数智营销智能应用定位

当前大多数企业虽然有一些营销的数据信息,但是这些数据信息过于复杂和烦琐,如果选用传统的营销方式,则无法对这些数据信息进行准确合理的分析,甚至会造成较大的工作负担;如果选择人工智能和大数据的相关技术,就可以帮助相应的营销人员对这些数据信息进行科学合理化的分析与研究,并制定相应的营销策略。通过使用人工智能和大数据技术,可以对这些数据进行分析、分类、筛选,然后有针对性地提出相应的营销策略。例如,当我们进入某款服装购买的软件界面时,每个人的界面不同是因为每个人的历史消费数据不同,进而通过人工智能大数据的分析,推送相应的符合各用户的营销产品。当前智能化的营销则以大量的消费数据信息作为支撑,通过对这些数据信息的筛选和分析,进一步了解用户的购买习惯和对品牌的偏好,从而了解用户的消费习惯,最终促进企业自身的长远发展。

### 1. 智能营销定位

在人工智能和大数据对海量消费数据的分析过程中,不仅可以对用户的消费习惯和品牌偏好进行分析,同时还可以提供相应的产品广告定位。广告在智能营销的过程中也具有重要的作用,因此在营销的过程中,将广告推送给相应的企业和潜在的用户是非常关键的。例如在百度搜索过程中,用户在搜索时,人工智能技术会根据用户的搜索内容及点击频率和次数,对按点击付费的广告(PPC)优化实时出价流程,从而可以最大化地帮助企业制定相关广告价位和设计专业化、个性化的品牌广告。同时通过人工智能和大数据技术对一些历史性的数据进行分析,在分析的过程中,还可以实现实时监察,从而帮助企业精准定位相应的潜在用户,及时对一些有意向的潜在用户进行全面科学的筛选,并锁定目标客户以及为目标客户提供相对应的营销服务,从而能够最大化地提高企业在市场营销中的投入和产出的比例。

### 2. 智能销售

随着人工智能大数据技术的快速发展,人工智能客服已经逐渐取代了传统的人工客服。人工智能客服可以与消费者进行智能化的应答,及时帮助企业进行相应的营销以及销售的服务,显著提高了企业的销售效率,同时降低了企业中的资金成本。人工智能客服包含多种人工智能技术,可以通过智能化的外呼自动回应代替人工接打电话,例如在电话营销的过程中,大部分由机器人为客户提供相应的服务。人工智能客服在与客户进行交谈的过程中,可以对消费者的消费喜好、行为等进行记录,根据消费记录为消费者提供相对应的消费服务,进而提高消费者的满意度。

### 3. 品牌危机监测及管理支持

随着互联网时代的到来,很多企业的品牌产品受到严重的干扰。此时通过大数据的分析可以对企业品牌产品未来的风险进行精准预测。如果企业的品牌遇到营销危机时,人工智能就可以根据相应的发展趋势,并且通过大数据的分析,进一步制定相应的应对措施,以制止危机的延伸。智能化营销不仅可以采集产品在销售中的负面信息,还可以及时对产品和信息进行跟踪和预警,根据消费群体对整个事件发展过程中的观点等进行管理和控制,从而最大化保护企业自身的品牌形象,最终促进企业的长远发展。

**4. 智能化的预测**

人工智能机器人可以帮助市场营销人员对海量的数据信息进行深入的挖掘和分析,进一步掌握消费群体的消费喜好和相应的潜在客户,同时还可以对潜在客户的购买力进行分析。人工智能技术可以帮助企业和相关的营销人员为消费者提供更加合理和有吸引力的营销内容,完成相应的日常营销工作,记录和分析消费者的消费行为和品牌偏好,及时预测客户未来的购买能力,进而根据客户的购买能力调整相应的营销策略以及筛选相应的重点潜在客户。在市场营销的过程中,通过大数据可以对企业的潜在用户、购买能力较大的用户以及有购买意向的用户等进行分类,同时还可以将与企业有关的信息进行深入分析和实时监察,定期对这些用户进行汇总和深入的分析,从而为企业筛选重点的潜在客户和有购买能力的客户及购买能力较大的客户。

**5. 改善用户的体验**

在市场营销的过程中,只有真正了解用户的消费行为和品牌变化,才能够更好地为用户提供专业化、精准化的用户体验,最终制定个性化的营销策略。例如,在当前大数据时代,一辆正常行驶的汽车,可以通过各种各样的传感器及时收集汽车各个零件在运行中的数据信息,在汽车发生问题之前,可以及时将可能出现的问题准确反馈给车主,这样就可以帮助车主掌握汽车在运行中的状态和情况,从而对汽车进行维修,保护车主的生命安全,由此可见,通过大数据预测性的系统可提高汽车用户的体验。

## 二、当前营销策略的思维路径分析

在当前互联网时代,消费者的主要消费集中在各种各样的购物平台、社交媒体以及手机软件等区域。此时,市场营销人员需要改进营销思维方式,重视大数据和人工智能技术对市场营销所产生的作用,通过大数据和人工智能技术进一步分析消费者的消费行为、消费价格以及对品牌的偏好等信息,从而根据这些信息制定个性化的营销方式和营销内容,这样才能够最大化实现数字营销,为企业获得更高的经济效益和创造更好的营销效果。

**1. 传统营销模式与互联网营销模式深度融合**

在当前市场营销的过程中,企业要将传统的营销模式与互联网的数字营销模式进行深层次的融合,根据消费者的年龄、教育层次以及消费者的消费特性制定相应的营销策略,为消费者提供个性化的服务,从而获得最佳的营销效果。例如在为老年人产品推广和数字营销的过程中,就可以采取一些传统的营销方式,通过电视播放和报纸刊登的方式进行推广,同时也可以将互联网营销作为次要的推广和营销方式。但是在为年轻群体推广时尚产品的过程中,可以将重心放置在互联网的数字营销中,通过对各类购物平台、网页、软件中广告的推广和营销进一步吸引年轻群体的注意力,从而为年轻人提供相应的产品和服务。

**2. 实施精准化的数智营销策略**

在企业的发展过程中,要想提升企业的效益,最显著的方法是降低企业的营销成本,因而就需要企业在推广产品的过程中实施精准化的数字营销。企业需要借助大数据和人工智能技术,对海量的互联网数据信息进行归类、分析、筛选和确定目标群体,从而根据消费者的喜好制定个性化、专业化的营销方式,这样才能够最大化提升市场营销的效果,为企业奠定良好的销售基础。

**3. 在线客服以及营销的售后服务**

在当前人们的日常生活中,网络购物已经成为必不可少的一部分,而且人工智能客服已经逐渐取代了传统的人工客服。人工智能客服可以通过对过往客服的记录进行分析,从而对咨询次数较多的问题进行汇总和补充,及时为客户解答一些问题。在此过程中,人工智能客服还可以通过用户对相关产品的点击率和消费行为预测消费者的偏好,还能通过与消费者进行快速的问答和为客户推荐相关的产品,进而提高销售效率。与此同时,企业还需要完善产品的售后服务,品牌产品要想在市场中占据重要地位,必须提高客户的满意度和黏性,即提高产品的售后服务水平。人工智能可以对用户的体验进行收集和分析,并及时为客户提供实时帮助。当客户遇到问题时,企业应及时安排工作人员为客户解决问题,这样才能够根据客户的售后需求提供相应的、更深化的售后服务,从而提升用户的满意度,为企业树立良好的口碑,最终促进企业的长远发展。

**三、数智营销中的应用措施**

随着社会的发展,人工智能和大数据技术在企业营销中应用更加普遍,同时推动了数智营销时代的到来。企业管理者应该紧跟时代发展趋势,提高对人工智能和大数据技术的重视程度,树立正确的商业价值和商业理念,使人工智能和大数据技术在数智营销中得到充分应用,提高数智营销水平,为企业创造更大的价值和财富。

首先,企业应该打造数字化文化。通过研究可以发现,数字化文化是企业不可或缺的重要组成部分,可以从不同的方面影响企业,对企业管理者的价值观念形成等都会产生巨大的影响。因此,企业应该打造数字化企业文化,为人工智能和大数据技术在数智营销中的应用奠定良好的环境和氛围基础。例如,企业可以积极鼓励和发现企业中应用人工智能和大数据技术良好的部门或者人员,加强对部门人员的宣传和表扬,树立企业榜样形象,能够促进企业形成有序的数字企业文化。

其次,企业应该加强宣传工作。例如,企业管理者可以利用现代化信息技术和多媒体传播途径,将人工智能和大数据技术在数字营销中应用的重要性以不同的形式呈现给企业人员。

最后,企业管理者应该转变观念,创新理念,真正融入数据化时代,从而改变传统的营销方式。借助人工智能与大数据技术使传统营销呈现的新特点,实现数智营销,提升企业营销水平。观念转变是一个漫长的过程,因此企业管理者需要树立长效思维,只有在日常的工作和管理中做好观念引导和价值引导工作,才能够使营销人员认识数智营销的积极意义,进而落实数智营销。

**1. 数智营销实现智能营销定位**

通过对企业营销市场进行分析可以发现,大多数企业在营销过程中会有一些营销的数据信息。如果能够充分了解这些营销信息的特点,掌握市场营销数据,能够为企业开展营销工作提供数据支持。但是,这些数据信息过于复杂,如果采用传统的模式开展营销工作,往往不能对数据信息进行更加准确的把握。因此,企业管理者和员工可以利用人工智能和大数据技术对当前市场进行定位。例如,企业可以利用计算机等软件统计并分析用户的消费习惯和品牌偏好,了解用户的实际产品需求,为企业广告宣传提供方向。另外,人工智能技术能够根据消费者搜索的内容、点击频率和次数,对按点击付费的广告优化实施出价流程,可以实时监控消费者的消费动态,也可以挖掘市场中的潜在客户,从而扩大企业的营销市场规模。要想提高企业生产总值和销量,在今后的企业建设和发展中应该立足智能营销定位,加强对人工智能和大数据技术的应用,促进现代化信息技术可以作用于企业传统的营销工作,并推动数字营销的发展。

**2. 数智营销实现产品功能优化**

随着社会的发展,企业之间的竞争更加激烈,同时对产品的功能要求更加全面。为此,在互联网时代下,企业可以利用人工智能和大数据技术实现营销产品功能的优化,使产品功能更加满足消费者的需求,进而建立广泛的用户基础,打开企业营销市场,最大限度地满足消费者的购买需求。

首先,企业应该加强对消费者需求的分析。不同的消费者对产品功能有不同的要求,就需要企业在互联网时代充分借助人工智能和大数据技术对消费者的需求进行调查,了解不同消费者对产品性能和功能等的要求,建立消费者营销产品需求档案,依照消费者的需求锁定企业发展目标,明确营销产品功能,为后续产品优化提供条件。

其次,企业应该借助人工智能和大数据技术优化营销产品功能。通过对消费者需求的分析,企业掌握了消费者对产品功能的基本要求。

再次,企业应该加强对人工智能和大数据技术的应用,利用信息技术学习国内外优秀的营销产品功能设计方案,并结合企业的实际情况优化升级营销产品的各项功能,使产品功能更加满足该地区消费者的消费需求,实现营销产品的功能创新。

最后,企业需要利用人工智能和大数据技术实现对产品功能的评价。企业可以利用人工智能和大数据技术对当前企业产品功能的优化过程进行评价,设定评价目标。企业管理者也可以将产品功能优化的流程和功能实现作为主要评价指标,考核企业营销人员利用人工智能和大数据技术对产品功能优化的水平,并将考核结果和企业员工的薪酬待遇、实际收入相结合。

**3. 数智营销实现智能销售**

在互联网时代,越来越多的信息技术开始取代传统的人力资源。例如,在企业销售工作中,人工智能客服已经逐渐取代传统的人工客服,节省了企业在营销过程中的成本投入,提高了企业的销售服务质量。而人工智能客服是建立在人工智能技术发展的基础上,能够有效代替人工接打电话等。因此,企业在数字营销中应该借助人工智能和大数据技术实现智能销售,将人工智能技术代替传统的人力资源,为客户提供更加优质的服务,同时可以根据消费者的消费需求和喜好等为其提供针对性服务,提高消费者对服务的满意度,建立更加广泛的用户基础,增加企业的销售额。

利用人工智能和大数据技术实现品牌危机监测。在互联网时代,越来越多的企业平台开始受互联网市场的影响,同时部分企业品牌产品面临着前所未有的挑战。如果企业不能有效监测这些品牌产品的危机,将会给企业的发展埋下安全隐患。因此,企业管理者可以充分发挥人工智能和大数据基础的优势,及时跟踪和预警产品的相关信息,同时根据消费者对管理品牌产品的需求和观点,使企业能够维护自身的品牌产品形象,让更多的消费者依赖品牌产品,促进企业的可持续发展。需要注意的是,企业在利用人工智能和大数据技术监测品牌产品的危机时,应该树立危机意识,认识互联网时代企业品牌产品存在的风险和隐患,在日后的管理工作中加强对品牌产品危机的分析,将品牌产品危机控制在源头,提高企业品牌产品的安全性。

### 4. 数智营销改善用户体验

目前,用户越来越关注自身的消费服务体验。如果用户在消费中对消费行为或者企业的品牌服务缺乏良好的体验,往往会影响企业的发展。因此,在大数据时代,企业应该借助人工智能和大数据技术改善用户体验,使更多的用户可以在消费行为中获得更多的满足感。例如,以汽车销售为例,企业管理者可以借助人工智能和大数据技术收集企业汽车各个零件在运行中的数据信息,了解企业汽车在运行中存在的问题。当车主在使用车辆过程中出现问题时,可以及时反馈给车主,能够帮助车主在行驶中掌握汽车的运行状态和情况,同时对汽车的不良状况进行维修和调整,从而保障车主的生命安全。改善用户体验是企业在数字营销中需要密切关注的问题,而人工智能和大数据技术很好关注了用户的需求和对产品的体验。因此企业有必要加强对现代技术的应用,使用户能够在消费中感受企业的服务和企业文化。用户是企业发展的关键,尤其在日趋激烈的竞争中,企业需要关注用户的体验,而人工智能和大数据技术为分析用户和了解用户提供帮助,需要企业管理者充分发挥技术优势,了解用户需求和体验,为用户提供更好的服务。

将人工智能和大数据技术应用在数字营销中已成为行业发展的趋势,企业管理者应及时更新理念,认识当前传统营销模式存在的问题,并有针对性地使用人工智能和大数据技术,帮助推动企业数字营销工作的高质量发展。

### 四、数智营销创新方案决策

数字营销模式创新,必须建立数据管理平台,通过平台获取海量数据,科学地分析和处理数据,实时监测数据流动与变化。多数营销模式创新都是基于问题驱动,只有出现问题之后,才会开展管理。利用大数据平台,可以实时监控数据信息,找寻企业营销问题,采取有效措施提升数字营销成效。

实时监测数据平台,可以掌握企业发展中的不良问题,为数字营销提出创新决策。在编制决策时,需要使用大数据分析和管理。使用先进计算机和信息技术,可以创新数据收集方式,评估营销创新意义。在营销决策之前,需要界定创新问题,明确企业创新范围与内容。通过初步数据分析,能够详细阐述营销创新内容。在界定创新问题后,采用多样化信息挖掘手段,分析数据隐藏的营销信息。整理和分析非结构化数据、半结构化数据,将其转变为结构化数据。通过数据库识别和分析营销数据,将其作为平台数据分析来源。按照数据分析结果,能够为营销决策提供依据,验证创新效果,选择最佳营销方案。

注重数据预测,把控机遇。在传统管理模式下,为了提出科学的营销决策,企业深入市场调查,获取市场数据信息。然而,市场调研具备滞后性等不足,市场变化非常快,会增加企业营销决策风险。大数据的核心功能在于预测市场发展态势,实时监测市场数据,能够获得市场反馈。抓取消费者在媒体上、市场产品中的评价,能够明确用户需求,掌握用户偏好,实时创新和改进产品,加强产品竞争实力。同时,了解竞争对手营销活动、价格信息,优化后续营销战略方向与内容。

营销决策方式转变。大数据时代下,企业营销决策在于整理和分析数据。传统管理模式下,企业决策是按照企业调研,参考抽样数据做出营销决策。比较两者可知,大数据营销管理模式可以确保决策的科学性。通过整理和分析数据信息,能够找寻关联,提供决策依据。大数据营销决策方式不需要深入研究事物内在机制,即可提出科学营销决策,简化决策流程与步骤,将因果关系转变为相关关系。传统管理模式中,多数管理人员按照自身经验与直觉开展营销,因此科学性与合理性不足。大数据营销决策,可以避免经验主义的思维模式,降低盲目决策引发的营销风险。

大数据技术、人工智能技术发展前景良好,可以增加社会经济发展效益,加强国家经济实力。社会各行业都应当认识到大数据技术、人工智能技术优势,并且将其应用到营销工作中,以提升企业产品营销效果与价值。

**五、数智营销的市场影响力**

当前人工智能技术在市场营销过程中所产生的影响大致分为两方面。一方面,人工智能技术能够深入进行市场营销的数据分析,通过对这些数据的分析进一步了解产品的营销效率以及产品的销售量。同时,通过电商平台、搜索引擎以及其他软件进一步对消费者的消费行为进行分析,其中重点对消费行为背后的消费价格和品牌进行有效的分析,进而有针对性地为消费者提供相应的产品。另一方面,人工智能技术可以不断对市场营销产品的推送模式进行优化和升级,从而提高智能营销的效率。人工智能技术的核心是满足人们在日常生活中的各项需求,并根据这些需求推送相应的产品,使消费者能够在推送的产品中寻找自己所需要的一款产品。

当前大数据技术对数智营销的影响:

①客户洞察和个性化营销。大数据技术可以分析海量的客户数据,包括购买历史、行为模式、社交媒体活动等,从而更好地理解客户。通过这些数据,市场营销人员可以创建更精准的客户画像,并实施个性化的营销策略,提供更符合客户需求的产品和服务。

②实时决策支持。大数据技术使市场营销人员能够获得实时的市场信息和变化趋势。通过监测实时数据,企业可以做出更迅速、准确的决策,根据市场变化及时调整营销策略,更好地应对竞争压力。

③精准广告投放。大数据分析可以帮助企业更好地了解目标受众的兴趣和行为,从而提高广告投放的精准度。这包括通过智能算法和机器学习技术实现更准确的广告定位,确保广告被呈现给最有可能感兴趣的受众群体。

④营销效果评估。大数据技术使企业能够更全面地评估营销活动的效果。通过分析各种数据指标,包括销售数据、客户反馈、社交媒体互动等,市场营销人员可以更好地了解营销活动对业务的实际影响,从而不断优化和改进营销策略。

⑤社交媒体营销。大数据技术在社交媒体营销方面发挥了关键作用。通过分析社交媒体上的大量数据,企业可以了解消费者的观点、喜好并收到反馈,从而更好地参与社交媒体平台,建立品牌形象,回应客户需求。

总体而言,大数据技术为市场营销提供了更多的数据和工具,帮助企业更好地理解市场和客户,提高市场营销的效率和效果。然而,随之而来的挑战包括数据隐私问题、数据安全性等,企业在应用大数据技术时需要谨慎处理这些问题。

# 第二章　SaaS 化智能营销服务云平台

智能营销云平台是在工业 4.0(移动互联网、物联网、大数据及云计算)、柔性生产与数据供应链基础上建立的全新营销发展模式,致力于以消费者无时无刻的个性化、碎片化需求为中心,满足消费者动态需求,通过将消费者纳入企业生产营销环节,实现全面商业整合营销智能数字云平台。

## 第一节　打造智能数字生态"技术桌面"

未来数字营销趋势,将传统数字营销企业服务市场业务模型进行革命性创新升级,以大数据、云计算核心技术为基础,建立一站式数字智能营销企业服务平台,将企业在数字营销、电子商务领域所需的资源、工具、技术与服务进行有效整合和有机嫁接,并通过人工智能技术不断深化;"让网络营销变简单"是珍岛智能营销云平台(T 云)的目标,通过"桌面化连接即用的设计模型",为企业用户提供 SaaS 化一站式智能数字营销服务。企业则可根据自身需要按需选取,数字营销全局表现出所见即所得的特点。

### 一、数字营销全流程智能交互个性体验

数字营销是一个复杂的工程。珍岛智能营销云平台将这个"复杂的过程"进行重新组合和线条化勾勒,并且通过大数据和 AI 计算模型赋予平台"人工智能"的应用体验。企业应用体验则是一个"决策被模拟,路径被引导,数据可视化"的过程。企业用户通过 SaaS 账号联网登录,连接智能营销诊断系统,根据自身的预算、投放周期、行业、产品品类、建站要求、推广目标等信息维度,全流程桌面化体验企业网络环境诊断。同时平台引导企业用户通过快捷操作完成全网智能跨屏建站。之后则展开多元化智能推广工具应用方案推荐,企业根据引导使用平台提供的适配企业的各类工具并进行营销投放和执行。执行过程的每一步会被数据汇总记录分析,平台及时反馈企业数字营销执行效能,并给企业提供智能优化建议,多维大数据运营分析看板让企业对营销过程了如指掌。在线数字营销视频教学服务则为初入数字营销领域的企业用户提供了丰富的知识辅助支撑。

### 二、产业增值服务延伸

智能营销云平台(T 云)的"服务大厅"设计,将数字营销生态服务供应链的每一个采需节点进行嫁接,实现"平台社会化"服务功能,企业用户除了自身在 T 云平台中满足自身需求外,

可将自身可分享的资源与服务和 T 云平台其他用户进行"社会化对接",实现资源利用最大化,提升产业协作效能。珍岛 T 云的后台智能数据计算模型,除了可以对个体企业数字营销投放的"智能指导决策"外,还可面向行业化、产业化进行多维数据勾勒,对于数字营销在行业(产业)维度的发展预测、媒介应用趋势、企业互联网实践指数分析等多个维度均会带来非常有利的综合数据支撑,以此优化数字营销行业生态产业链条结构化布局。

# 第二节　智能营销云平台的功能及应用

智能营销云平台的页面如图 1-2-1 所示。

图 1-2-1　智能营销云平台的界面图

**1. 智能营销云平台页面主要产品及功能**

智能营销云平台功能有:

T 云:可分为国内版、外贸版(教育端);也可分为国内版、外贸版、集团版、全球版。

门户平台:多语言站小程序。

内容营销:词霸、宝盟、臻口碑、臻信通、臻采购。

移动营销:随传、随推、SCRM。

销售云:臻推宝、T-CRM、智能营销狗。

商业云:智慧渠道、智慧零售、智慧微社群、珍岛云直播。

广告营销:可分为再营销、移动再营销;也可分为臻优 DSP、臻优 SSP、臻优 DMP。

数据营销:AI 测评、臻寻客、T-Monitor。

智能创意:臻文、臻图、臻视。

自动化营销:智能贝尔。

企服云:E-HR、舆情分析、臻人才。

服务云：T-Talk。

智能营销云平台的产品功能和后台控制界面如图 1-2-2 和图 1-2-3 所示。

图 1-2-2　智能营销云平台产品功能示例图

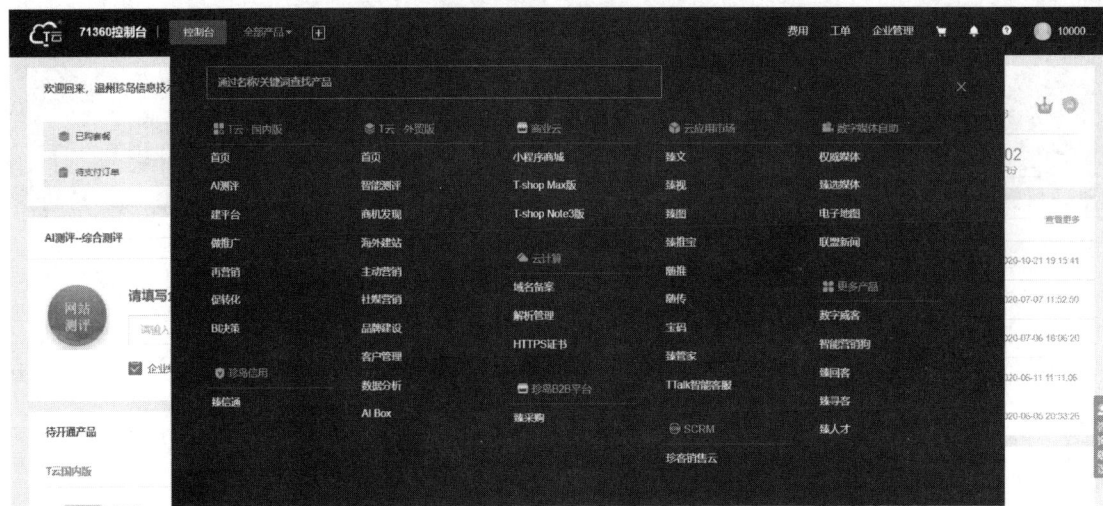

图 1-2-3　智能营销云平台后台控制界面图

### 2. 院校智能营销实训云平台

院校智能营销实训云平台实训模块如图 1-2-4 所示。

智能营销云平台主要实训模块(图 1-2-4)：

①市场营销基础课程为理论基础,互联网计算机操作为实践；

②平台用户中心,了解平台注册和登录基本使用权限与规则；

③~⑧逐步学习的智能营销云平台功能模块,包括流程、操作、内容和结果。

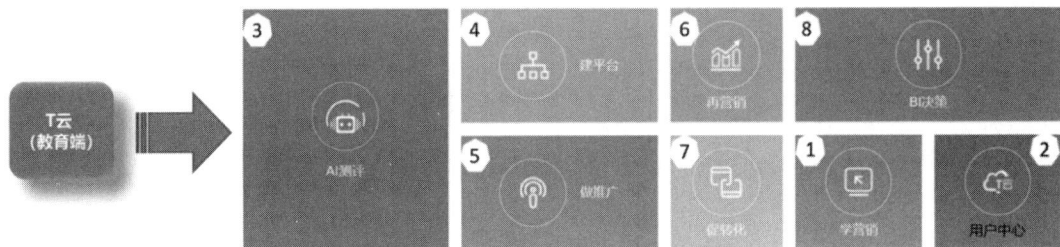

图 1-2-4　智能营销实训云平台实训模块

### 3. 智能营销云平台应用流程

智能营销云平台应用流程如图 1-2-5 所示。

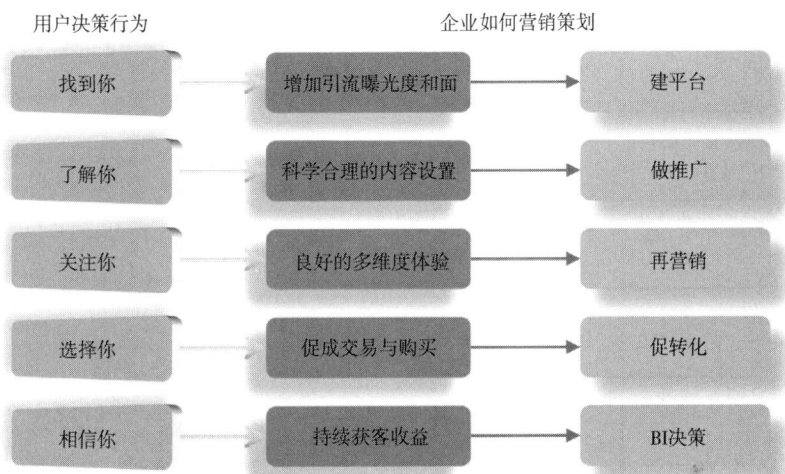

图 1-2-5　智能营销云平台应用流程

"智能化"是指非智慧的对象通过技术能力具备智能的表象化能力及特征,智能化则能够感知内容,对内容具有记忆,能够产生类似思维的能力,自我学习、主动适应的能力,并通过触点表现行为,如图 1-2-6 所示。

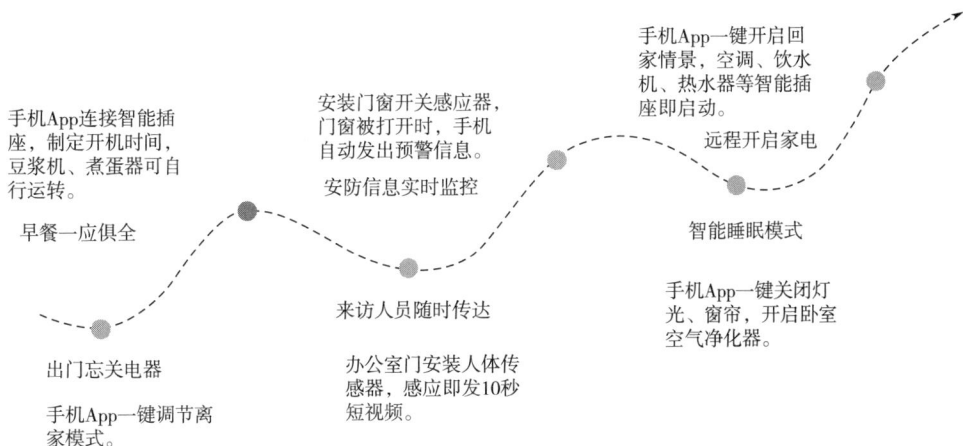

图 1-2-6　应用"智能化"示例

### 4. 营销智能化涵盖范围

智能化涵盖范围如图 1-2-7 所示。

**营销云，是以互联网＋AI机器智能为技术核心，服务企业营销的流量聚合平台。**

提升对消费者认识

提高营销人员工作效率

提高广告投放效率

降低企业广告投入预算

......                >>>

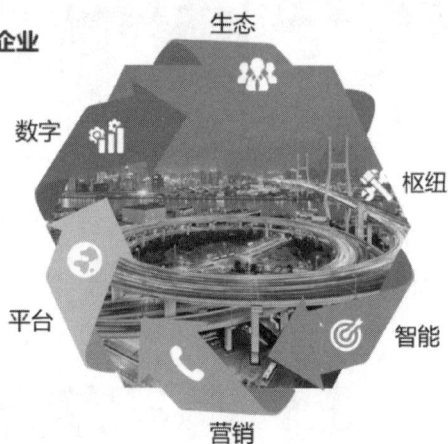

图 1-2-7　智能化涵盖范围

### 5. 智能营销云平台 AI 技术集中体现

在智能营销云平台中，AI 技术集中体现在图像技术、视频技术、自然语言处理和数据智能方面，如图 1-2-8 所示。

图 1-2-8　智能营销云平台 AI 技术

### 6. 智能营销云平台功能

一个智能化、个性化的平台提供解决方案，应具有强大的平台视角，站在专业化的角度，帮助企业解决网站营销+品牌+管理+创意四大痛点，让企业信息一步到位，打造企业自己的私域堡垒。

（1）智能化多语言站点解决方法（图1-2-9）。

图1-2-9 多语言站点案例图

（2）平台可视化。平台可视化可满足企业建站需求，解决企业建站难的问题（图1-2-10）。

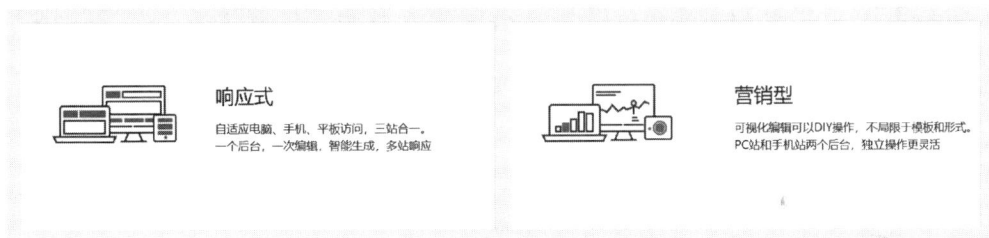

图1-2-10 平台可视化界面图

（3）海量模板供选择。平台可以提供海量模板，助力企业一键制作专属企业个性化网站，在个人计算机、小程序、手机等同步实现（图1-2-11）。

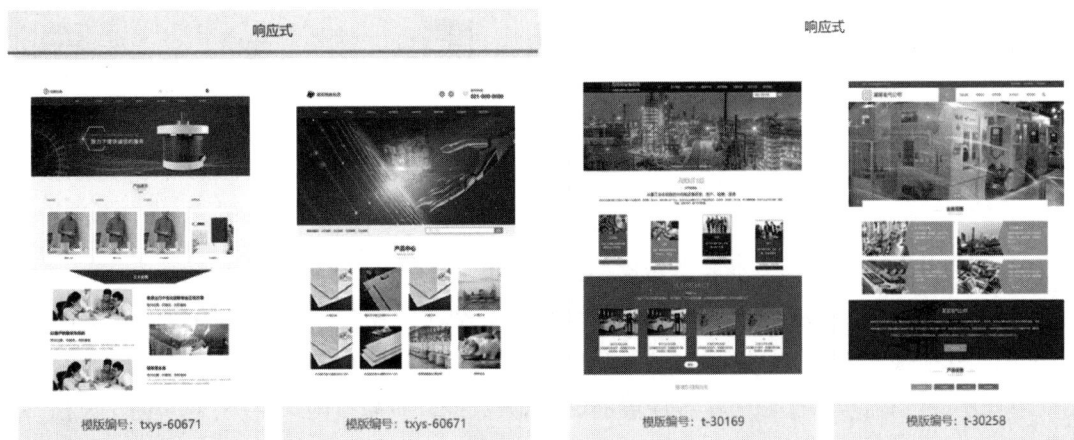

图1-2-11

图 1-2-11　网站模板案例图

（4）数据统计。平台可以帮助用户获取精细化网站数据,提升网站运营效率(图 1-2-12)。

图 1-2-12　数据统计和分析

（5）快速建平台指南。平台可为用户提供专业、贴心、一站式的建平台服务(图 1-2-13)。

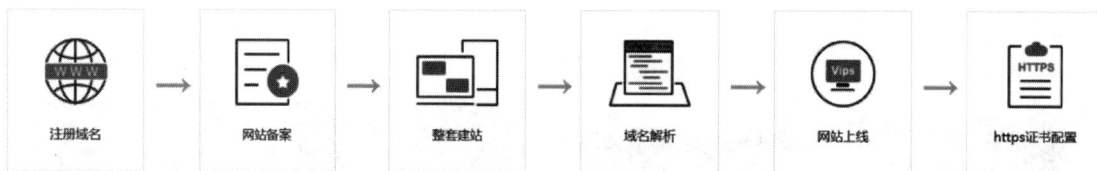

图 1-2-13　网站建设

（6）行业案例。平台对企业营销帮助的实例如图 1-2-14 所示。

（7）小程序平台。整合 6 种小程序平台,打造移动时代用户新体验。零代码基础即可操作,可视化的拖拽方式,海量的行业模板,助力企业轻松打造六合一小程序站点(图 1-2-15)。

小程序特色有:珍岛 T 云·小程序借助 AI 和大数据分析海量网站模块,自动创建风格多样的网页,一键发布百度、微信小程序(图 1-2-16)。

| 昆山悦诚达电子有限公司 | 苏州宏图包装材料有限公司 | 海盾消防安全科技(武义)有限公司 | 上海青瞳视觉科技有限公司 |

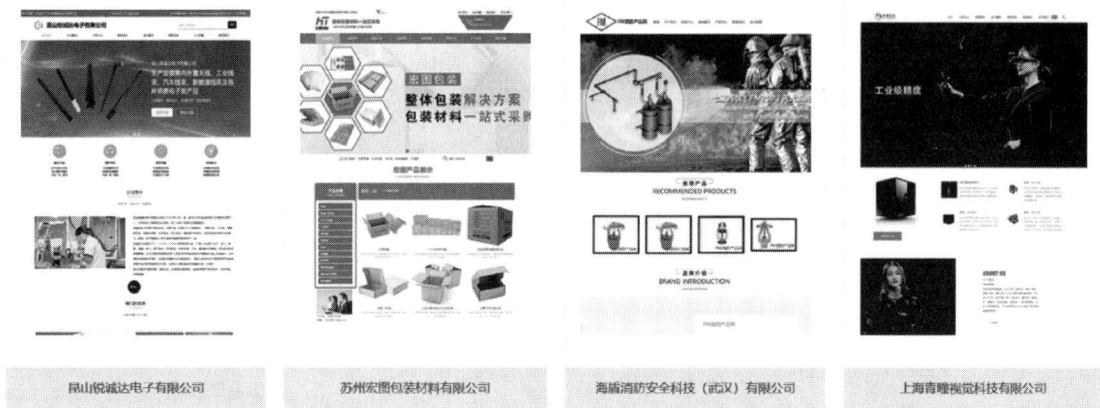

图 1-2-14 行业案例图

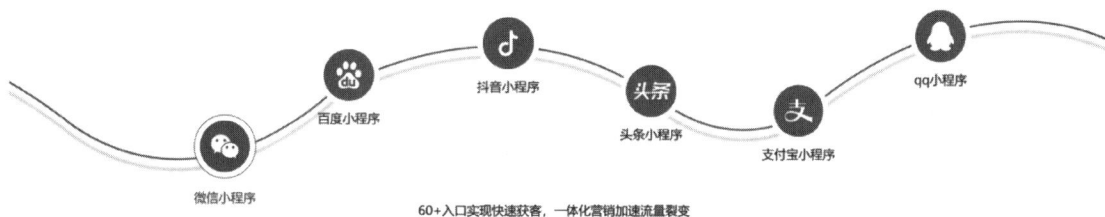

图 1-2-15 小程序平台

图 1-2-16 小程序特色

小程序使用场景如图 1-2-17 所示。

分享到群　　线下扫描　　小程序搜索　　聊天顶部　　推荐给好友

附近小程序　支付完成页　小程序列表　公众号/百家号　公众号文章

图 1-2-17　小程序使用场景

小程序案例如图 1-2-18 所示。

图 1-2-18　小程序案例

# 第三节　内容营销

为企业提供官方发声渠道,在解答用户疑问的同时展示企业官方广告,并借助企业咨询在线互动,提高营销效率。"企业知道"是在帮助用户答疑的前提下,针对用户生产销售的各个环节,输出专业内容。帮助企业缩短新用户的决策期,提升现有用户忠诚度。依靠持续输出的内容,塑造出企业专业的形象,不断攒积企业品牌资产,实现长期增长。

"企业知道"可以帮助企业针对痛点,解决问题(图 1-2-19)。

内容营销的方式有视频魔方、云引擎、AI 智投管家、自媒体矩阵等。

## 企业标识

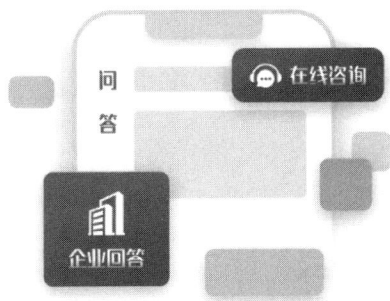

**痛点**　企业形象难提升，无法直接与用户沟通，用户流失严重

- **彰显品牌实力**
  企业标识突出展示，多方位展示企业信息，打造企业专业形象，获取用户信任

- **减少企业客户流失**
  企业官方为用户答疑解惑，拉近用户与企业沟通的距离，实现「搜索-沟通-线索」无缝衔接的效果

## 场景化营销

**痛点**　投放分散，线索转化低

- **细分垂直行业投放**
  全面触达企业目标客群，持续实现品牌资产增值

- **多场景营销**
  全面适配不同场景用户，实现差异化营销

## 平台赋能

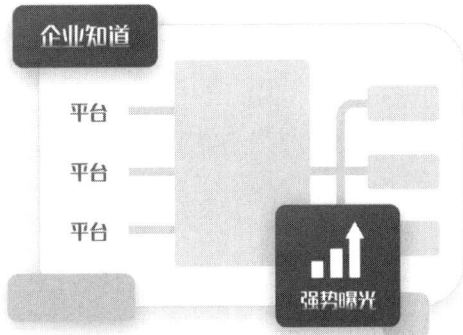

**痛点**　全域获客成本高，运营操作难

- **聚合高流量渠道**
  增加品牌曝光度，抢占用户

- **运营扶持**
  提供新人工具包，陪伴式服务助推企业运营增长

## 营销转化工具

**痛点**　广告制作难，询盘线索跟进不及时，错失商机

- **创意图片模板**
  多种广告图片模板，协助企业轻松高效完成营销物料制作

- **智能客服组件**
  智能客服 7×24h 在线，连接更多商机，助力营销效率

图 1-2-19　企业营销平台示例图

## 一、视频魔方

### 1. 企业经营短视频账号的痛点（图1-2-20）

**账号定位困难**

无法精准定位，建立受众人群画像，以及找准企业产品商业定位等。

**养号启动困难**

企业没有方法，没有经验，从0到1，账号定位、曝光吸粉困难，缺少科学定位。

**运营经验缺乏**

没有完整的行业短视频经验，不知从何入手，缺乏AI策略体系。

**内容创作乏力**

内容创意不足，对标账号难找，视频制作周期长，无法持续稳定创造增长。

**流量无法破圈**

短视频曝光涨粉寥寥无几，不知道如何破圈增长。

图1-2-20　企业短视频营销问题

### 2. 视频魔方运营方案

学习视频魔方6步运营方案，简单高效，助力企业轻松玩转短视频（图1-2-21）。

01 **抖音账号诊断**
检测抖音账号经营状况以及健康度各项指标

02 **企业号IP打造**
企业号定位、标签精准定位

03 **创意内容**
同领域IP以及热点话题呈现帮助企业锁定更多精彩内容

04 **意向客户转化**
营销互动话术触达，意向询盘短信推送第一时间触达用户跟进转化

05 **多平台矩阵**
多平台视频账号矩阵打造一键分发曝光流量

06 **营销数据分析**
意向客户信息有效回收数据大屏多维度数据一览无余

图1-2-21　企业短视频运营方案实例

### 3. 短视频营销获客系统

短视频营销获客系统是集企业短视频账号定位、视频剪辑生产、曝光转化、营销裂变的一站式短视频营销工具,具有以下功能(图 1-2-22)。

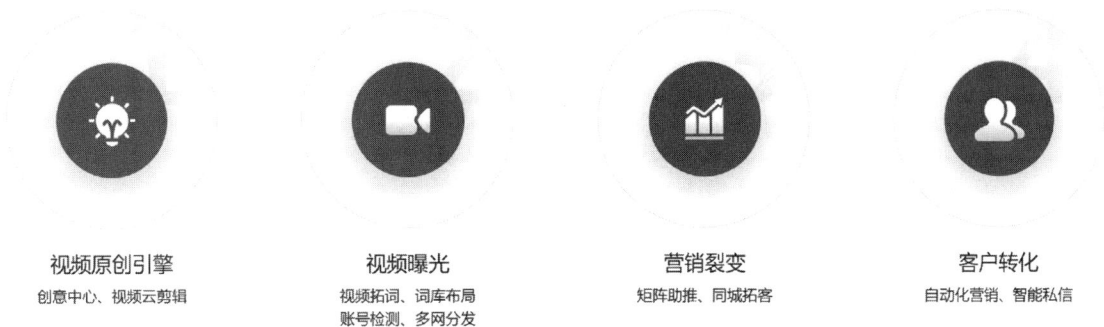

| 视频原创引擎 | 视频曝光 | 营销裂变 | 客户转化 |
|---|---|---|---|
| 创意中心、视频云剪辑 | 视频拓词、词库布局账号检测、多网分发 | 矩阵助推、同城拓客 | 自动化营销、智能私信 |

图 1-2-22  短视频营销获客系统

### 4. AI 赋能

AI 赋能短视频营销在内容创作方面给企业的帮助(图 1-2-23)。

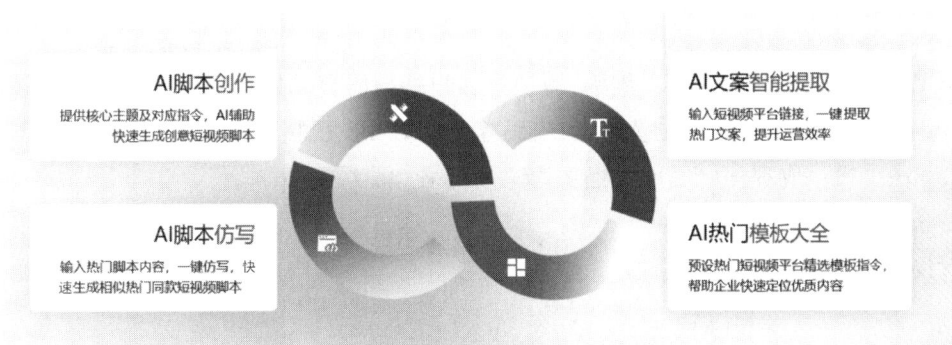

**AI 脚本创作**
提供核心主题及对应指令,AI辅助快速生成创意短视频脚本

**AI 文案智能提取**
输入短视频平台链接,一键提取热门文案,提升运营效率

**AI 脚本仿写**
输入热门脚本内容,一键仿写,快速生成相似热门同款短视频脚本

**AI 热门模板大全**
预设热门短视频平台精选模板指令,帮助企业快速定位优质内容

图 1-2-23  AI 赋能短视频功能图

### 5. 视频曝光

视频引流,增加曝光量的方法如图 1-2-24 所示。

**词库布局**
大量关键词标签、增加销售渠道和辐射人群,提升视频权重、达到海量曝光

**账号检测**
一键账号检测,针对不知道如何运营视频的用户提供营销建议,帮助"小白"用户快速上手视频营销

**视频拓词**
根据短视频标签规则智能生成的热门话题、关联产品关键词、文案,发布视频时智能添加,为自身视频带来更高播放量和更准的投放方向;实现多产品关键词在短视频平台海量曝光,打造短视频闭环营销新模式

**视频分发**
视频智能发布,一站式管理多渠道视频数据(播放、点赞、评论等)锁定视频多网营销布局,打造属于符合自身的闭环视频流量池,形成真正意义上的鱼塘效应,让用户在各个平台都能看到

图 1-2-24  短视频曝光引流示例图

### 6. 自动化营销工具

提供触发获客、转化的整套营销解决方案;系统无须有人值守,全年无休,可根据客户互动行为,精准及时推送预设好的卡片消息、文字消息及评论回复内容;通过多维度策略与多种执行动作的组合,满足海量营销场景(图1-2-25)。

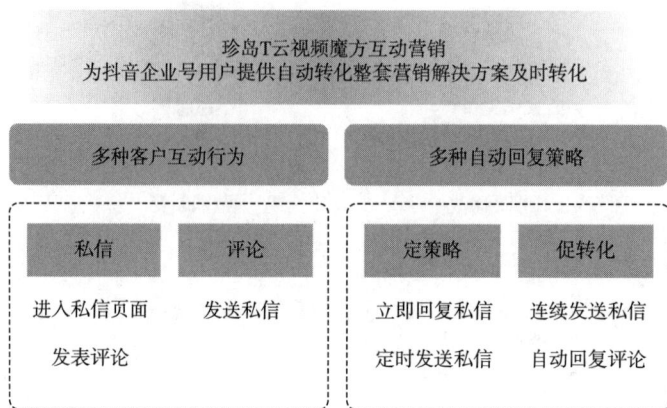

图 1-2-25　自动化营销工具

### 7. 同城拓客

AI智能生成宣传视频获客二维码,短视频客户端扫码自动发布企业宣传视频并领取优惠券,让每个"客户"都成为企业的业务员,扫码客户自动转发视频,进行二次营销,相比其他广告方式大大减少投入成本,适合餐饮、健身、教育等行业(图1-2-26)。

### 8. 大数据支撑

大数据驱动,提升生产力(图1-2-27)。

图 1-2-26　同城拓客

图 1-2-27　大数据支撑

## 二、云引擎

### 1. 云引擎产品优势（图1-2-28）

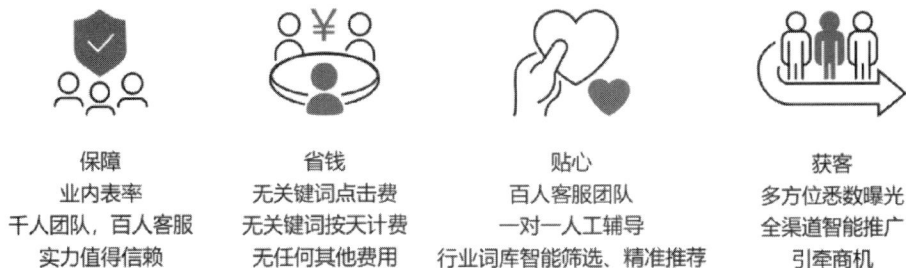

| | | | |
|---|---|---|---|
| **保障** | **省钱** | **贴心** | **获客** |
| 业内表率 | 无关键词点击费 | 百人客服团队 | 多方位悉数曝光 |
| 千人团队，百人客服 | 无关键词按天计费 | 一对一人工辅导 | 全渠道智能推广 |
| 实力值得信赖 | 无任何其他费用 | 行业词库智能筛选、精准推荐 | 引牵商机 |

图 1-2-28　云引擎产品优势

### 2. 珍岛云引擎案例

智能分发，高效便捷；精准流量，促进成交（图1-2-29）。

| | |
|---|---|
| 商机智能发布，全网营销 | 合作半个月，每天都有询盘电话，且成交 |
| 上线十五天获得询盘及订单 | 上线1个月获得询盘并成功获取订单 |

图 1-2-29　引擎案例

### 3. 珍岛云引擎效果

可实现全渠道推广，24小时提供服务，省时省力省心，达到更好的宣传效果（图1-2-30）。

## 三、AI推广智投管家

　　AI推广智投管家是依托T云战略资源，结合T云强大的人工智能技术，无须备案高权重站点智能定投的发布管家。

图 1-2-30　云引擎效果展示图

## 1. AI 推广的优势（图 1-2-31）

拥有宝盟-AI替你推广

市场权重高、搜索引擎权重高——双高网络平台，
移动端PC端全覆盖；
高市场权重，行业有知名度带来更多流量曝光；
高搜索引擎权重，快速收录获取更好搜索引擎广告
资源；
商情清晰完整展示，线上线下互动双通；
多家战略联盟覆盖80%的B2B流量；
数百家合作联盟覆盖80%的B2B行业；
流量大：聚拢了中文B2B平台80%的商业流量，每
月3000多万的IP（独立IP数，即一天内使用不同IP
地址访问网站的次数），上亿的PV（page view，
网站浏览量）。

优质平台

多家优质平台享受绿色通道权益。

操作便捷

初次录入公司产品信息，后续操作人工智能
代替操作；
智能拓词、智能商情分发、智能定时发布，
人工智能高效执行；
动态监测信息收录，智能更新商机，长期保
证商机高品质。

图 1-2-31　AI 推广的优势

## 2. AI 推广具有优势的原因（图 1-2-32）

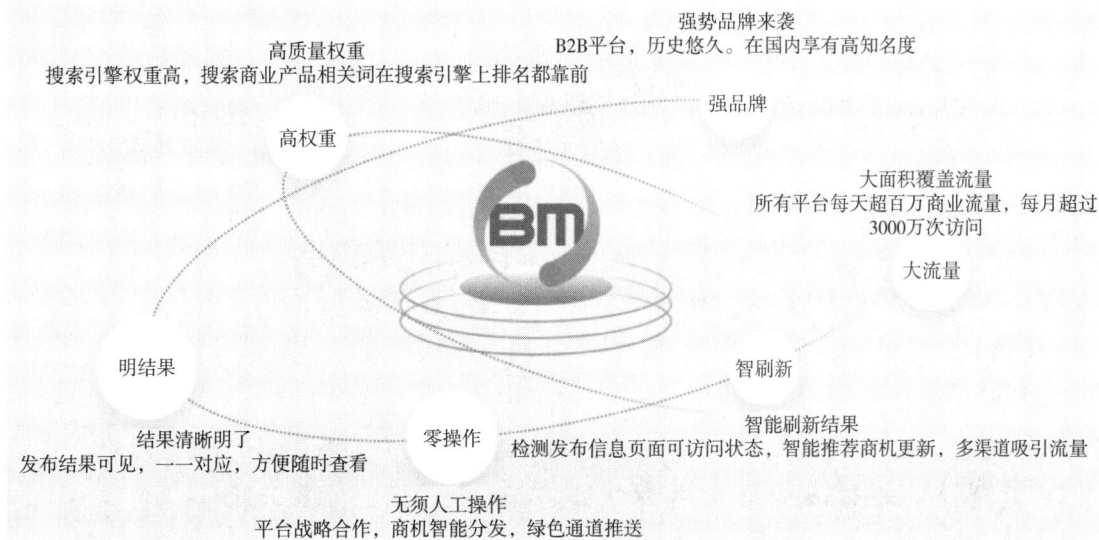

高质量权重
搜索引擎权重高，搜索商业产品相关词在搜索引擎上排名都靠前

高权重

强势品牌来袭
B2B平台，历史悠久。在国内享有高知名度

强品牌

大面积覆盖流量
所有平台每天超百万商业流量，每月超过
3000万次访问

大流量

明结果

智刷新

结果清晰明了
发布结果可见，一一对应，方便随时查看

零操作

智能刷新结果
检测发布信息页面可访问状态，智能推荐商机更新，多渠道吸引流量

无须人工操作
平台战略合作，商机智能分发，绿色通道推送

图 1-2-32　优势原理

## 3. 珍岛宝盟客户案例（图 1-2-33）

无锡新刕诚机械制造有限公司

乳山市德鑫建材有限公司

上海贝鸣文化传媒有限公司

昆山瀚元电子科技有限公司

图 1-2-33 客户案例

## 4. AI 推广适用客户类型（图 1-2-34）

缺乏互联网营销经验

缺少专业型人才

时间消耗成本高

缺乏品牌营销意识

推广预算成本有限

短时间塑造企业形象

大面积产品曝光

售后服务有保障

图 1-2-34 适用客户类型

### 四、自媒体矩阵

自媒体矩阵可实现从自媒体内容创作到线索转化的一站式赋能,帮助中小微企业塑造品牌生命力、精准捕获商机。

#### 1. 核心功能

从内容创作到数据可视化,自媒体矩阵帮客户一站式完成,让自媒体推广更加简单,其核心功能如图1-2-35所示。

图 1-2-35 核心功能

（1）账号管理。自媒体矩阵能多平台、多账号同时管理,可以保障品牌一致性,合理规划多平台营销价格,满足不同行业不同场景的业务需求(图1-2-36)。

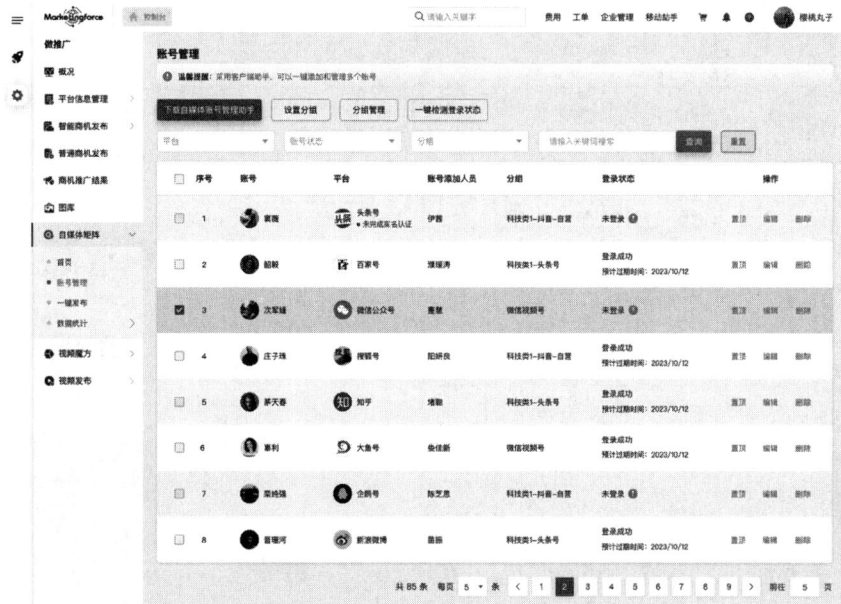

图 1-2-36 多账号统一管理

（2）内容创作。自媒体矩阵中能实现多标题、摘要、标签智能生成，辅助提升搜索排序，获得更多推荐曝光（图1-2-37）。

图1-2-37　内容智能生成

（3）质量检测。智能检测内容中的问题图片、网址、错别字、误用标点符号等问题项，遵守平台内容创作规范（图1-2-38）。

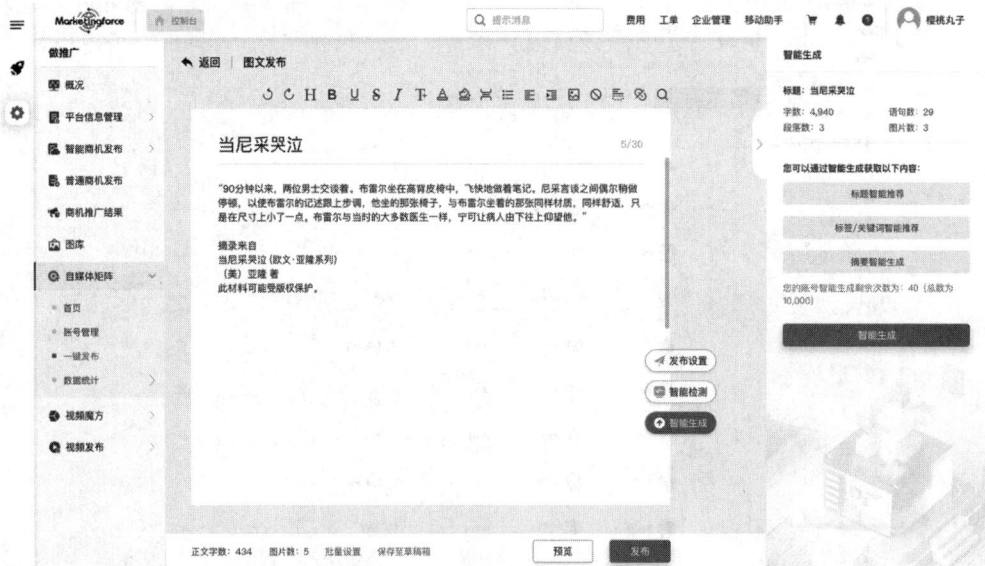

图1-2-38　智能检测内容质量

（4）风险预警。智能检测内容中是否含有涉政、暴恐、色情、广告、灌水等信息，自媒体矩阵能及时提醒客户进行事前整改，规避风险（图1-2-39）。

图1-2-39　智能风险预警

（5）一键分发。多体裁一键同步分发百家号、头条号、知乎、微信公众号等多家主流自媒体平台，丰富营销内容形态，高效传播品牌价值，减少烦琐重复操作（图1-2-40）。

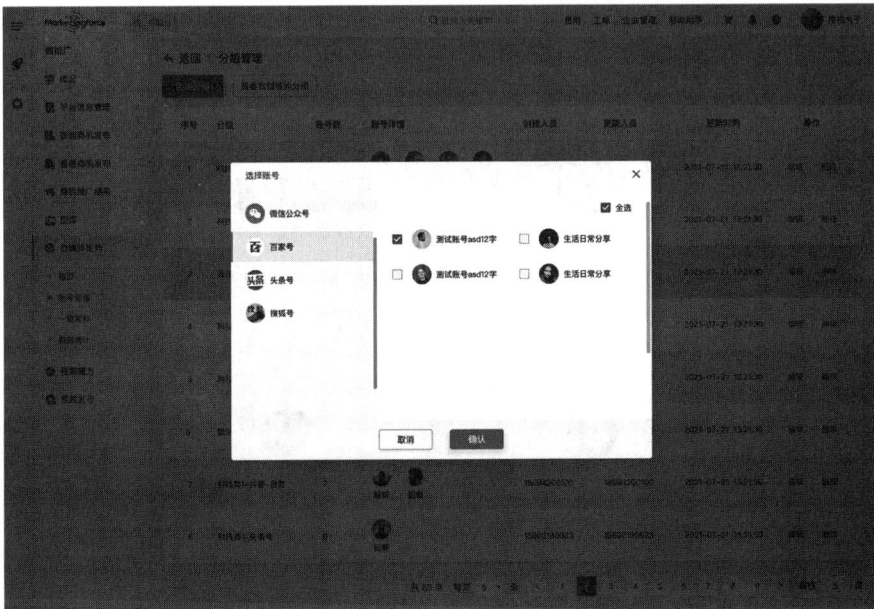

图1-2-40　多平台一键分发

(6)数据分析。账号数据、内容数据同步更新,数据回流分析与数据可视化,内容效果快速洞察,辅助多元化的运营决策,助力品牌全平台营销推广(图1-2-41)。

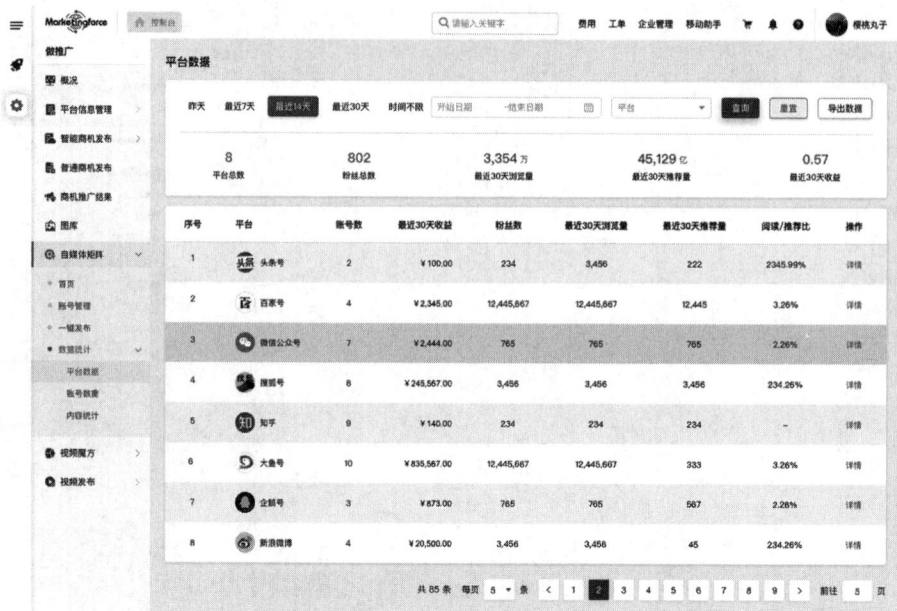

图1-2-41　多平台数据汇总分析

## 2. 核心优势

自媒体矩阵覆盖多种自媒体运营工作场景,降低操作门槛,帮助企业自媒体运营降本增效(图1-2-42),已支持10多家主流自媒体平台(图1-2-43)。

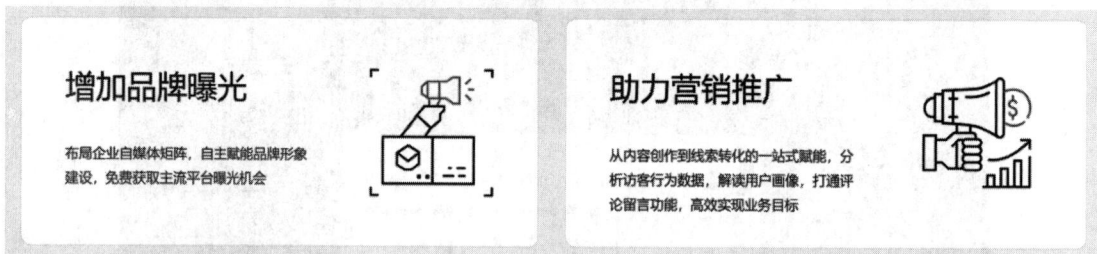

图1-2-42　助力方式

图1-2-43　自媒体平台

自媒体矩阵具有五大核心优势,如图 1-2-44 所示。

## 一站式内容营销库

打造企业自媒体营销内容库,一站式创作、高效管理、支持分发到多家主流媒体平台

## 文本智能生成

支持多标题、文本摘要、标签等内容类型智能生成,降低运营工作难度,提升基础操作效率

## 创建内容分发计划

支持用户基于营销日历,创建发布计划,满足不同营销场景品牌宣传需求,自动生成内容营销SOP(standard operating procedure,标准作业程序),持续稳定输出规范化内容

## 内容合规检测

风险监测与质量检测并行,专业把控内容创意的合规性与质量,提高文章多平台分发成功次数

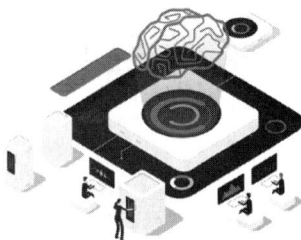

## 运营数据可视化

打通自媒体内容全链路流转数据,商机线索、私信留言直观展示,拉近粉丝与品牌的距离,让内容营销效果可视化

图 1-2-44　核心优势

# 第四节　智能创意

**1. 数字人**

企业可以选择数字人进行介绍和宣传,设计真人形象、真人声音模板(图 1-2-45),制作真人形象、声音克隆(图 1-2-46)。引领短视频和直播浪潮。

图 1-2-45　真人形象和声音模板

图 1-2-46　真人形象和声音克隆

**2. 文本内容创作**

为用户提供更新快、覆盖全、质量高的原创文章内容和辅助创作平台。智能创意有互联网文本内容创作产品,凭借其强大的自然语言处理、知识图谱等技术和丰富的素材资源,为用户打造更新快、覆盖全、质量高的文章内容。

满足智能营销的多阶段需求,从素材获取、智能写作、智能审校,到内容发布等一站完成。

(1)产品介绍。选择简单、易用、多种的创作工具完成产品介绍(图 1-2-47)。

(2)产品特点。智能创意具有高效、优质、批量生成的特点(图 1-2-48)。

图 1-2-47 产品介绍

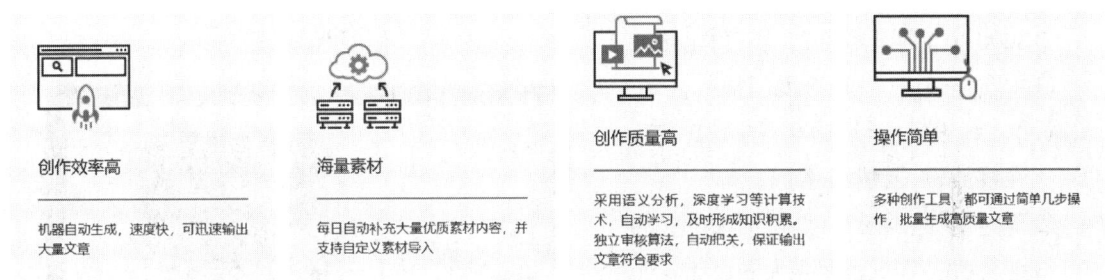

图 1-2-48 产品特点

### 3. 智能营销设计云平台

一站式为企业提供智能生成、内容创作、全员营销、效果追踪和商业洞察的智能营销设计云平台,助力企业高效设计、高频营销、深度转化,成为创意营销高手(图 1-2-49)。

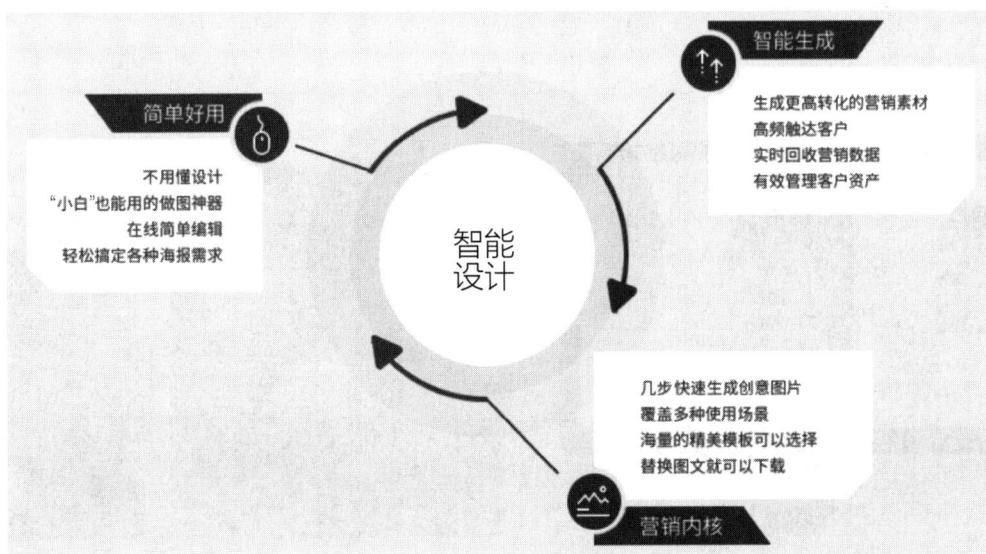

图 1-2-49 智能设计

（1）智能生成，批量出图（图 1-2-50）。

①一键智能设计，快速自动出图。

②根据固定主图智能生成场景图片。

③主体覆盖商品和背景 2 种模式。

④一键生成多张设计图片，快速赋能营销。

（2）AI 绘图，无限创意（图 1-2-51）。

①文生图，图生图。

②6 秒生成，提升创意效率。

③8000 余个词汇组合助力艺术创作。

④中文描述，上手轻松无门槛。

（3）在线编辑，云端储存（图 1-2-52）。

①在线编辑，云端储存。

②随时制作、随时下载、随时发布。

③七大功能模块，满足强大的设计需求。

④云端编辑保存，支持多人在线修改。

（4）自动抠图，轻松写意（图 1-2-53）。

①一键智能抠图，发丝清晰可见。

②自动识别主体并剔除背景。

③一键上传图片，快速实现抠图。

④还原主体丰富细节，强化图片质感。

图 1-2-50　批量出图

图 1-2-51　AI 绘图

图 1-2-52　在线编辑

图 1-2-53　智能抠图

（5）移动营销，加速获客（图1-2-54）。

①移动流量入口，裂变微信生态。

②一键生成员工专属海报。

③追踪素材投放效果，锁定意向客户。

④链接企业微信，沉淀客户资产。

**4. 全能易用的短视频创作推广工具**

通过创意引擎实现智能编辑，打造企业专属的短视频内容营销生态。

（1）模板广场及模板编辑器（图1-2-55）。

图 1-2-54 移动端

图 1-2-55 模板编辑器

（2）视频编辑器（图1-2-56）。

图 1-2-56 视频编辑器

（3）创意工具（图1-2-57）。更多视频创意工具等待探索，让视频栩栩如生。

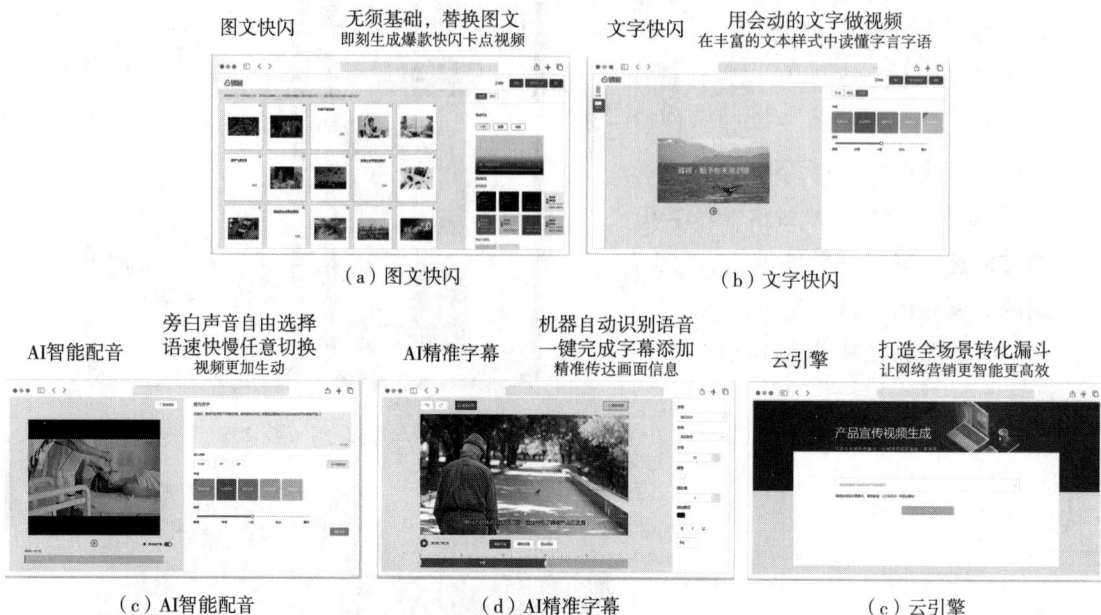

图 1-2-57　创意工具

# 第五节　数据营销

## 1. AI 测评

AI 测评可为企业提供网络营销测试服务。基于 Ant Design 设计语言，我们提供了一套开箱即用的高质量 React 组件，用于开发和服务于企业级中后台产品，以及官方的 React、Angular、Vue 的实现。服务方式如图 1-2-58 所示。

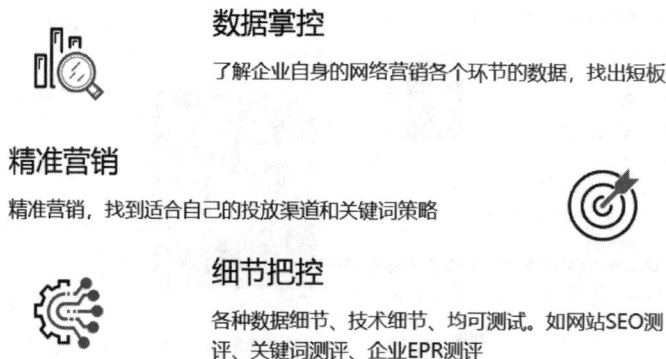

**数据掌控**

了解企业自身的网络营销各个环节的数据，找出短板

**精准营销**

精准营销，找到适合自己的投放渠道和关键词策略

**细节把控**

各种数据细节、技术细节、均可测试。如网站SEO测评、关键词测评、企业EPR测评

图 1-2-58　AI 测评

## 2. T-Monitor

T-Monitor 可以通过秒级实时、灵活细分和精准热图提升转化，专业性与易用性二双兼具（图 1-2-59）。

实时获取
为高实时性campaign
（市场营销活动）
专门制作的实时分析模块

敏捷细分
方便快捷直观的细分功能

监测部署
异步、快速、无埋点
全站一段式通用代码

数据可视
大量优异的数据
可视化设计

图 1-2-59 T-Monitor 作用

（1）综合分析（图 1-2-60）。

①云分析中具备完整的流量分析报告，无论是流量的获取、用户的站内行为还是终端特征，都能够悉数获取与分析。

②对跨平台、多设备监测具有良好适应性，清晰捕捉各种设备平台行为，支持响应式设计的热图，使企业实景体会用户产生的行为。

图 1-2-60 云分析

（2）事件监测（图 1-2-61）。

①事件监测无埋点化，任意元素点击即可查看趋势。关键型事件简单收藏，支持长期观测与深度细分。

②以事件为中心支持维度分组，结合重要指标及各种关注的维度，直观阐明事件与维度的相互关联及影响，为您聚焦与事件有关的各类信息。

图 1-2-61　事件监测

（3）热图（图 1-2-62）。

①可视化的用户行为。将用户的每一次鼠标点击、滚动、视野停留都转作了数据化的色彩绘制出来。不但可以一目了然了解用户偏好，更方便和设计师沟通，优化网页设计。

②支持细分和对比。只是将所有的点击堆放在一起还远远不够，细分能够更好地对热图细分和对比，以及 A/B 测试，方便企业观察。

图 1-2-62　热图

（4）数据可视（图1-2-63）。

①数据可实时监控,大量优异的数据可视化,支持长期观测与深度分析。

②从各个角度透析用户行为,并且图形化展示,信息传达清晰有效,情感分析准确可靠,为客户提供有价值的数据倾向,帮助企业快速做出决策。

图1-2-63　数据可视

（5）敏捷细分（图1-2-64）。

①快速细分。定位细分目标,只需要几次点击。直观地寻找细分对象,一边阅读数据一边快速钻取发现机会和问题。

②综合细分。多达数十种交叉细分属性,帮助您从各个角度透析用户行为。按量级排列各属性维度,方便您快速定位细分目标,无须大量手动输入。

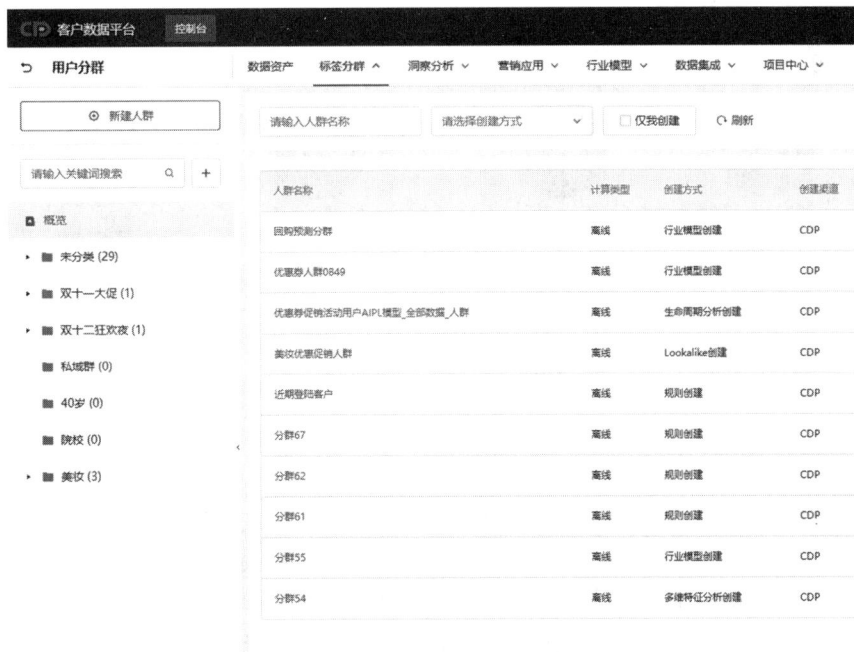

图1-2-64　敏捷细分

（6）转化（图1-2-65）。

①转化漏斗。将有意引导用户依次访问的页面流程设置为转化漏斗，找到漏斗中的泄露点迅速改善，吸引更多的用户顺利完成转化。

②转化率与转化价值。通过转化，让重要的用户事件变得可以度量，悉数衡量渠道和内容表现，优化推广策略。

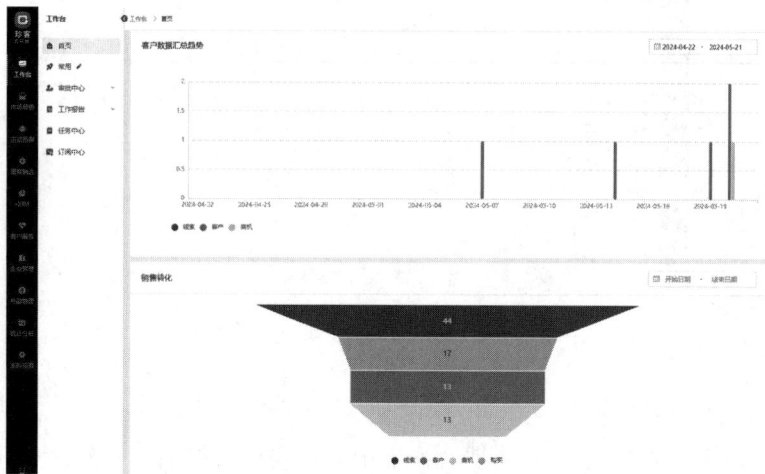

图1-2-65　转化

## 3. 随推

随推是指在移动端文章短视频分享中嵌入企业广告，免费搭载移动热点获取流量关注。它具有优势有（图1-2-66）：

| 流量曝光 | 快速制作广告 | 3秒推广 | 数据有效回收 |
| --- | --- | --- | --- |
| 搭载移动热点<br>快速传播裂变 | 广告类型多样化<br>根据模板轻松创建 | 选择文章<br>插入广告<br>一键推广 | 帮助企业合理分析<br>加快营销数据沉淀 |

图1-2-66　重点优势

随推的产品功能有：

（1）智能抓取（图1-2-67）。热门文章、短视频智能抓取，一键植入广告，聚合流量曝光引流。

①无须苦苦搜寻，精选实时爆款文章、短视频推送，分类呈现。

②支持自选文章和抖音、快手短视频的手动添加，一键植入广告或名片。

③连通微信超10亿DAU（daily active user，日活跃用户数量），多渠道多方位分享裂变，快

速引流获客。

（2）广告卡片（图1-2-68）。快速制作广告卡片，支持个性化定制，深化营销入口。

①五大广告类型，一键拨号、跳转链接、公众号关注、表单线索收集等多场景线上拓客。

②三种展现位置，支持头部、悬浮、底部广告位，提升广告曝光度。

图1-2-67　智能抓取

图1-2-68　广告卡片

（3）名片微站（图1-2-69）。轻松搭建个人名片微站，360°展示企业，快速提升品牌、产品曝光。

①专属名片自定义，个人信息、产品案例全景展示，塑造口碑，提升品牌影响力。

②支持一键拨号、添加微信，海量询盘稳定获取，营销转化更简单。

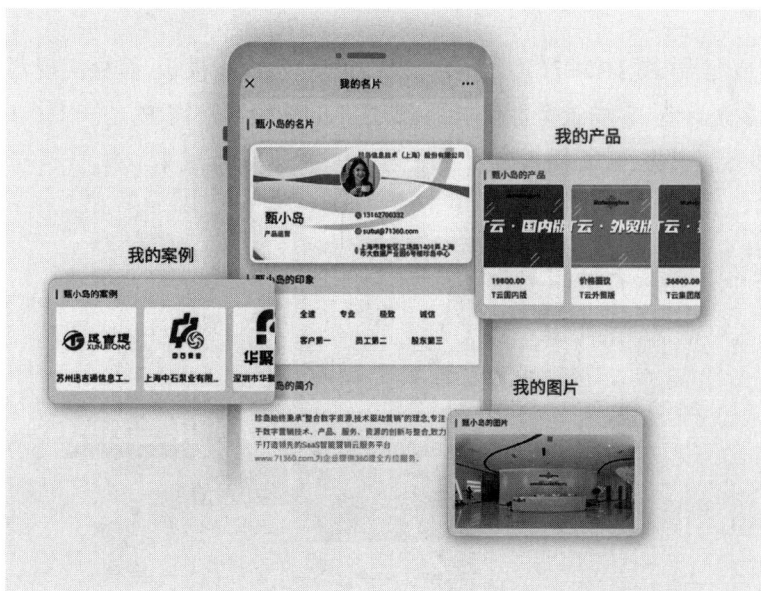

图1-2-69　名片微站

(4)可视化数据分析(图 1-2-70)。运营数据实时监控,可视化数据分析,为企业营销赋能。

①数据统计系统。广告浏览、点击、转发数据及时反馈,营销效果早知道。

②客户管理系统。访客轨迹追踪,意向客户分层管理,客户需求一目了然。

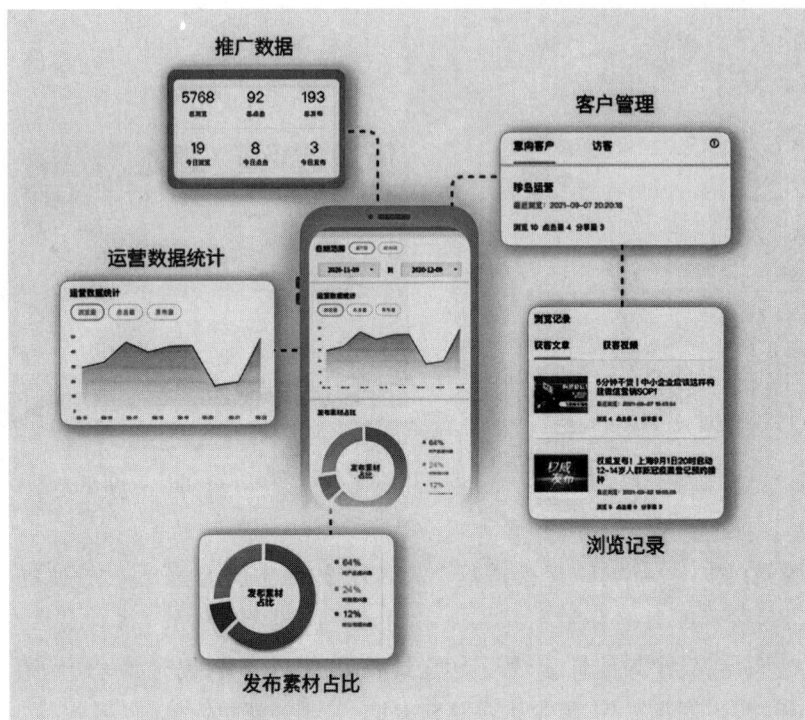

图 1-2-70　可视化数据分析

(5)一键生成海报(图 1-2-71)。获客海报一键生成,海量模板,轻松实现营销裂变。

①覆盖 20 多个行业,多场景个性化营销,满足不同阶段客户需求。

②一键生成专属海报,智能插入名片二维码,节约企业设计成本。

图 1-2-71　一键生成海报

### 4. 在线 H5 制作工具

(1)海量模板。在线 H5(HTML5,一种网页开发的语言标准)海量模板一键套用,超多场景、营销功能,助力企业轻松曝光+获客。

30 秒不到即可制作精美 H5 页面,省时、省力、省心。海量模板适用 40 多种使用场景,超10000 模板覆盖全行业,一键套用模板轻松完成制作(图 1-2-72)。

图 1-2-72　海量模板

(2)强大交互。给用户带来炫酷交互体验,多种营销功能、趣味特效助力,覆盖多种需求(图 1-2-73)。

(3)超多入口。H5 除链接、二维码、海报等宣传方式外,还结合微博、QQ、QQ 空间等超多分发入口,增加曝光量(图 1-2-74)。

图 1-2-73　强大交互

图 1-2-74　超多入口

(4)专业工具。轻松上手,在线制作,简单高效(图 1-2-75)。

(5)传播裂变功能。具有大转盘、孔明灯、营销日历、超多有趣好玩儿组件,24 小时在线客服,轻松掌握营销技能,实现高效获客(图 1-2-76)。

(6)适用多种营销场景,如公司招聘、企业宣传、产品介绍、会议邀请、品牌推广(图 1-2-77)。

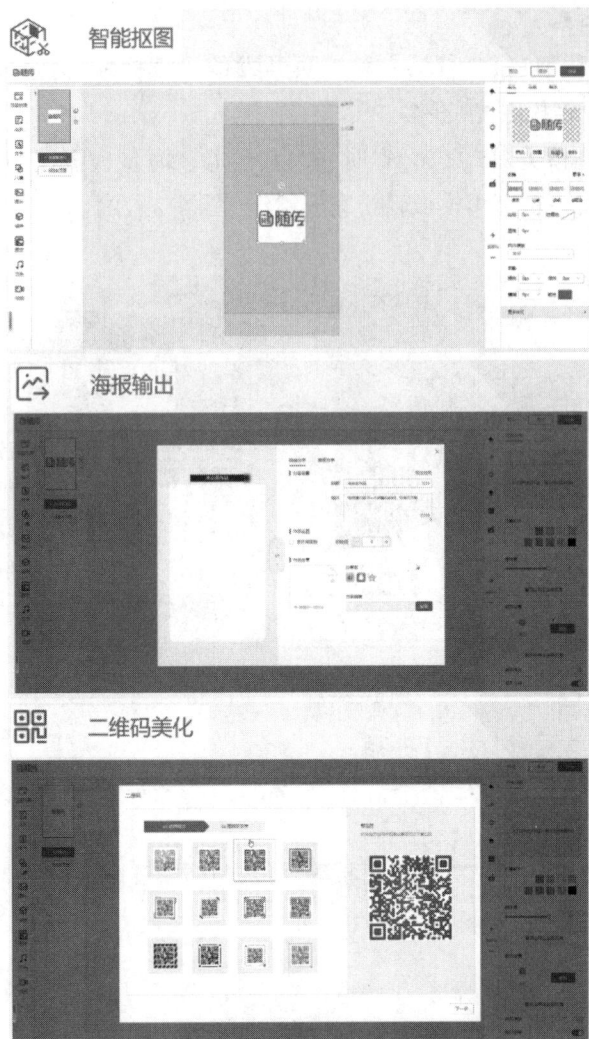

图 1-2-75 专业工具

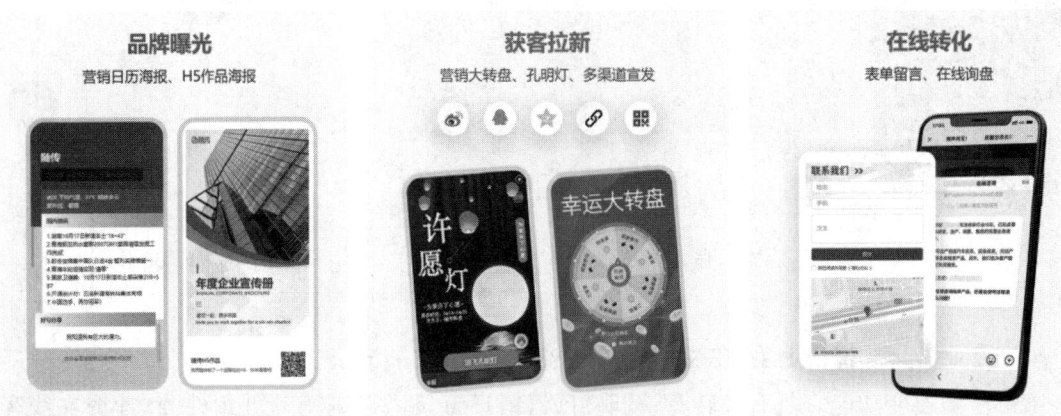

图 1-2-76 传播裂变功能

图 1-2-77　多营销场景

(7)提供营销路径(图 1-2-78)。随传 H5 可助力企业开辟流量新战场。

图 1-2-78　营销路径

(8)营销方式(图1-2-79)。

图1-2-79　营销方式

### 5. 短视频全生态精准营销获客

企秀场为一站式发布平台,可实现产品营销与品牌传播。

(1)产品优势。一站式发布,多渠道曝光(图1-2-80)。

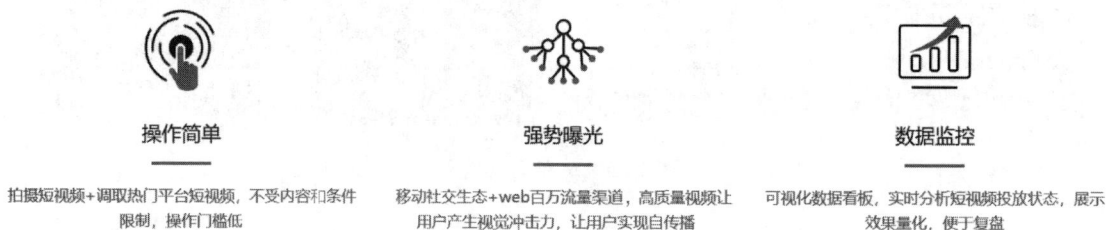

操作简单　　　　　　　强势曝光　　　　　　　数据监控

拍摄短视频+调取热门平台短视频,不受内容和条件限制,操作门槛低　　　移动社交生态+web百万流量渠道,高质量视频让用户产生视觉冲击力,让用户实现自传播　　　可视化数据看板,实时分析短视频投放状态,展示效果量化,便于复盘

图1-2-80　产品优势

(2)功能特点。助力企业将内容传播更广泛(图1-2-81)。

短视频营销,吸引用户

短视频+广告+联系方式+AI客服=短视频营销神器。支持30多家权重平台商品售卖,让流量快速变销量

实时数据看板

获取短视频用户行为数据,直观呈现浏览、关注量,帮助企业判断是否为意向用户,同时支持1对1复盘,提高转化率

AI营销名片

智能生成企业专属AI名片,全方位展示品牌信息,有效提升客户沟通时效性,增强用户信任度

投放平台

企秀场与企业知道及短视频网站两块内容结合,高流量站场为企业短视频营销、获客、曝光赋能

图1-2-81　功能特点

(3)一站式营销。一站式短视频营销流程(图1-2-82)。

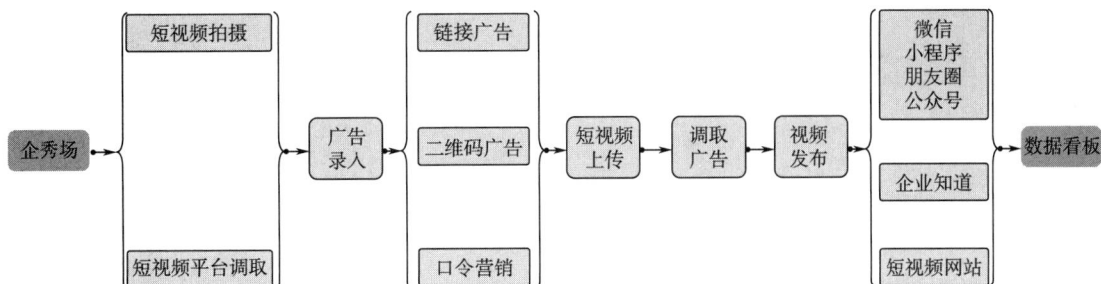

图 1-2-82　涵盖内容

（4）短视频营销优势（图 1-2-83）。

**短视频独特展现形式**

短视频内容制作容易，对于企业来说可以快速树立品牌印象，通过企秀场短视频+橱窗广告的营销方式，缩短了企业与消费者之间的沟通距离，短视频流传范围广，用户的浏览活跃度+黏性都非常高，利于引导传播。

**多渠道组合的矩阵推广**

通过小程序发现私域用户，再通过网站页面强曝光栏目弹窗形式展示，有效获取公域流量，并形成矩阵传播，企秀场内短视频传播效果1+1>2。

图 1-2-83　短视频营销优势

**6. 宝码**

宝码是一个简单实用的二维码营销工具，主要功能如下。

（1）制作内容丰富的二维码（图 1-2-84）。

①可组合文本、链接、名片、文档、音视频、表单、活码等多种信息单元。

②丰富的场景落地能力，简单实用。

（2）实时统计数据辅助决策（图 1-2-85）。

①可实时统计二维码扫描数、回收表单提交数据等。

②辅助优化内容策略。

图 1-2-84　制作二维码

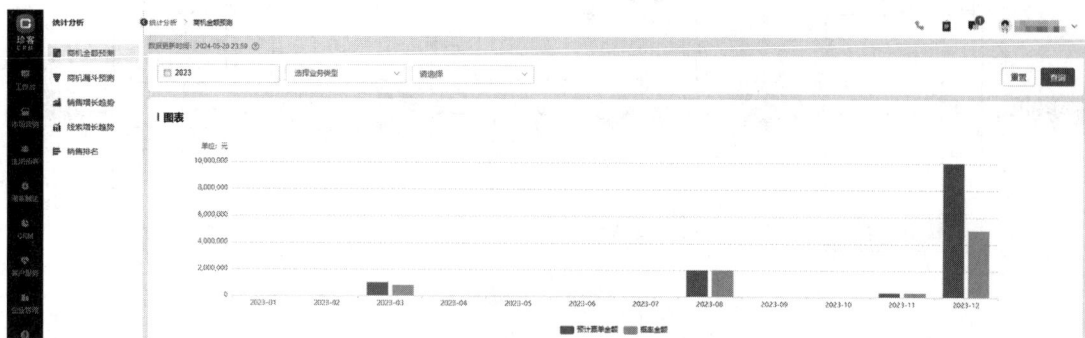

图 1-2-85　数据辅助决策

（3）权限管理细分，精细管控风险（图 1-2-86）。

①账号管理功能。

②功能权限管控升级。

③可满足员工协同编辑和独立使用两大场景。

图 1-2-86　权限管理

（4）二维码美化，丰富多彩更吸睛（图 1-2-87）。

①支持上传企业 logo，增加企业曝光。

②个性化自定义颜色、码眼、支持多种尺寸二维码下载。

图 1-2-87 二维码美化

宝码应用场景丰富(图 1-2-88),可助力企业营销,在行业展会中的应用如图 1-2-89 所示。

图 1-2-88 应用场景

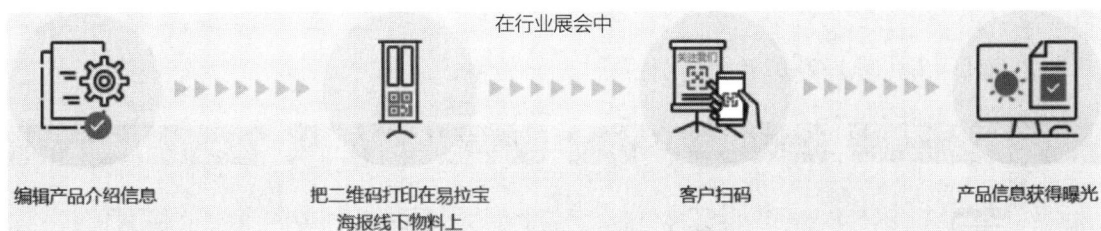

图 1-2-89 行业展会

# 第六节　广告营销

再次营销主要针对高流量、低成本、优媒体(图1-2-90),企业投放性价比高。

图1-2-90　媒体矩阵

(1)主要优势(图1-2-91)。

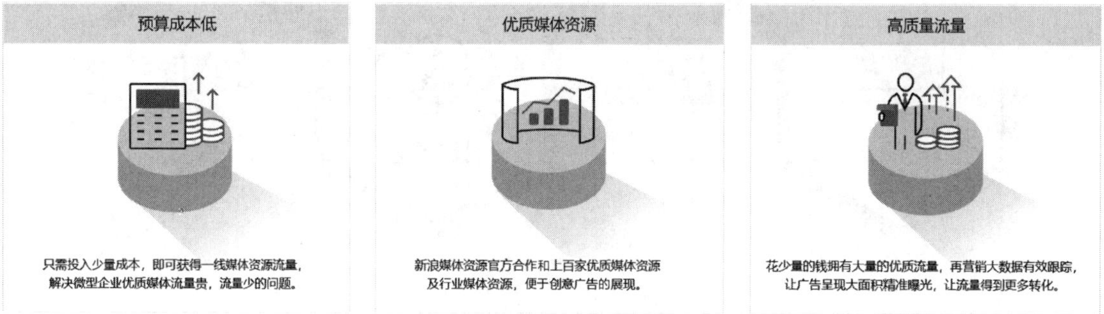

图1-2-91　主要优势

(2)核心功能(图1-2-92)。

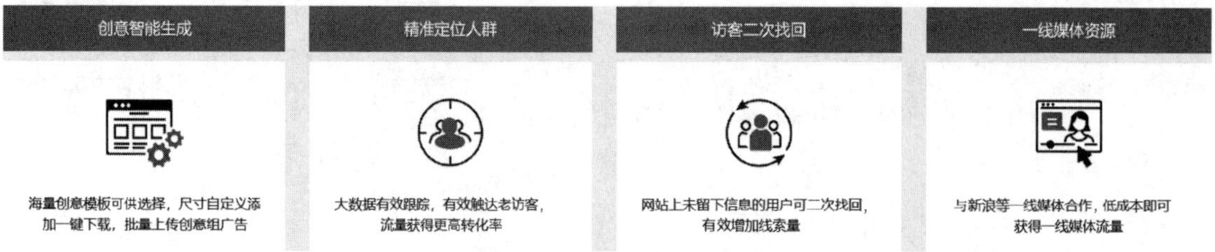

图1-2-92　核心功能

（3）效果实现方式。安装代码覆盖的站点越多,找回访客的概率越大(图1-2-93)。

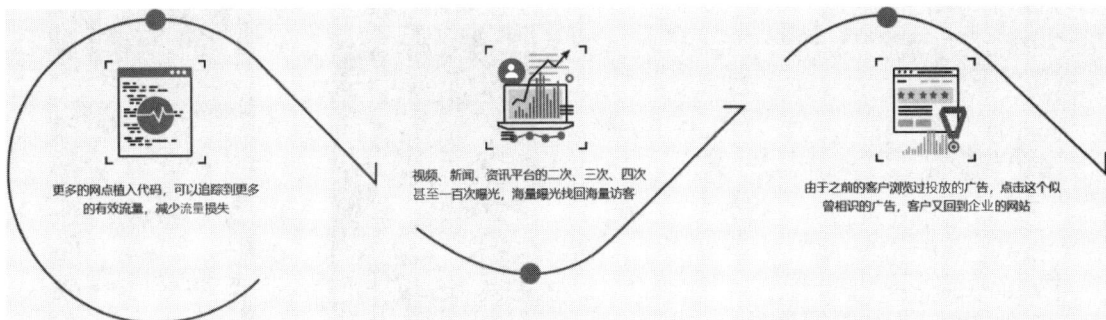

图1-2-93　效果实现

（4）再营销案例(图1-2-94)。

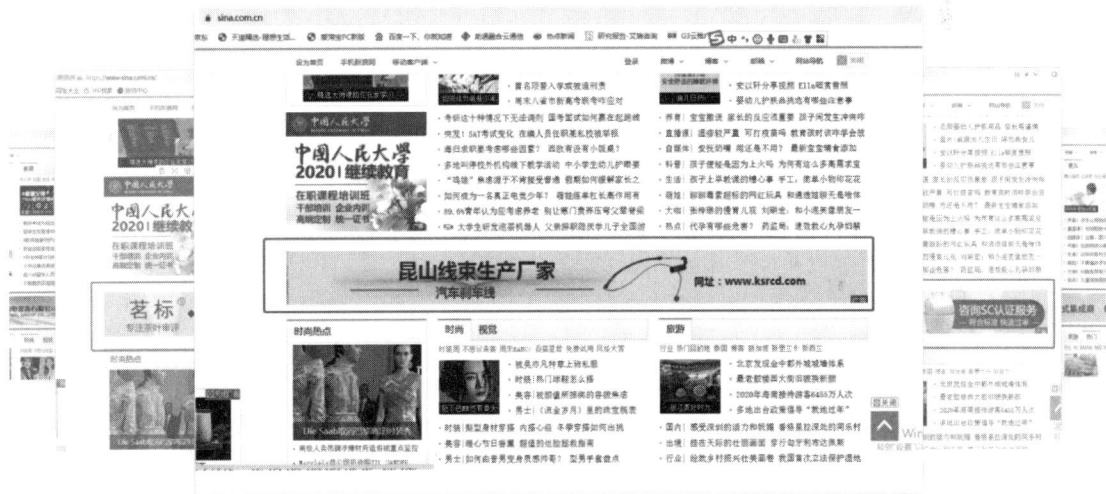

图1-2-94　再营销概念案例图

**1. 移动再营销**

移动再营销主要覆盖头部电商及短视频平台。打造了企业私域流量,将搜索引擎、站点商铺等移动端流量通过各大电商以及短视频平台多渠道快速传播,实现流量多次转化,使信息源裂变式增长,打破了传统的社交封锁精准营销模式,获得更多流量(图1-2-95)。

移动再营销采用多渠道一站式投放,深度连接微信生态。投放平台包含云引擎商铺、企秀场、随传等(图1-2-96)。可随时开启和关闭投放,操作灵活,可将用户从搜索引擎、微信生态引流到企业电商、短视频账号,协助企业在多渠道开展营销,传递品牌及提升用户服务。

图 1-2-95　移动再营销过程

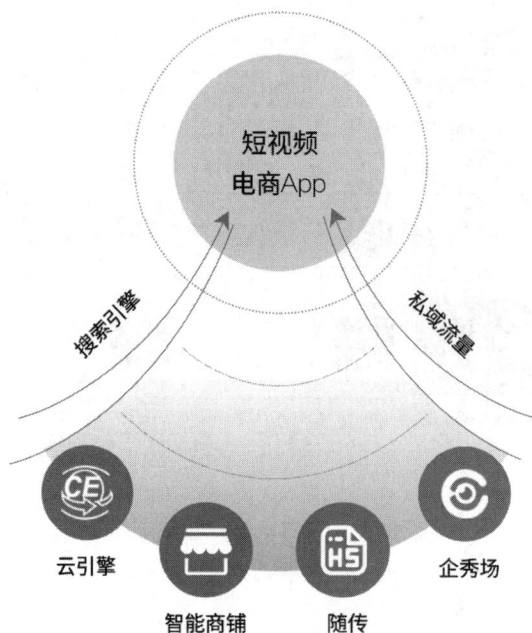

图 1-2-96　投放平台

　　珍岛移动再营销的获取和结果查看分别如图 1-2-97 和图 1-2-98 所示,其中获取基本为点击分享复制链接。

　　由于平台技术限制,目前抖音和阿里巴巴同时设置口令会对抖音造成影响,建议两者任选其一设置;如果客户同时设置多平台口令,产品链接点击口令触发随机展示,不可指定平台。移动再营销视频展示如图 1-2-99 所示。

淘宝

阿里巴巴

快手

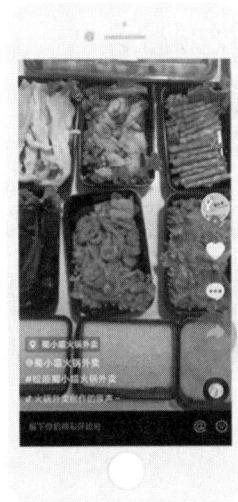
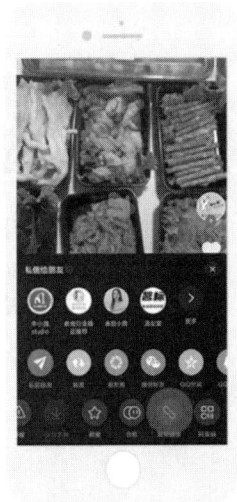

抖音

图 1-2-97 获取方式

## 2. 需求方平台

大数据时代广告投放有需求方平台（DSP）、私有程序化购买（PDB）和数据管理平台（DMP）的方式。DSP 可以帮助企业精准展示广告投放平台，颠覆传统网络营销模式（图 1-2-100）。

图 1-2-98　结果查看

图 1-2-99　移动再营销概念案例图

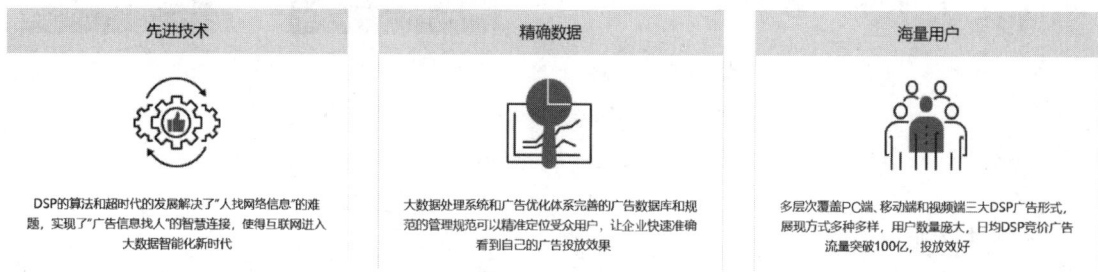

| 先进技术 | 精确数据 | 海量用户 |
|---|---|---|
| DSP的算法和超时代的发展解决了"人找网络信息"的难题，实现了广告信息找人"的智慧连接，使得与联网进入大数据智能化新时代 | 大数据处理系统和广告优化体系完善的广告数据库和规范的管理规范可以精准定位受众用户，让企业快速准确看到自己的广告投放效果 | 多层次覆盖PC端、移动端和视频端三大DSP广告形式，展现方式多种多样，用户数量庞大，日均DSP竞价广告流量突破100亿，投放效好 |

图 1-2-100　DSP 的优势

大数据时代移动用户越来越多,珍岛移动 DSP 广告服务有助于企业消除移动广告投放的疑虑,而且凭借其优势特点为用户展示了一种不同形式的广告投放方式,多样的广告形式、智能的优化机制、多变灵活的投放策略,根据企业的不同需求量身定做的广告投放方案,满足用户对移动广告投放的需求,较大程度提升投放效果(图 1-2-101)。

图 1-2-101　DSP 产品案例图

### 3. 供应方平台

供应方平台(SSP)具有智能投放、简单易用、个性化创意模板定制的特点。

SSP 与 DSP、互联网广告交易平台(Ad Exchange)和实时竞价(RTB)一起迅速崛起于欧美,属于新兴的网络展示广告领域。供应方平台能够让出版商也介入广告交易,使它们的库存广告可用。通过这一平台,出版商希望他们的库存广告可以获得更高的有效每千次展示费用,而不必以低价销售出去。

以臻优 SSP 为例,其适合中国互联网媒体使用的革新性广告管理系统,可提供从广告运营到收入优化的一站式服务,帮助企业从容地应对网络广告的时代变革。

广告投放的特点和优势(图 1-2-102)。

**高效接入 智能投放**
独有广告插件,完全剥离广告控制,轻松应对广告需求变化。智能广告投放控制满足任何用户需要的广告投放策略,实现精准广告投放广撒网,提升广告投放效果。

**利用大数据掌控网站**
珍岛营销基于自身运营10年不断更新积累的海量用户数据,不仅内置多种人群分类,更支持媒体自定义人群分类,掌控自己网站受众的站内站外行为。

**每个人都是技术控**
自定义富媒体广告模板,丰富的参数配置,图形化的操作界面灵活易用,节省技术投入的同时,让初学者也能轻松定制个性化创意模板。

**数据监控和反馈**
实时监控广告投放,及时自动报告问题预警。按照设定时间自动对投放进行截图并发送邮件;定期批量发送数据报告邮件提供第三方广告投放数据,确保广告投放数据的公正性。

图 1-2-102　特点和优势

#### 4. 数据管理平台

数据管理平台(data management platform,DMP),可以通过多屏数据精准统一管理,达到精准定向提高优化效果,通过悉数整合管理第一方和第三方数据,深度建模和人群细分,建立自动化人群策略,提供悉数深入的数据洞察和智能管理,指导广告主进行强有力的广告优化和投放决策。DMP 采用统一化的方式将各个方面的数据吸纳整合起来,创建出独特、有意义的客户细分,并根据功能健全的数据标签、自助式的用户界面和相关渠道环境的连接,让用户可以快速有效的开展营销工作。DMP 可以针对用户问题(图 1-2-103)提供帮助(图 1-2-104)。

图 1-2-103　面临问题

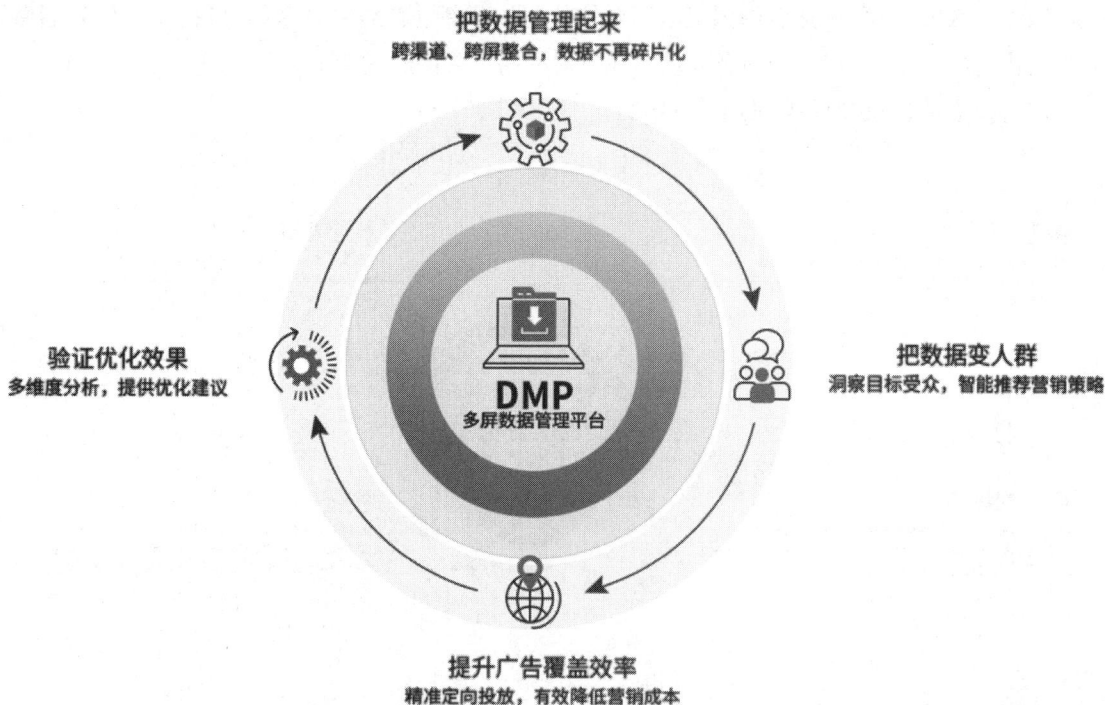

图 1-2-104　提供帮助

# 第七节 增值服务

## 1. 数字媒体自助

数字媒体自助可以把媒介服务标准化,营销商品通过商城购买(图 1-2-105)。

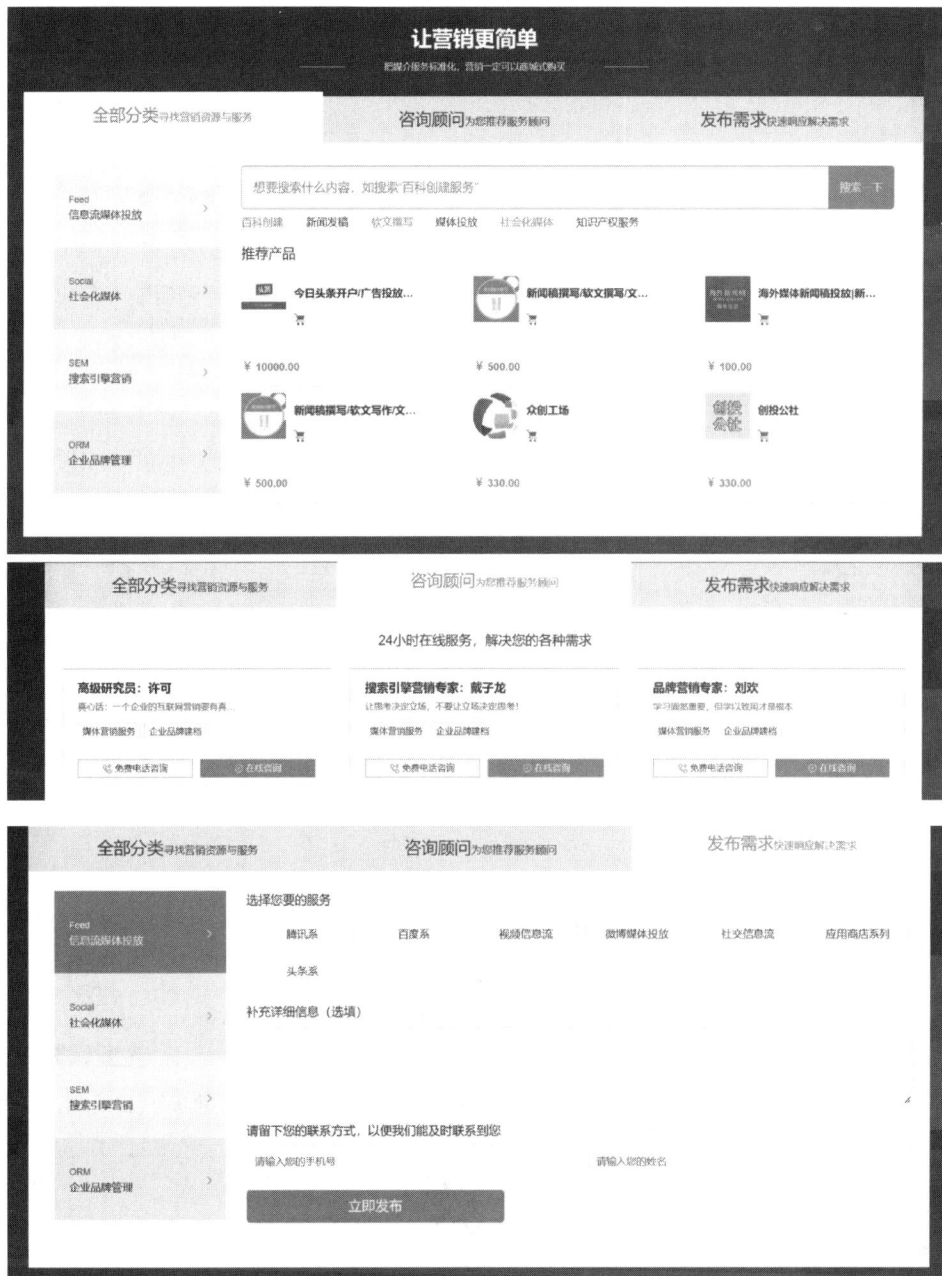

图 1-2-105 数字媒体自助页面

(1)产品服务(图1-2-106)。

图 1-2-106　产品与服务

(2)主要优势(图1-2-107)。

图 1-2-107　主要优势

## 2. 云应用市场

(1)应用页面(图1-2-108)。

图 1-2-108　应用页面

（2）基础软件（图 1-2-109）。

图 1-2-109　基础软件

（3）热销应用（图 1-2-110）。

图 1-2-110

专家服务
环境配置
服务器代维
数据迁移
架构与咨询
新闻稿发布
¥5000.00/1次
邮件问题排查
¥498.00/单次
邮件发送
¥100.00/2000次
网站优化 SEO优化推广 关...
¥1500.00/1次
企业应用
ERP服务
客户管理
人事管理
财务管理
会议会务
办公管理
400电话
商业智能
公司注册
¥499.00/1次
实用新型专利申请代理撰写...
¥20.00/1次
商标补证补发商标注册证书
¥20.00/1次
供应链
进销存
库存管理
订货系统
MES系统
DRP
中国好建站
云·企业美站
¥798.00/1年
DCL insight
中大型移动App定制开发
¥1000.00/1次

图 1-2-110　热销应用

# 第三章　智能营销云的使用

## 第一节　平台建立

### 1. 智能营销云平台的注册

智能营销云平台的注册流程如图 1-3-1 所示。

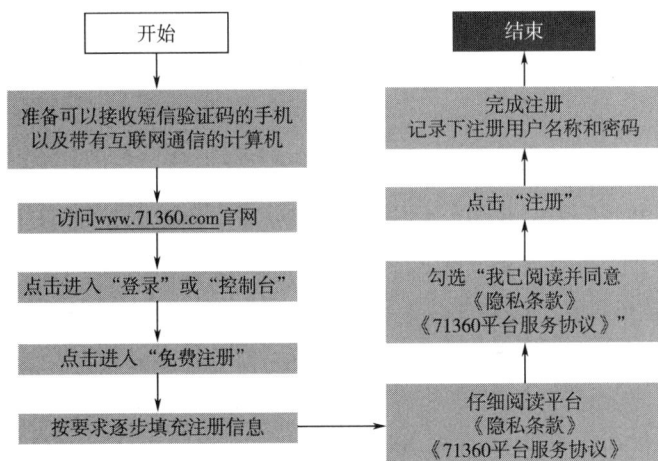

图 1-3-1　注册流程图

### 2. 智能营销云平台的登录

智能营销云平台的登录如图 1-3-2 所示。

### 3. 智能营销云平台的实名认证

智能营销云平台是建立在服务广大企业用户的基础上,能够针对企业经营的产品或服务活动进行营销推广;实际企业用户则需在推广资料完善环节,进行企业与推广产品相关详细信息的填充与完善。一般分为国内推广资料和外贸推广资料。

实名认证流程如图 1-3-3 所示。

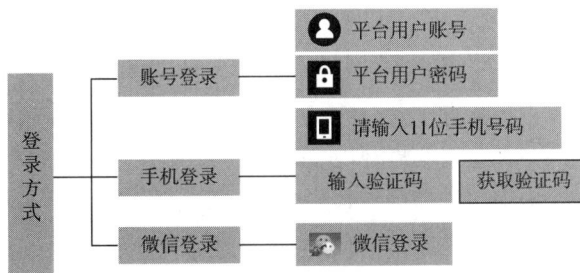

图 1-3-2　登录流程图

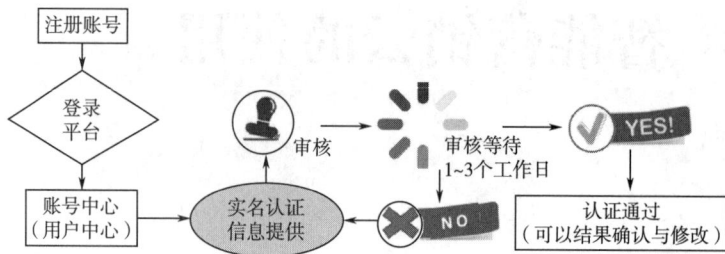

图 1-3-3　实名认证流程图

**4. 智能营销云平台的智能 AI 测评**

智能营销云平台所拥有的数据资源和企业知识图谱,能够深度刻画企业。从宏观环境层、中观企业层和微观企业主层 3 个层面的不同内容,对企业风险进行检测、评估和预警,可以提供营销前—营销中—营销后的全流程风险解决方案。从而达到:

(1)了解企业自身的网络营销各个环节的数据,找到短板。

(2)精准营销,找到适合自己的投放渠道和关键词策略。

(3)对数据细节、技术细节进行测评,进而优化。

**5. 平台的智能 AI 测评分类**

平台的智能 AI 测评分为企业综合测评、网站评分和同行对比 3 类。

(1)企业综合测评。用于监控企业互联网营销,从官方平台推广、媒体广告推广、网站建设、用户留存、口碑提升及收益提升等各个层级的转化情况,聚焦全流程中最有效的转化路径,收集市场走向,找到可优化的短板,全面提升企业的品牌知名度和营收效益。

(2)网站评分。帮助全面分析企业网站建设及 SEO 优化效果,从网站基本信息的设置、SEO 页面收录情况、移动端优化、SEO 站内规则设置分析、网站域名及服务器 5 个大的维度全面检测,并给出检测结果及优化建议。

(3)同行对比。帮助快速对比所在企业与竞争对手之间的优势和不足,快速找出需要提升和改进的地方,并给出合理优化建议。

**6. 智能营销云平台的智能建站**

(1)智能建站的目的。

①为品牌,建企业网站,品牌形象建立。

②为营销,建企业网站,提升企业知名度和产品信息曝光度,促进销售提升。

③为发展移动端,建手机网站,覆盖更多用户群体。

④利于业务发展,降本增效,开展网络信息化业务,投入相对少便可获得可观收益。

⑤提高用户体验与客户之间的黏度,搭建沟通平台,可获得客户引流与长期关注。

⑥企业门户归纳信息网站,呈现企业业务架构,完成企业信息化建设。

(2)智能建站的优势。快速、简单、经济、方便、轻松、性能好。

(3)中文站创建。以中文站的创建为例,进行网站建设的介绍。

步骤一:创建网站。

①用户登录。进入智能营销云平台,选择"控制台"(图1-3-4)。

图1-3-4 用户登录

②进入建平台。进入71360控制台,从左侧菜单"全部产品"下拉选项中选择T云·国内版中的"建平台"(图1-3-5)。

图1-3-5 建平台

③建设中文站。在"建平台"所有产品中找到"中文站",选择"马上开通"(图1-3-6)。

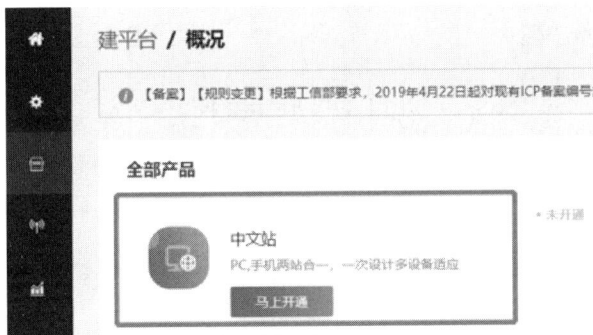

图1-3-6 建中文站

④选择模板。进入中文站建设页面,可根据行业类型、网站类型等内容,进行模板自主选用(图1-3-7)。

图1-3-7 选择模板

⑤使用模板。选用对应的模板前,可以先行预览 PC 站、预览手机站,然后根据预览效果进行使用(图 1-3-8)。

图 1-3-8　使用模板

⑥创建成功。模板选用后,中文站的初步创建就成功了,但需要进一步管理和完善,才能更好地应用(图 1-3-9)。在中文站被创建成功后,之前的中文站模块当前状态,已经由"未开通"变成"待上线"(图 1-3-10)。

步骤二:网站网页端编辑和管理。

中文站的整体编辑和管理,可以通过"进入管理"到网站网页端编辑新建的网站,首先需要准备网站制作的内容和素材,选择"进入管理"。

在完成可视化建站与网页编辑后,选择回到"建平台"页,通过刚创建的中文站点击"进入管理"。

网站管理的"首页"可以编辑网站名称,查阅站点地址、网站到期时间,以及网

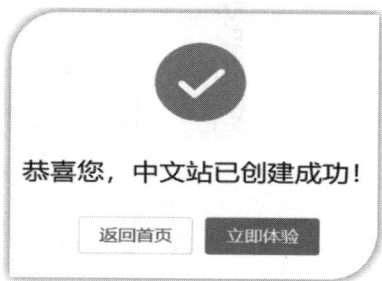

图 1-3-9　创建成功

图 1-3-10　中文站状态

站后台统计到的流量、新闻发布量、产品发布量、案例发布量等各项操作指标内容信息(图 1-3-11)。

通过网站管理页面左侧工具栏中的"网站装修—产品管理—内容管理—资源库—询盘管理—网站检测—小程序管理—网站设置"来进行统一管理。

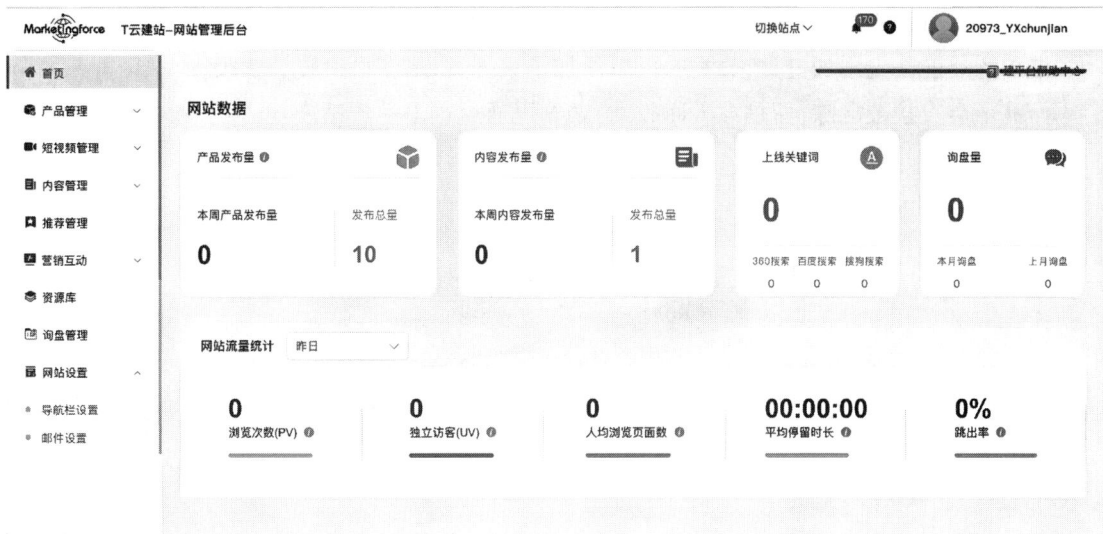

图 1-3-11　网站管理

①网站装修(图 1-3-12)。

网站装修可以看到历史选用模板;针对当前网站网页模板进行预览与编辑;选用历史模板替换当前模板;网站装修选择编辑,即可进入网站可视化操作编辑页面;分为 PC 端和手机端,相互独立;网站管理中的网站装修包括前面介绍的可视化操作,可视化操作也可单独完成,在网站管理中统一管理。

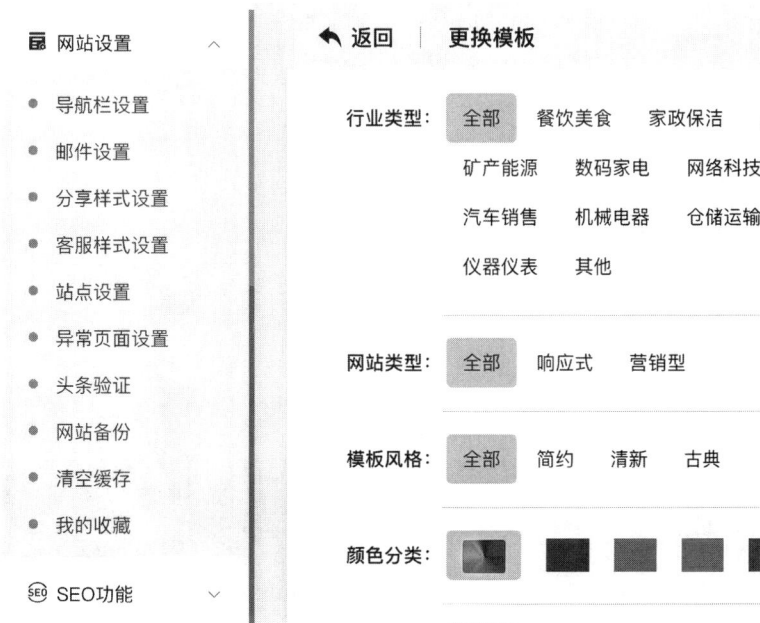

图 1-3-12　网站装修

②产品管理(图1-3-13)。

产品管理可以对产品分类和产品进行增删查改;

添加产品前需先添加分类,分类中可以添加子集分类,最多可设置为5级;

产品不会直接被删除,而是放入回收站,误删可通过点击回收站恢复。

注意:后台操作产品相对前台更方便。

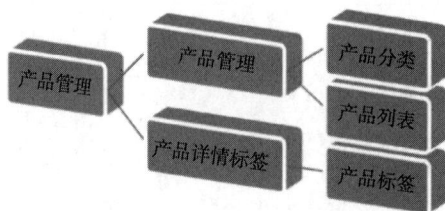

(a)流程

(b)界面

图1-3-13 产品管理

③内容管理(图1-3-14)。

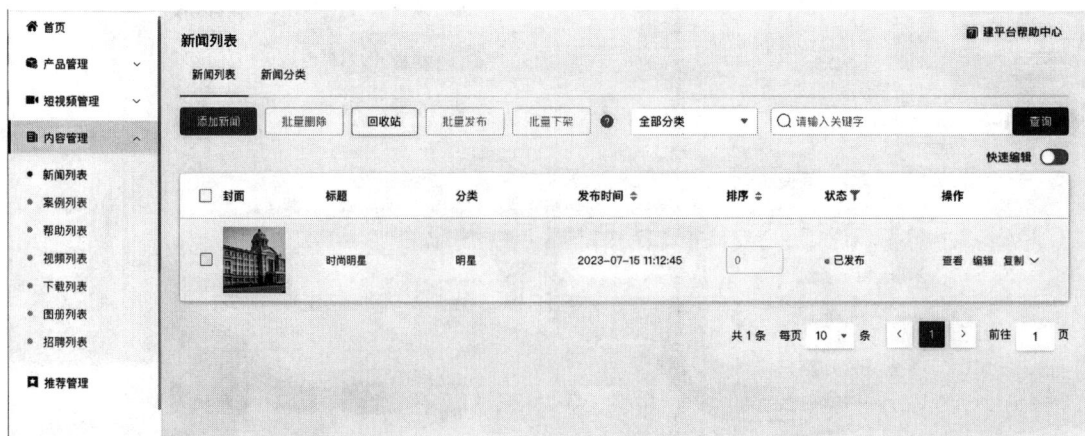

图1-3-14 内容管理

内容管理包括新闻、案例、帮助、下载、视频和招聘 6 个功能列表。

内部管理界面可进行的操作有：

对上述内容项进行增删改查管理；

添加内容时需先添加分类，分类中可以添加子集分类，最多可设置为 5 级；

产品不会直接被删除，而是放入回收站，误删可通过点击回收站恢复。

注意：后台操作相对前台更方便。

④资源库（图 1-3-15）。

图 1-3-15　资源库

资源库分为云端资源库和本地资源库；

上传文件类型可以为图片，视频和文档；

资源库搜索功能，可快速找到用户需要的资源内容或文件。

⑤询盘管理（图 1-3-16）。

图 1-3-16　询盘管理

询盘管理分表单管理和留言管理；

留言表单可以查看网站表单留言；

询盘表单根据网站访客留言，针对产品意向产生互动交流产生的询盘表单，从而实现定向营销或达到精准营销。

⑥网站检测（图 1-3-17）。

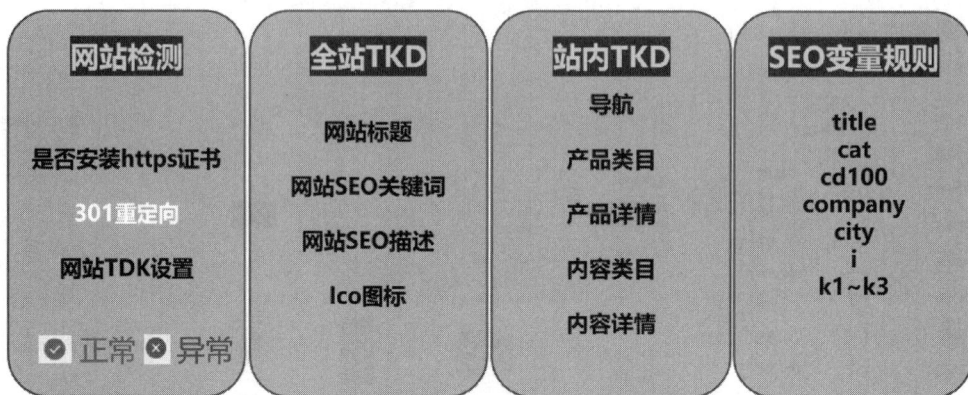

| 网站检测 | 全站TKD | 站内TKD | SEO变量规则 |
|---|---|---|---|
| 是否安装https证书 | 网站标题 | 导航 | title |
| 301重定向 | 网站SEO关键词 | 产品类目 | cat |
| 网站TDK设置 | 网站SEO描述 | 产品详情 | cd100 |
| | Ico图标 | 内容类目 | company |
| ✓正常 ✗异常 | | 内容详情 | city |
| | | | i |
| | | | k1~k3 |

图 1-3-17　网站检测

网站检测会出具检测报告，进而提供优化方向或建议；

网站检测包括：全站 TKD（title、keywords、description，标题内容）设置、站内 TKD 设置和 SEO（搜索引擎优化）变量规则；

网站绑定域名上线后才有报告。

⑦小程序管理（图 1-3-18）。

（a）界面

（b）操作

图 1-3-18　小程序管理

小程序管理作为营销网站管理内容之一,可更好地推广用户自身形象或产品内容等信息,同步展示网站内容；

小程序需要被授权后,才能完成设计后的发布推广；

小程序推广的内容内可以链接中文建站的官网网址,用于被访问和浏览,获得更多的访客和询盘等,最终促成转化；

通过设计小程序可便捷的与微信、微博等网络互动咨询平台链接；

设计小程序的可视化操作相对简单、快捷,可以更好地适应移动客户浏览体验与交互性能的新要求,捕捉微信客户群。

⑧网站设置(图 1-3-19)。

网站设置主要包括导航栏设置、邮件设置、客服样式设置、站点设置、异常页面设置等内容。

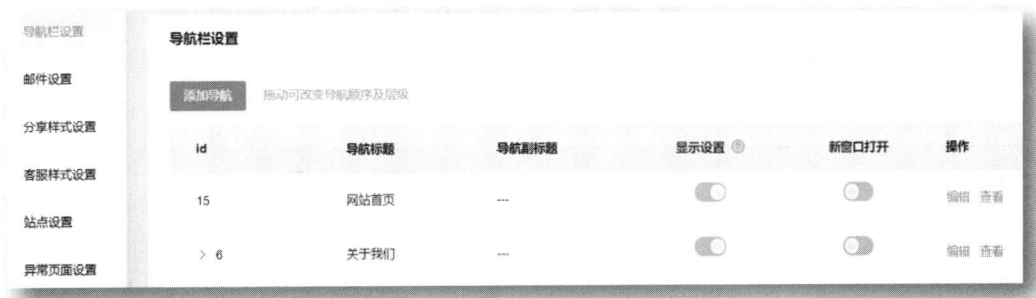

图 1-3-19　网站设置界面

导航栏设置可根据需要改变顺序和层级,添加或隐藏;

邮件设置可根据用户需要设置统一模板与客户邮件沟通交流,用户的在站内的留言会在第一时间内以邮件形式通知(图1-3-20)。

站点设置中可添加第三方统计代码、验证代码,声明文章转载出处,设置内容防复制(图1-3-21)。

异常页面设置:当浏览网站出错时,及时推送异常页面网页打开异常设置(图1-3-22)。

图1-3-20 邮件设置

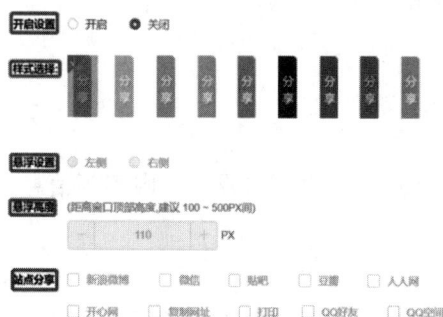

(a)分享样式设置　　　　　　　　　　(b)QQ客服样式设置

图1-3-21 分享样式设置和客服样式设置

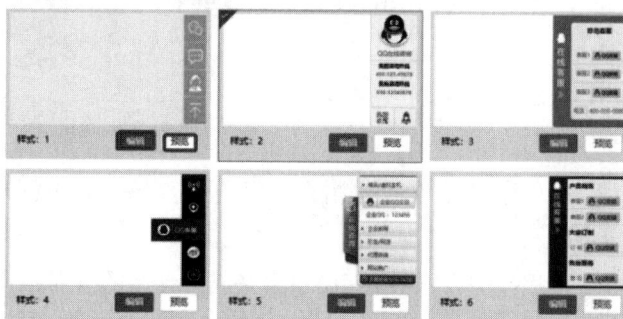

样式1 预览　　　　样式2 预览　　　　样式3 预览

图1-3-22 异常页面设置(404报错样式选择)

可以通过百度和今日头条进行推广(图1-3-23)。

图1-3-23 推广

百度推送:网站上添加百度自动推送代码可以大幅度提升网站网页被百度搜索引擎抓取收录的概率。

头条验证:既能通过今日头条获得更多的优质信息资源,也能增加可信度。

步骤三:网站后台端管理。

①PC 端可视化网站网页操作(图 1-3-24)。

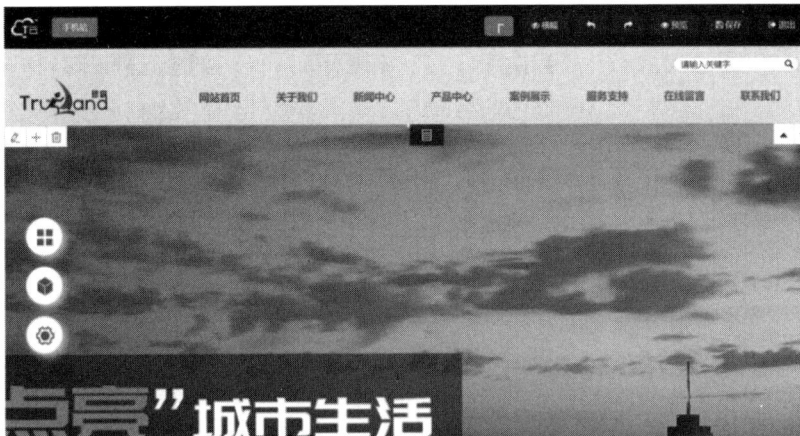

图 1-3-24 操作页面

在创建网站的模块基础上,选择"进入可视化",进入网站网页,开始可视化的便捷操作与编辑管理。

可通过对网站网页从"顶部—中部—底部"通栏逐步进行可视化操作与调整,进行完善与优化,最终完成网站的内容建设。

②PC 站可视化操作方式(图 1-3-25)。

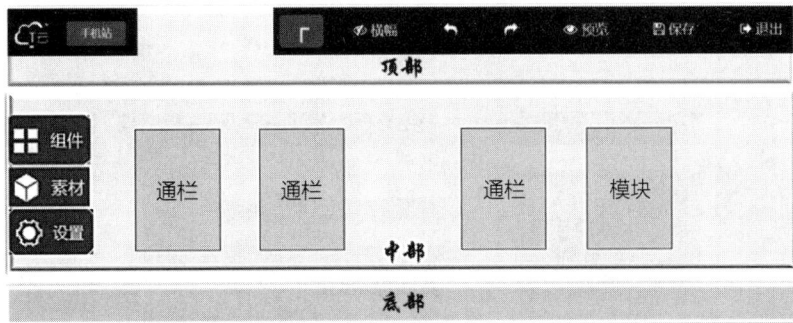

图 1-3-25 PC 站可视化网站

在已有设计模板内容和版式上进行调整与完善,操作方式可以理解为"哪里需要点哪里";

常用的操作有添加、修改、删除等可视化操作,具体内容或对象主要包括导航栏、通栏、模块等以及工具栏的操作与调整。

③手机站可视化操作（图1-3-26）。

通过选择PC端可视化页面左上角的"手机站"进入；

手机端视图为独立设置，不影响PC端页面；

设置样式中可对通栏进行布局设置，可修改背景边框等属性；

通栏可进行隐藏；

点击通栏右上角编辑模块可修改标题栏和间距等。

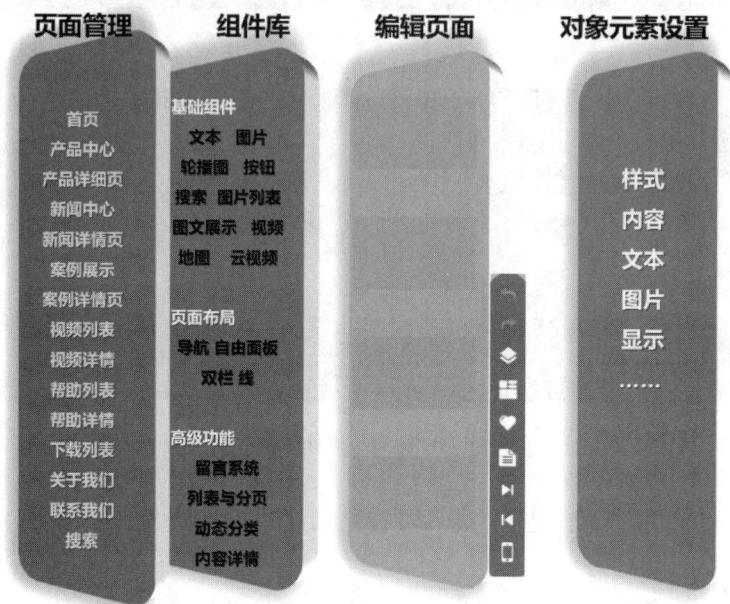

图1-3-26　手机站可视化网站

手机站可视化的操作与编辑管理方式与PC站操作一样方便简单（图1-3-27）。

图1-3-27　操作界面

# 第二节 平台应用

**1. 智能营销云平台的推广服务**

在推广服务方面,人工智能可以协助完成商情撰写和发布,投放在优质平台,助力获取流量(图1-3-28)。

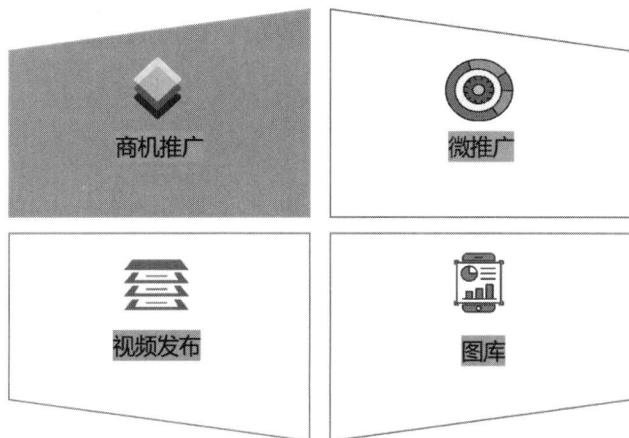

图1-3-28 智能营销云平台的做推广实例图

以词霸和宝盟为例进行介绍。

词霸是一款应用云计算、人工智能及大数据分析的智能推广工具(图1-3-29)。前期只需添加少量素材,智能组合素材发布文章,节省企业人力成本,根据用户搜索习惯锁定海量精准词汇,拥有速度快、上词多、排名稳、效果好、覆盖全、转化高、支撑多、价位低等优势,为企业创造价值,带来商机。

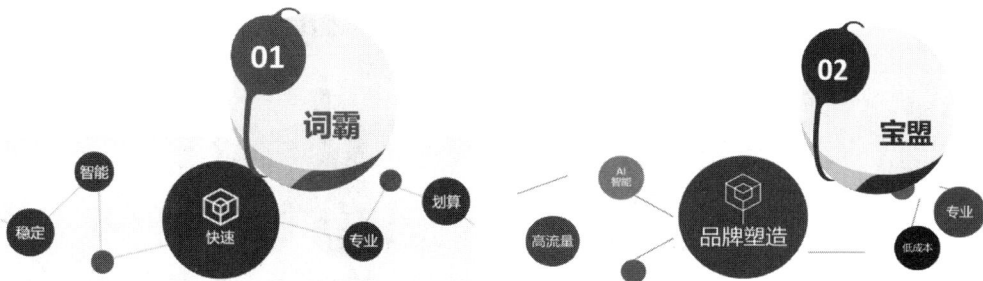

图1-3-29 词霸与宝盟产品介绍图

宝盟应用人工智能技术无须备案高权重站点智能定投的发布管家,具有上手简单、人工智能代替人工操作的优点,同时与多家高权重站点合作,提高推广效率。

推广流程如图1-3-30所示。

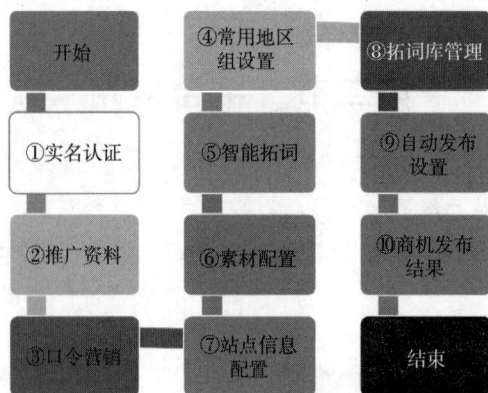

图 1-3-30　词霸与宝盟产品推广介绍图

### 2. 智能营销云平台的再营销

企业希望数字或网络营销活动取得良好的效果,则必须能够为访问者提供第二次成为客户的机会,这一活动也称为再营销。简而言之,再营销实际上是为先前访问过企业的网站或其他内容的用户创建个性化的广告活动。

再营销的目的是吸引用户在离开网站后再度返回,因此所投递的广告受众不是随机的,而是那些对品牌或产品有初步认识或对产品感兴趣的人(图 1-3-31)。

**创意智能生成**
海量创意模板可供选择,尺寸自定义
添加一键下载,批量上传创意组广告

**精准定位人群**
大数据有效跟踪,有效触达老访客让
流量获得更多转化

**访客二次找回**
网站上未留下信息的用户可二次找回
有效增加线索量

**一线媒体资源**
新浪等一线媒体倾情合作低额成本即
可获得一线媒体流量

图 1-3-31　再营销特点

（1）再营销的优势（图1-3-32）。

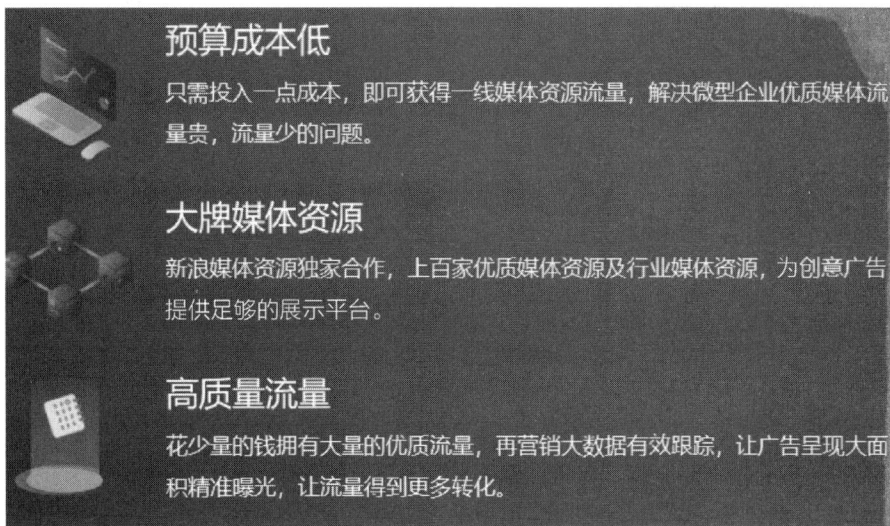

图1-3-32 再营销的优势

（2）再营销的实现（图1-3-33）。

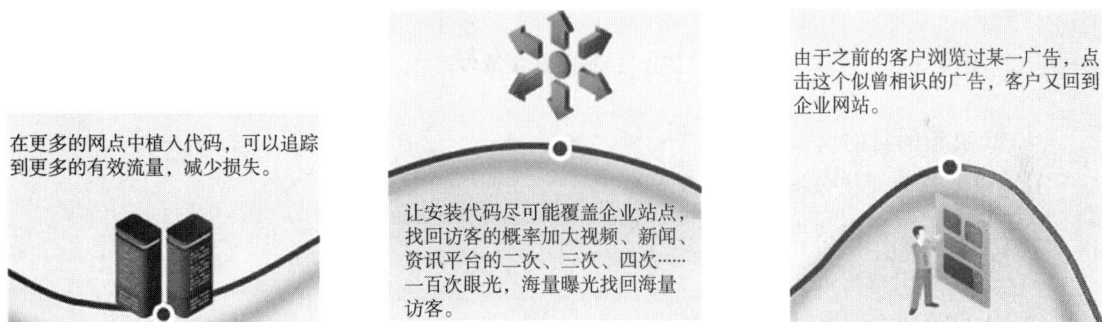

图1-3-33 再营销的实现

### 3. 智能营销云平台的促转化

促转化是依托网络高权重媒体平台，多维度进行企业正面信息报道，快速提升企业的网络形象和口碑，使用流程如图1-3-34所示。

购买 → 选择媒体 → 编辑内容 → 提交审核 → 发布成功

图1-3-34 使用流程

促转化的实现方式为：

①利用优质的内容促进转化。

②打通互动通道促进用户转化。

③预测访客后续行为提前布局。

④专业的客服团队促进转化。

⑤意向客户的流转促进转化。

**4. 智能营销云平台的商业智能决策**

商业智能(BI)决策是指利用商业智能系统收集和分析企业内部和外部的数据,以支持企业员工相关人员做出更明智的决策。以智能营销云平台为例进行介绍。智能营销云平台依托大数据技术,基于大数据挖掘技术和处理能力,对数据信息多维度的分析,为企业决策者提供决策支持(图1-3-35)。

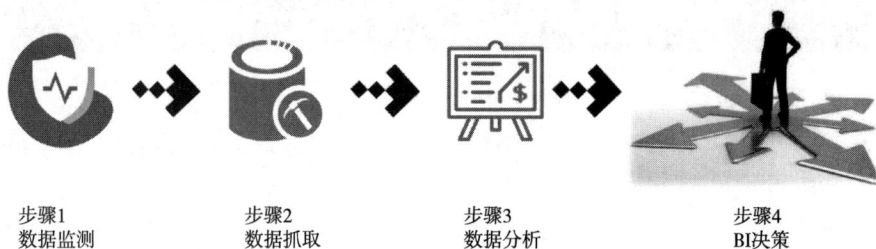

| 步骤1 | 步骤2 | 步骤3 | 步骤4 |
| --- | --- | --- | --- |
| 数据监测 | 数据抓取 | 数据分析 | BI决策 |

图1-3-35　BI决策步骤

(1)BI决策的目的。

①为智能营销现状分析提供数据支撑。

②为正确决策提供依据。

③为提升营销效率提供方法。

(2)BI决策数据内容(图1-3-36)。

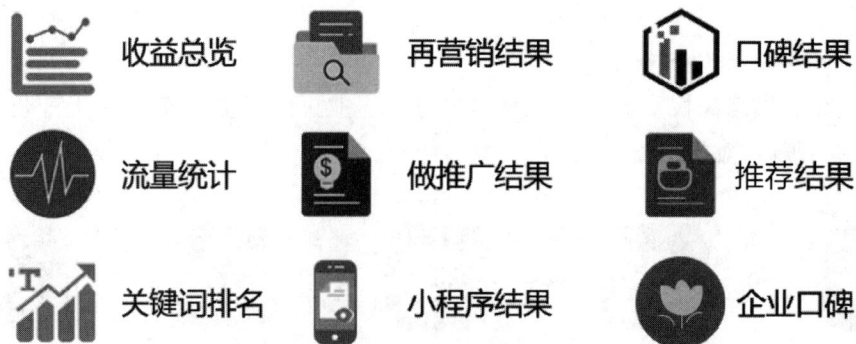

收益总览　　再营销结果　　口碑结果

流量统计　　做推广结果　　推荐结果

关键词排名　小程序结果　　企业口碑

图1-3-36　BI决策数据内容

（3）BI 决策方法（图 1-3-37）。

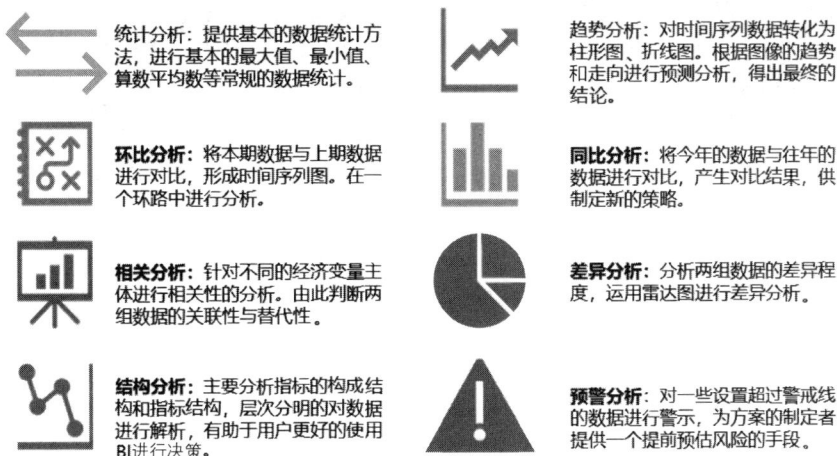

图 1-3-37　BI 决策方法

# 第三节　实例介绍

## 1. 智能视频制作

以臻视为例，介绍如何用智能视频软件 3 步法制作精美视频（图 1-3-38）。

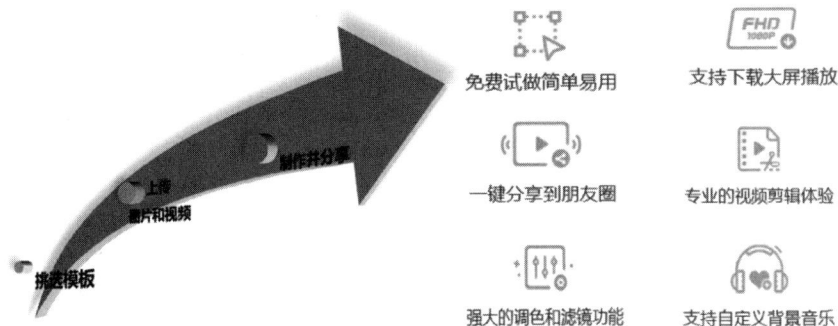

图 1-3-38　智能视频制作示例

## 2. 智能设计云平台

以臻图为例，介绍如何利用智能设计云平台完成宣传图的制作（图 1-3-39）。臻图可以制作手机海报、公众号推送图、网站 banner 等宣传图，内置数十种营销图片尺寸和专业设计师制作的海量模板，输入创意文案即可出图。

## 3. 智能营销云平台赋能中小微企业营销

（1）工具赋能。SaaS 是一个开放平台，为中小微企业提供免费的各式各样的互联网营销工具和一站式服务。智能营销云平台就从最初的建平台、做推广、看效果、学营销板块，不断迭代

简单好用
不用懂设计的小白也能
用的做图神器；
在线简单编辑轻松完成
各种海报需求

智能生成
几步之内快速生成创意图片
覆盖多场景使用；
海量的精美模板可以选择
替换图文即可下载

营销内核
生成更高转化的营销素材
高频触达客户；
实时回收营销数据
有效管理客户资产

图 1-3-39　臻图图片制作示例

升级,增加了再营销、信息化、任务大厅等模块,让中小微企业面对营销数字化世界时快速上手,便捷操作。

(2)资源赋能。无数的中小微企业既有国内的全网全域媒介采购需求,又有海外媒介采购需求,但面临互联网媒介资源采购成本高,自身媒介资源议价能力弱的问题。智能营销云平台可为其嫁接 DSP 媒介采购渠道,使这些中小微企业借平台的议价优势,将低成本采购互联网媒介资源成为可能。

(3)数据赋能。中小微企业通过智能营销云平台实现全网数字营销推广,平台的大数据、云计算能力可发挥作用,帮助企业实时了解其互联网推广及业务发展的详细数据,查看全维度的数据分析报告,通过数据获取自身互联网业务优化的建议,将立体式数据管理变为现实。

(4)知识赋能。"授人以鱼,不如授人以渔。"智能营销云平台结构中增加了"在线学习"的内容,帮助企业不仅解决当前的营销问题,还为企业未来快速发展过程中的"适应能力"作了充分考虑,让企业可以"在实务中学习,再优化实务"(图 1-3-40)。

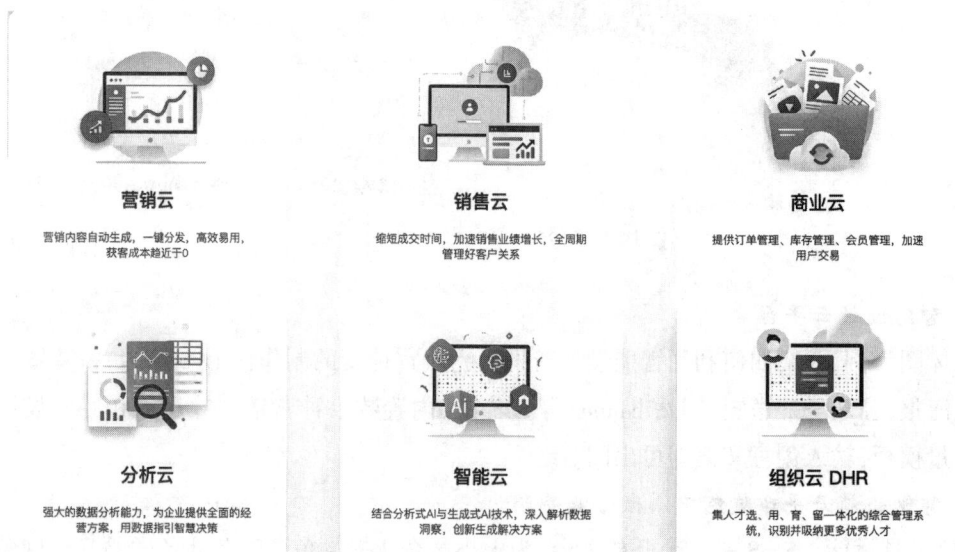

营销云
营销内容自动生成,一键分发,高效易用,
获客成本趋近于0

销售云
缩短成交时间,加速销售业绩增长,全周期
管理好客户关系

商业云
提供订单管理、库存管理、会员管理,加速
用户交易

分析云
强大的数据分析能力,为企业提供全面的经
营方案,用数据指引智慧决策

智能云
结合分析式AI与生成式AI技术,深入解析数据
洞察,创新生成解决方案

组织云 DHR
集人才选、用、育、留一体化的综合管理系
统,识别并吸纳更多优秀人才

图 1-3-40　智能营销云平台功能汇总

# 结语

　　随着科学技术的迅猛发展,人工智能(AI)和大数据技术已经成为推动市场营销领域变革的两大引擎。在当前社会发展的大潮中,这两项技术的进步为市场营销开辟了新的智能数字化营销方向,对于提升企业竞争力和客户满意度起到了至关重要的作用。

　　首先,人工智能和大数据技术为市场营销人员提供了前所未有的数据洞察力。通过对海量数据的深度分析,市场营销人员能够更全面、精准地了解客户行为、喜好、购买习惯等信息。这种深入的客户洞察为制定个性化的营销策略提供了坚实的基础。通过 AI 算法和大数据分析,市场营销人员能够更好地理解客户的需求,从而精准地推送定制化的产品和服务,提高客户的满意度和忠诚度。

　　其次,人工智能和大数据技术的结合使得实时决策成为可能。市场环境的动态变化需要企业能够快速响应和调整营销策略,而这正是人工智能的强项之一。通过实时监测市场数据、社交媒体动态以及竞争对手的举措,企业可以迅速做出反应,通过调整广告投放、产品定价等策略,以迅速适应市场变化,保持竞争优势。数字化智能营销还体现在广告投放的精准性上。借助人工智能的深度学习和大数据的综合分析,市场营销人员能够更精准地锁定目标受众,避免将资源浪费在非受众人群上。这种精准性不仅提高了广告效果,还降低了企业的营销成本,实现了更为有效的资源配置。

　　最后,数字化智能营销也在客户互动和体验上带来了全新的可能性。通过聊天机器人、智能客服系统等人工智能技术,企业可以实现 7×24h 的全天候客户服务,更及时地回应客户疑虑、解决问题。这种高效率的客户互动不仅提升了客户体验,还增强了客户对品牌的信任感。在数字化智能营销的推动下,社交媒体成为不可忽视的营销渠道。人工智能和大数据技术可以深入挖掘社交媒体平台上的用户数据,洞察用户兴趣、情感以及对品牌的反馈。市场营销人员可以根据这些数据制定更有针对性的社交媒体营销策略,提高品牌曝光度,引导用户参与,建立更加紧密的品牌关系。

　　然而,随着数字化智能营销的崛起,也面临一些挑战,如数据隐私和安全问题。随着企业获取的用户数据越来越多,如何妥善保护用户隐私成了一个亟待解决的问题。同时,由于人工智能和大数据技术的复杂性,市场营销人员需要具备更高水平的技术素养,以更好地理解和运用这些先进技术。

　　总体而言,数字化智能营销是市场营销的未来发展方向。市场营销人员需要深入了解人工智能和大数据技术,善于运用这些技术工具,制定个性化、专业化的营销方法,提供优质的营销服务。只有适应科技潮流,不断创新,企业才能在激烈的市场竞争中脱颖而出,取得更大的市场份额和客户忠诚度。随着数字化智能营销的不断演进,市场营销将迎来更广阔的发展空间,为企业提供更多帮助。

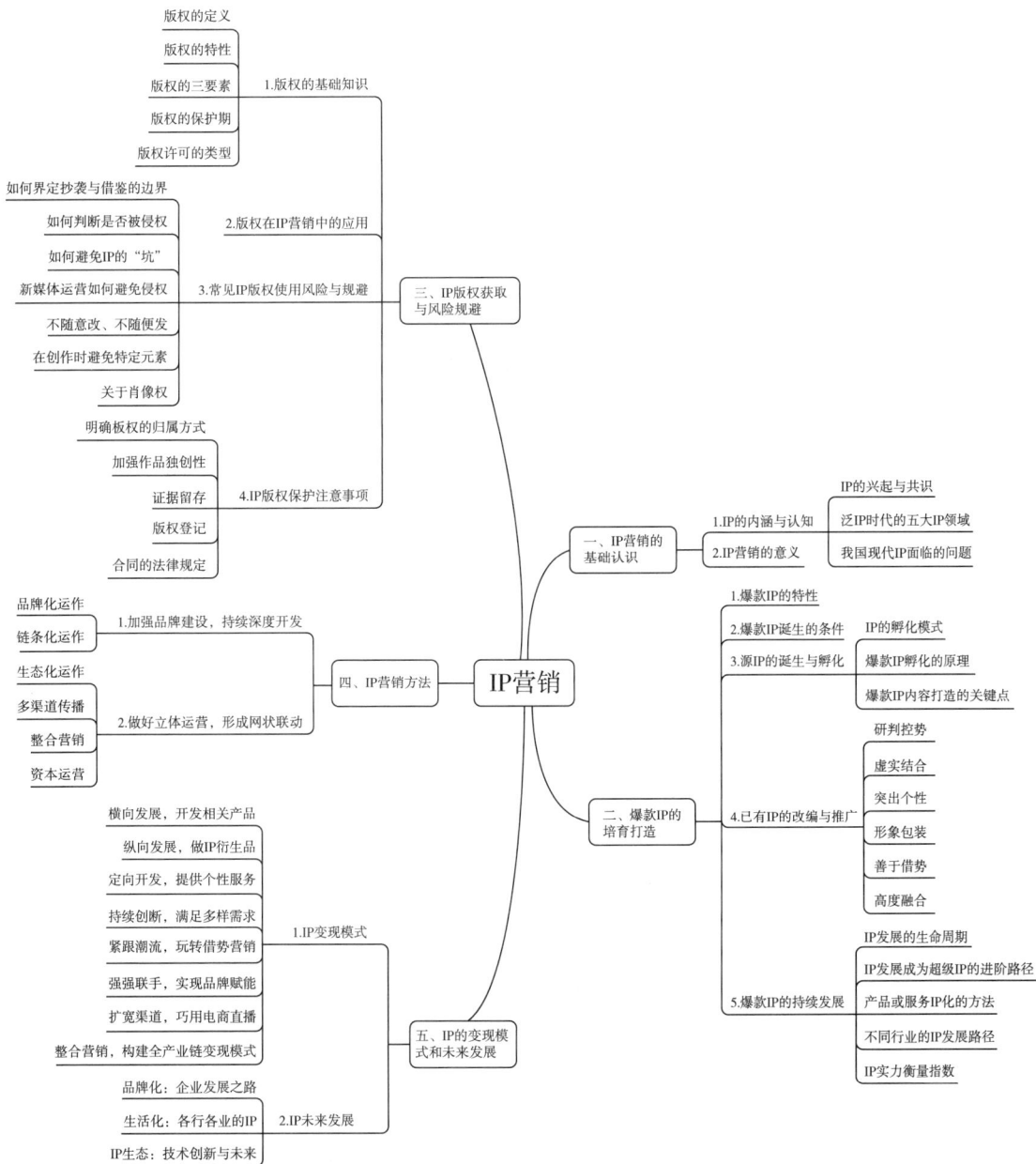

# 第二部分

# IP营销

- 版权的定义
- 版权的特性
- 版权的三要素 — 1.版权的基础知识
- 版权的保护期
- 版权许可的类型

- 如何界定抄袭与借鉴的边界
- 如何判断是否被侵权
- 如何避免IP的"坑" — 2.版权在IP营销中的应用
- 新媒体运营如何避免侵权 — 3.常见IP版权使用风险与规避 — 三、IP版权获取与风险规避
- 不随意改、不随便发
- 在创作时避免特定元素
- 关于肖像权

- 明确板权的归属方式
- 加强作品独创性
- 证据留存 — 4.IP版权保护注意事项
- 版权登记
- 合同的法律规定

- 品牌化运作
- 链条化运作 — 1.加强品牌建设，持续深度开发
- 生态化运作
- 多渠道传播 — 四、IP营销方法
- 整合营销 — 2.做好立体运营，形成网状联动
- 资本运营

**IP营销**

- 一、IP营销的基础认识
  - 1.IP的内涵与认知
    - IP的兴起与共识
    - 泛IP时代的五大IP领域
  - 2.IP营销的意义
    - 我国现代IP面临的问题

- 二、爆款IP的培育打造
  - 1.爆款IP的特性
  - 2.爆款IP诞生的条件
  - 3.源IP的诞生与孵化
    - IP的孵化模式
    - 爆款IP孵化的原理
    - 爆款IP内容打造的关键点
  - 4.已有IP的改编与推广
    - 研判控势
    - 虚实结合
    - 突出个性
    - 形象包装
    - 善于借势
    - 高度融合
  - 5.爆款IP的持续发展
    - IP发展的生命周期
    - IP发展成为超级IP的进阶路径
    - 产品或服务IP化的方法
    - 不同行业的IP发展路径
    - IP实力衡量指数

- 横向发展，开发相关产品
- 纵向发展，做IP衍生品
- 定向开发，提供个性服务
- 持续创新，满足多样需求
- 紧跟潮流，玩转借势营销 — 1.IP变现模式
- 强强联手，实现品牌赋能
- 扩宽渠道，巧用电商直播
- 整合营销，构建全产业链变现模式 — 五、IP的变现模式和未来发展

- 品牌化：企业发展之路
- 生活化：各行各业的IP — 2.IP未来发展
- IP生态：技术创新与未来

IP 通常是指知识产权,是基于智力的创造性活动所产生的权利,本部分讨论的是在中文互联网的语境下的 IP,指可获得流量关注和商业变现的内容。IP 可以是网络文学、电影、动漫、游戏等具有多元开发能力的原创内容,对特定的人群具备影响力。IP 是以授权的形式在各个媒介之间进行转换,在西方称为跨媒介叙事(transmedia storytelling)。IP 内容的跨媒介传播,通常以媒介特许经营权(media franchise)授予的形式在不同媒介平台上得到延伸。文化融合的大环境下,IP 的衍生与发展变得更加可行,IP 可在不同的媒介平台、渠道授权,进行多次元的深层内容挖掘和产品开发,获得流量和创造价值。此外,IP 促进了观众的互动与参与,从而改变了内容生产者、内容和观众之间的关系,通过互动与交流,内容生产者的创作内容甚至会注入粉丝的想法,因此粉丝参与共创 IP 内容的衍生,也推动了 IP 的多元发展。

# 第一章　IP 营销的基础认识

## 第一节　IP 的内涵与认识

**一、IP 的兴起与共识**

IP 是人们智力劳动的结果在法律上的保护和享有的权利。IP 营销是根据作品(IP)的类型和特点进行宣传,使得该作品(IP)不断累计大量的忠实粉丝的营销手段,一种 IP 是已经被大家所熟知的,另一种是新打造的 IP;在当代社会,IP 的概念逐渐扩展,除了传统的专利、商标、著作权等法律概念外,还包括了品牌、形象、角色、故事等更广义的概念。通俗地讲,IP 是被大众所熟知的人或物,包括小说、动漫、游戏、电影、电视剧、明星等,通过这些 IP 进行宣传和推广,达到品牌曝光和涨粉、销售的目的。

**1. IP 的兴起**

IP 的兴起源于娱乐产业的发展,特别是在动漫、游戏、文学等领域。随着科技的进步和互联网的普及,人们对于个性化娱乐内容的需求不断增加,IP 成为满足这一需求的重要方式之一。通过打造独特的品牌形象和故事情节,IP 能够吸引观众、读者或玩家的关注,形成强大的粉丝基础。

IP 的兴起是传播关系趋于平等的产物(图 2-1-1)。传播是人类社会的基本活动。通过传播活动,人与人之间交流信息彼此联系、影响,从而形成各类关系。众多关系形成社会。因此传播的变革影响着社会的方方面面,包括人们的生活方式、社会关系与认知模式。正如麦克·卢汉所说,"媒介的塑造力来自其自身"。从传播发展的基本规律可以看出 IP 的来龙去脉。

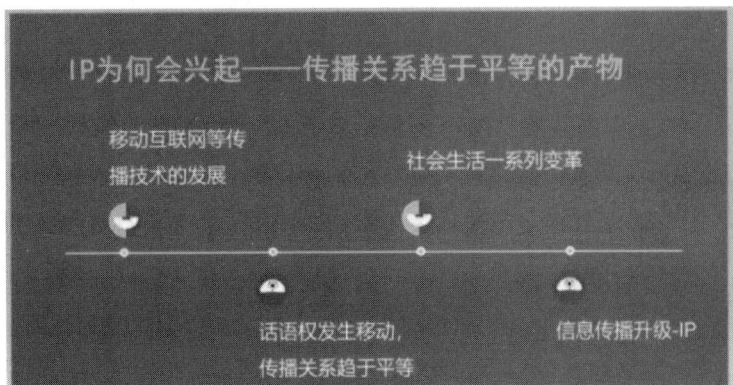

图 2-1-1　IP 兴起发展趋势图

话语权的移动,传播关系趋于平等。回顾人类社会的传播发展史,人类传播发展的目的始终是增强彼此之间的交流能力。在语言与文字尚未产生的原始时代,人类彼此交流只能靠比画。从语言、文字到广播电视再到如今的移动互联网,信息的传播逐步摆脱时间与空间的限制。而在这一过程中,传播关系的两端发展是不对等的。一部分人借由广播电视等媒介率先成为信息的传播者,占绝大多数的大众则是信息的接收者。信息传播呈现为中心化的单向传播。因此话语权掌握在少数人手中,大众被集中灌输各种信息,信息传播无法满足多样化个性化的需求。社会发展至如今的数字消费时代,人人都可以随时随地获取各类信息并给予反馈,同时也可以传播各类信息。需要的信息几乎在网上都可以搜索到,网购可以点评,看视频可以发弹幕,看直播可以跟主播实时互动,还可以通过微信微博、朋友圈、抖音、快手等平台发布自己的内容。

媒介的发展使得传播关系趋于平等,话语权向过去的信息接收端移动。话语权的移动、传播关系趋于平等来带了哪些社会变革呢？这些变革为信息传播提出了哪些新要求从而促进了IP的产生与发展呢？

话语权移动、传播关系趋于平等带来的社会变革。

(1)信息质与量的变革。垂直内容崛起信息爆炸人人都可以成为信息的传播者,自然有海量垂直细分类内容崛起。在满足个性化需求的同时也带来了信息的大爆炸。人的认知能力是有限的,必然要对如此海量的信息进行精简。如何获取人们的注意,占据人们的认知是当下信息传播的难题。

(2)关系的变革。圈层的形成。由于自主权扩大了,人们依照自己的喜好与需求形成不同的圈层,圈层内的成员不再是被动的信息接收者,他们可以发表自己的观点与意见,彼此互动。而不同圈层之间的交流互动就形成了跨界"出圈"的现象。

(3)生活方式和认知模式的变革。一系列的环境变革、关系变革最终导致的是生活方式与认知模式的变革。从前那套"高高在上"的传播方式行不通了。将信息包装为一个更具象的、更人格化的、能够与受众平等互动链接情感的形象,才能够在海量信息中抓住受众转瞬即逝的注意力,获得认知度与认同黏性。

总结一下就是大众拥有了越来越多的传播自主权,不再是被动的信息接收者。IP 是传播关系趋于平等的产物。而 IP 商业必然要顺应这样的新型关系进行发展。

**2. IP 的共识**

IP 作为一种文化现象和商业模式,其共识主要包括以下 5 个方面：

(1)品牌价值。IP 具有独特的品牌形象和故事情节,能够创造品牌价值,提升产品或服务的知名度和美誉度。

(2)粉丝经济。IP 能够吸引一大批忠实的粉丝,形成粉丝经济。粉丝们不仅是消费者,更是品牌的忠实拥趸和传播者。

(3)跨界合作。IP 具有跨界合作的潜力,能够将不同领域的资源整合在一起,创造更多的商业价值。

(4)衍生品开发。IP 的成功往往伴随着大量的衍生品开发,如周边产品、游戏、电影、电视剧等,进一步拓展了 IP 的影响力和商业价值。

（5）媒体变现。IP的成功可以带来广告、赞助、授权等多种形式的媒体变现机会，为创作者和品牌提供了更多的收入来源。

综上所述，IP作为一种文化现象和商业模式，具有独特的品牌价值和商业价值。随着消费者对个性化娱乐内容的需求不断增加，IP的重要性也日益突出，成为娱乐产业的重要组成部分。

### 二、泛IP时代的五大IP领域

泛IP时代指的是以IP为核心，通过跨界合作和多媒体延伸等方式，将IP在不同领域进行全方位开发和营销的时代。在泛IP时代，IP的应用范围不再局限于传统的动漫、游戏、文学等领域，而是扩展到更广泛的领域。以下是泛IP时代的五大IP领域：

（1）娱乐IP。娱乐IP包括动漫、游戏、电影、电视剧等领域（图2-1-2）。这些IP通常以独特的故事情节、角色形象和艺术风格吸引观众，通过多媒体的形式进行传播和推广。在泛IP时代，娱乐IP通过跨界合作和衍生品开发，进一步拓展了IP的影响力和商业价值。

图2-1-2　娱乐IP示例图

（2）文学IP。文学IP是指以小说、漫画、网文等文学作品为基础的IP（图2-1-3）。随着电子阅读和网络文学的兴起，文学IP在泛IP时代具有了更广阔的发展空间。通过将文学作品改编成电影、电视剧、动画等形式，文学IP能够吸引更多的受众，并实现多媒体延伸和商业变现。

（3）品牌IP。品牌IP是指以品牌形象和故事为核心的IP（图2-1-4）。品牌IP可以通过打造独特的品牌故事和角色形象，吸引消费者的关注，并实现品牌价值的提升。在泛IP时代，品牌IP通过与其他领域的跨界合作，扩大了影响力和市场覆盖范围。

（4）名人IP。名人IP是指以知名人物为核心的IP。这些名人可以是演员、歌手、运动员、

图 2-1-3　文学 IP 示例图

网红等。名人 IP 通常通过自身的影响力和粉丝基础,实现品牌合作、代言推广和衍生品开发等商业价值。在泛 IP 时代,名人 IP 通过与其他领域的跨界合作,进一步拓展了商业机会。例如以影视剧《乡村爱情》中的 5 位人气角色为原型,设计了 5 款 IP 潮玩盲盒,其中刘能款为盲盒的隐藏款(图 2-1-5)。丑萌的造型赢得了一大波粉丝的追捧,虽然很多小伙伴可能并不是《乡村爱情》的忠粉,不过这种罕见的接地气造型,依旧吸引了一波爱好收藏的小伙伴们去抢购。

图 2-1-4　品牌 IP 案例图

图 2-1-5　名人 IP 案例图

（5）地域 IP。地域 IP 是指以地方文化和旅游资源为核心的 IP。图 2-1-6 为哈尔滨冰雪大世界。不同地区拥有不同的历史、文化和自然景观，通过打造地域 IP，可以吸引游客的关注，并推动当地旅游和文化产业的发展。在泛 IP 时代，地域 IP 通过与娱乐、餐饮、零售等领域的跨界合作，实现了全方位的推广和变现。在我国，地域 IP 具有广阔的发展前景，但普遍存在同质化、单一化、缺乏时效性等问题。相较于以往抽象的标志和单一的宣传海报，地域 IP 以其简洁、生动、立体的视觉特征，更容易在社会各个阶层、各个年龄段人群中广泛传播，从而更好地起到推广城市形象，振兴区域经济的作用。

图 2-1-6　地域 IP 宣传案例图

综上所述，泛 IP 时代涌现出了各种不同领域的 IP 形式，包括娱乐 IP、文学 IP、品牌 IP、名人 IP 和地域 IP 等。这些 IP 通过跨界合作、多媒体延伸和商业变现，实现了更广阔的发展和影响力。泛 IP 时代的到来为各行业提供了更多的机遇和挑战，需要创作者和企业在 IP 的打造和运营上保持创新和敏锐的市场洞察力。

### 三、我国现代 IP 面临的问题

我国现代 IP 不强的原因有多方面的因素，以下是一些主要原因：

#### 1. 缺乏创新意识

2016 年被称为文化 IP 元年，甚至有"得 IP 者得天下"的论点，有人预言 IP 市场是一个万亿元的新市场。因此，各路资本、各类内容企业蜂拥而上，不惜花费天价竞相抢占 IP 资源，使得那段时间 IP 的版权费也水涨船高。面对这样一个火热与躁动的市场，我们不得不看到背后的隐忧和尴尬，面对行业虚火严重的事实。国外 IP 运作成熟，而我国的 IP 经济仍处于初级阶段，主要表现为简单贩卖 IP、急功近利、追求短期商业价值、产品形态单一、IP 难以沉淀、缺乏长久生命力。同时，IP 同质化、抄袭炒作严重、资本盲目投入等一系列泛 IP 化问题正在显现。在现代 IP 产业中，创新是其核心竞争力。然而，我国在一些领域的创新能力相对较弱，很多 IP 都是依赖于外来的原创作品或是模仿他人的作品。缺乏自主创新意识和能力，使得我国的现代 IP 难以在国际市场上脱颖而出。

### 2. 法律保护不完善

在知识产权保护方面,我国的法律体系和执法力度还存在一定的不足。侵权盗版问题严重,知识产权被侵犯的现象屡见不鲜。首先,对于热门 IP 而言,授权混乱是最典型的问题。例如,网络小说《微微一笑很倾城》的 IP,由于授权过多,导致两家被授权公司之间发生矛盾。前者获得了小说作者授权,开发游戏等衍生产品;而后者旗下一款手游与经作者授权的同名电视剧合作,使用了"微微一笑很倾城""微微一笑很倾城手游"等关键词进行搜索推广,被前者认为存在仿冒和虚假宣传,构成不正当竞争。2017 年 2 月 15 日,网络小说《锦绣未央》抄袭案在北京进行了证据交换。该小说涉嫌侵权多部作品,但却在 2016 年成为大 IP,既获得巨大收视效益,又推出了同名漫画和手游,完成了产业链开发。同样,网剧《热血长安》剧组近日发布声明,承认该剧第四集抄袭网络小说《张公案》,道歉的同时主动下架第四集,并与涉事编剧解约。此外,我国现代 IP 目前存在资本炒作问题,但缺乏统一、专业的价值评价体系。这给创作者带来了不小的困扰,也削弱了他们对于创作的积极性和创新的动力。

### 3. 文化体制限制

我国传统的文化体制对于现代 IP 的创作和发展产生了一定的限制。一些优秀的创意和故事可能因为不符合传统文化价值观或审查要求而受到限制或审查。这使得一些创作者选择将自己的作品推向海外市场,限制了国内现代 IP 产业的发展。

### 4. 跨界合作不足

现代 IP 的价值在于其跨界合作和多媒体延伸的能力,但我国在跨界合作方面还存在一定的欠缺。不同行业之间的合作和资源整合还相对较少,导致 IP 的推广和变现受到一定的限制。纵观一些产业发达的国家,能不能跨界是衡量一个 IP 成功与否的标准。特别是文化创意领域的软 IP 一旦形成,一定程度上具有了品牌的力量,就可以向其他领域授权,进行长效深入开发。我国目前的软 IP 开发更集中于文学、影视创作等方面,从小说到电视剧、电影和游戏,初步完成了跨媒体,但跨行业和跨国界做得还不够。中国传媒大学广告学院院长丁俊杰提出国内 IP 跨界转化利用的难在于市场的宽容度不够。IP 的转化孵化形成需要一个相当长的时间,而国内市场往往急功近利,追求短期商业价值,急功近利和碎片化导致了 IP 的转化或者形成出现问题。

### 5. 缺乏市场运营经验

现代 IP 的成功除了创意和内容的优秀之外,还需要有效的市场运作和推广策略。然而,我国在 IP 市场运营方面的经验相对不足,缺乏专业的 IP 运营和营销人才,限制了现代 IP 产业的发展。完美世界董事长兼 CEO 廉洁以《碟中谍》和《纸牌屋》为例阐述了 IP 的开发运营是一个价值增值的过程,"一个好 IP 每次转换应该是加分,而不是减分的。这样 IP 才能不断发扬壮大,有历史的沉淀和更多的基础。"每一次跨界转换都应该带来价值的增值,盲目的延伸拓展不仅不是对 IP 的有效运营,更是对 IP 本身价值的损坏。在他看来,IP 的养成是非常重要的,"IP 不是天生的,而是通过一集两集三集做出来的,应该珍惜 IP"。

要提升我国现代 IP 的实力,需要全面加强相关方面的工作。一是,加强创新意识和自主创新能力的培养,鼓励原创作品的产生。二是,加强知识产权保护,完善法律体系,加大对侵权盗版的打击力度。三是,需要放宽对文化创作的限制,鼓励多样性和创新性的表达。四是,加强跨界合作,促进不同行业之间的资源整合和合作。五是,加强对 IP 市场运营和营销的培训和支持,提升行业从业人员的专业素养和能力。通过综合的努力,我国现代 IP 的实力将得到提升,为文化产业的发展做出更大的贡献。

# 第二节　IP 营销的意义

IP 营销是指通过利用知名的、有特定影响力的 IP(知识产权)进行市场营销活动,以提高产品或品牌的知名度、认可度和销售业绩。在当今商业竞争激烈的环境下,IP 营销具有重要的意义。

**1. 建立品牌形象和认知度**

利用知名 IP 进行营销活动可以帮助企业快速建立品牌形象和提升品牌认知度。近年来,众多知名企业开始以打造 IP 形象的方式推动品牌建设(图 2-1-7),在新的商业时代中,品牌 IP 化的趋势逐渐显现。知名 IP 具有较高的曝光度和影响力,能够吸引消费者的关注并迅速传播品牌信息。通过与知名 IP 的合作,企业可以借用其形象和声誉,使品牌在市场中脱颖而出。

图 2-1-7　品牌 IP 商标图

图 2-1-8　知名 IP 的情感营销示例图

### 2. 激发消费者的情感共鸣

知名 IP 往往与消费者有着深厚的情感连接,消费者对其产生强烈的喜爱和认同(图 2-1-8)。通过与知名 IP 开展相关的营销活动,企业可以利用这种情感共鸣来吸引消费者,增加他们对产品或品牌的好感度。这种情感共鸣可以促使消费者与品牌建立更深层次的联系,增强品牌忠诚度。如果 IP 形象塑造的足够成功,是一种非常接近鱼和熊掌兼得的状态。受众会认为它说出的话都是可爱的,从而不必因为需要"接地气"和"博眼球"而大力缩减,甚至是改变品牌原本想要传达的内容。

### 3. 提高市场竞争力和销售业绩

知名 IP 的参与可以有效提高产品或品牌的市场竞争力。消费者往往对于带有知名 IP 元素的产品更具兴趣和购买意愿,因为他们对这个 IP 有着情感和认同。通过与知名 IP 的合作,企业可以借助其影响力和号召力,吸引更多消费者的关注,从而提高销售业绩。

### 4. 打破市场局限和创造新机会

知名 IP 的应用不仅可以在现有市场中增加销售额,还可以打破市场的局限,开拓新的市场机会。例如,联名 IP 可口可乐×太平鸟(图 2-1-9),PEACEBIRD MEN × Coca-Cola 合作系列,延续了可口可乐百年来已成经典的 LOGO 字体设计,在标志性红白色的对比碰撞下更加强烈。

图 2-1-9　联名 IP 示例图

"Coke"的简单干净,与复古的街头感相得益彰。通过与不同领域的知名 IP 进行跨界合作,企业可以创造出全新的产品或服务,吸引更广泛的消费者群体。这种创新的营销方式可以帮助企业突破竞争壁垒,进一步扩大市场份额。

**5. 提升品牌的社交影响力**

知名 IP 具有较高的社交影响力,通过与知名 IP 的合作可以增加品牌在社交媒体上的曝光和传播。消费者往往会通过分享、评论和互动等方式参与到与知名 IP 相关的营销活动中,从而扩大品牌的社交影响力。这种社交传播的效应可以帮助品牌更广泛地传播和推广,提升品牌在社交媒体平台上的声誉和影响力。

总的来说,IP 营销对于企业来说具有重要的意义。它不仅可以帮助企业建立品牌形象、提升认知度,还可以激发消费者的情感共鸣,提高市场竞争力和销售业绩。通过与知名 IP 的合作,企业可以打破市场局限,创造新机会,提升品牌的社交影响力。因此,企业应该积极探索和运用 IP 营销策略,将知名 IP 与自身产品或品牌相结合,实现更好的市场效果和商业价值。

# 第二章　爆款 IP 的培育打造

## 第一节　爆款 IP 的特性

爆款 IP 是指在一定时期内迅速走红、受到广泛关注和喜爱的知识产权或品牌,具有强大的市场号召力和商业价值。以下是爆款 IP 的一些特性:

### 1. 独特性和创新性

爆款 IP 往往具有独特的创意和新颖的元素,能够引起消费者的注意和兴趣。它们与众不同,能够在市场中脱颖而出,给人留下深刻的印象。1968 年,服饰爆款 IP 的独特性和创新性主要体现在以下几个方面。一是时尚品牌联名合作。近年来,联名合作已经成为一种趋势,品牌通过与其他品牌、IP、名人合作,创造出新的产品,产生 1+1>2 的双赢效应。如太平鸟和飞跃 IP 联名为年轻人推出的产品吸引了大量年轻人的喜爱。二是时尚个性化设计。Z 世代(1995～2009 年出生的一代人,也指新时代)人群对服装的个性、创意有更高的要求。如 BOS BEAR(波士熊)IP 诞生于 2012 年,是广受观众欢迎的 IP 角色之一。三是明星代言。目前,明星代言策略对于帮助品牌建立强大的市场认知仍然具有不可替代的作用。

在纺织服装市场上,多个时尚品牌的服装设计、面料材质、标识标志、价格等方面过于相似,缺乏独特性和创新性。内容创新上 IP 商业化主要通过内容发行、衍生品销售、商品授权、游戏开发及线下体验(LBE)5 种方式实现。在数字化运营中,随着数字化的不断发展,IP 方法迭代升级。传统方式是"货找人",品牌方提前购买 IP 版权进行商品企划、订货、销售;在数字化时代的更重视"人找货",借助天猫等电商平台的能力,通过定义人群属性来定义 IP,进而定义货品,精准地知道商品该卖给谁、怎么卖 。以上就是服饰爆款 IP 的独特性和创新性的主要表现,这些特性使其能够在众多的服饰品牌中脱颖而出,赢得消费者的青睐。

### 2. 情感共鸣

爆款 IP 通常能够触动消费者的情感,引发强烈的共鸣和情感连接。它们能够打动人心,引发人们的共情和喜爱,成为人们追捧和追求的对象。例如,影片《变形金刚》中的擎天柱是认真、有社会责任感的形象;《超能陆战队》中的大白是温暖安全的形象;《哪吒之魔童降世》中的哪吒是"我命由我不由天"的少年英雄形象(图 2-2-1)。在采访中,不少业内人士表示,人格化 IP 有亲近感和辨识度,可以和受众之间建立情感关联,以"人"的方式传达自己的价值观。

### 3. 多元化和跨界合作

爆款 IP 在不同领域中具有较高的适应性和可扩展性。它们能够通过与其他领域,如电影、动画、游戏、周边产品等的合作,不断拓展市场、触及更多的消费者,有跨界的能力。2021 年 11

图 2-2-1　IP 的情感共鸣示例图

月 7 日，许多人的朋友圈被一条新闻刷屏——"EDG 夺冠！"在电竞玩家眼里，这支中国战队在《英雄联盟》全球总决赛中拔得头筹，其分量之重相当于中国队拿到了世界杯冠军。之后，泡泡马特推出了与 EDG 战队联名的珍藏版手办，同时吸引了泡泡马特玩家和电竞玩家两个群体（图 2-2-2）。目前，合作跨界、推出联名产品已成为许多机构的共同选择。

图 2-2-2　泡泡马特与 EDG 战队联名手办图

**4. 强大的社交影响力**

爆款 IP 能够在社交媒体上迅速传播，引发用户的转发、评论和互动。它们能够带动社交话题和讨论，形成用户间的口碑传播和社交共鸣，进一步扩大影响力。

**5. 商业化运作能力**

爆款 IP 往往能够有效地进行商业化运作，将其品牌形象和影响力转化为商业价值。通过授权、衍生品销售、品牌合作等方式，实现多渠道的变现和利润增长。相关数据显示，2021 年全球最赚钱的 IP 为日本任天堂推出的"精灵宝可梦"，总收入达 1000 亿美元，其中有 760 亿美元收入来自于授权衍生品。而在排名前 11 名的 IP 中，迪士尼旗下的 IP 就占了 6 个，总收入高达 3418 亿美元。

**6. 持续的创新和更新**

爆款 IP 的成功不仅在于一时的爆发，还需要持续的创新和更新。它们能够不断推出新的内容、产品或服务，满足消费者的需求，并保持持续的关注度和热度。

总的来说，爆款 IP 具有独特性、创新性、情感共鸣、多元化、社交影响力和商业化运作能力等特性。这些特性使得爆款 IP 能够迅速引起消费者的关注和喜爱,成为市场热点和商业成功的代表。对于企业而言,了解和把握爆款 IP 的特性,可以帮助其在市场中寻找更有潜力的 IP 合作和创新机会,实现商业增长和品牌价值的提升。

# 第二节　爆款 IP 诞生的条件

爆款 IP 的诞生并非偶然,它需要具备一定的条件和环境才能实现。下面以认养一头牛为例,分析一下他们是如何创造爆品的,通过分析它们的案例来分析爆款 IP 诞生的一些条件(图 2-2-3)。

图 2-2-3　认养一头牛 IP 形象图

**1. 创意和独特性**

爆款 IP 必须具备独特的创意和内容,能够与众不同,引发人们的注意和兴趣。创意的独特性是吸引消费者的关键,只有在创新的基础上才能打造出引人注目的 IP。通过其品牌特别的名字认养一头牛,就很容易去抓住消费者大众的耳朵,而且让人也很简单地就知道这是一款纯牛奶产品,在官方微信,认养一头牛称自己不是一家卖牛奶的公司,而是一家替用户养奶牛的公司,并鼓励消费者"开始认养奶牛之旅"。这就是创意与独特性的体现。

**2. 情感共鸣和情绪连接**

爆款 IP 通常能够触动人们的情感,并与消费者建立情绪上的连接。它们能够引发共鸣,让消费者产生强烈的情感反应,并愿意表达对 IP 的喜爱和支持。在官方的叙述里,2012 年,徐晓波为儿子在香港带进口奶粉的经历让徐晓波下定了创办认养一头牛"做一杯放心好奶"的决心。在认养一头牛的宣传视频里,他说:"难道我们 14 亿人口的泱泱大国,就做不出一杯真正的好牛奶吗?为了做一杯真正的好牛奶,我疯狂地在全世界范围内寻找解决方案。"这样直指牛奶行业的市场痛点,及其背后流露出的情怀,与消费者产生共鸣,并成了家长们茶余饭后的谈资。

### 3. 社交传播和口碑效应

爆款IP在社交媒体上的传播非常重要。它们能够引发用户的转发、评论和分享,形成口碑效应,并通过用户的社交网络快速传播。社交传播可以帮助爆款IP扩大影响力和知名度。

### 4. 时机和趋势把握

爆款IP的诞生常常与时代背景和消费趋势紧密相连。抓住当前的热点话题和流行趋势,将IP与时代精神相结合,能够更容易地引起消费者的共鸣和关注。自从2008年后,越来越多的消费者对产品质量和安全提出了更高的要求。认养一头牛的"认养模式"无疑准确地切中了人们心中的痛点——通过认养模式进行溯源,从源头把控牛奶品质,击中消费者对牛奶质量的痛点。围绕"认养"这一模式,认养一头牛在2020年发起"百万家庭认养计划",推出了三种"认养"奶牛的模式:云认养、联名认养和实名认养。不管是哪种模式,归根结底都是要让消费者从源头开始,亲眼见证好奶的诞生,从而打消对牛奶品质的质疑,拉开与其他牛奶品牌的差异,这种差异化的打法,让品牌深入人心,在市场中充满了竞争力。这就是品牌对于时机以及大环境下趋势的一个明确把握的点。

### 5. 多渠道的传媒推广

爆款IP需要通过多渠道的传媒推广,将其曝光度提高到最大限度。利用电视、电影、网络平台、社交媒体等各种媒体渠道进行广告宣传和推广,能够帮助爆款IP扩大影响范围。

### 6. 用户参与和互动性

爆款IP应该具备用户参与和互动的机制,让消费者能够积极参与IP的创作和传播过程。通过用户生成内容、互动活动和线下活动等方式,提高用户的参与度和黏性。此外,认养一头牛不乏提到"给奶牛听音乐""每头牛的伙食费都超过80元"等"养牛方法论",从而向外传递认养一头牛在用匠心在养牛,而生产出来的牛奶品质也自然更容易得到消费者的认可。

不仅如此,消费者可以24小时看到牧场的现场直播,还可以直接到牧场进行认养奶牛、亲子游等活动,甚至可以通过数字化、智能化的技术手段,真正享受看得见的饲养、看得见的生产、看得见的配送等产品和服务。

### 7. 商业化运营和变现能力

爆款IP必须具备良好的商业化运营和变现能力。通过授权、衍生品销售、品牌合作等方式,将IP的影响力转化为商业价值,实现盈利和持续发展。认养一头牛从创立之初就深知私域流量的重要性,早期通过与吴晓波频道、丁香医生、老爸评测等知名自媒体进行深度合作,收获了第一批种子用户。经过长时间的深耕私域场景,品牌累计覆盖了近两亿人群,也为后来正式入局私域,打造千万级私域规模打下了基础。此外,它还通过认养模式提升消费者的互动和参与感。在提升产品转化效果层面,采取了与用户共创的分销机制方法,以锁定长期消费,增加用户黏性。

如用户可申请成为养牛分销员,依托朋友圈转发、拉新进群等私域玩法,带动销售并获取佣金奖励。分销员不仅更具备更强的口碑宣传及社交裂变能力,品牌更能够借此和客户产生直接联系,建立品牌自有资产,促进长线复购。

在当下的消费升级时代,用户特别是年轻用户,越来越倾向在线上消费,线上渠道也成为品牌触达消费者的主要渠道。认养一头牛同样格外重视线上渠道,入驻天猫、网易严选、每日优鲜等电商平台,通过精准导流实现了销售的转化。

其中以微信、抖音、小红书为主要社交媒体投放阵地。过去一年半,它将投放重点从微博转移至微信、抖音平台,尤其微信平台预估投放金额超过50%。在账号投放数量上来看,认养一头牛在小红书投放账号数量占比约为51%、抖音占比约26%。认养一头牛通过召集大量小红书达人,进行内容种草,快速收割消费者。

### 8. 持续的创新和更新

爆款IP需要持续进行创新和更新,以保持消费者的新鲜感和关注度。不断推出新的内容、产品或服务,让消费者保持对IP的兴趣和追随。认养一头牛在跨界营销上也是高手,与多个品牌开展了跨界合作。例如2020年10月,认养一头牛与喜茶合作,以"犇心好奶,灵感之茶"为主题,在杭州共同打造了一家线下快闪店,以认养一头牛纯牛奶为基底,推出"满陇桂雨""北山梧桐""灵隐丹枫""云栖竹径"共7款创意口味的现煮奶茶,重现了杭州具代表性的晚秋名景。

认养一头牛与同样身为网红品牌的喜茶进行合作,这样两个网红品牌的结合,自然吸引了双方粉丝的喜爱,同时也吸引了众多时尚红人及汉服博主前往打卡,在微博、小红书等多平台将联名话题推至热搜,全网曝光互动超过1000万。

除喜茶外,认养一头牛还与王饱饱在春节前夕进行合作,联合推出了早餐大礼包;与敦煌博物馆和保利文创进行合作,推出认养奶卡—神兽守护卡。一系列的跨界合作,不仅有效地扩展了自己的受众群体,同时也丰富了自己品牌的文化内涵,加深了消费者对品牌的认知和印象。

以上条件并非是绝对的,每个爆款IP的诞生都有其独特的因素和特点。然而,通过合理把握这些条件,可以提高爆款IP诞生的概率和成功的可能性。

## 第三节 爆款IP的诞生与孵化

### 一、IP的孵化模式

IP的孵化模式是指在IP的发展过程中,采取的不同策略和方法来推动IP的创作、传播和商业化。不同的IP产业化,会产生不同的IP发展路径。在全球,主要有8种IP产业化模式(图2-2-4)。

### 1. 迪士尼模式

如图2-2-5所示,在一个大集团旗下,实现从内容原创制作、媒体发行、主题乐园体验,到各种跨行业授权商品落地的全产业链闭环自主完成,迪士尼旗下所有IP都是

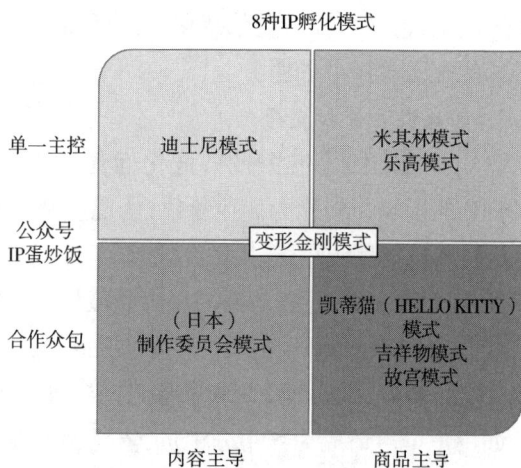

图 2-2-4 8种IP孵化模式图

这样运作的,并不断收购优秀的 IP 原创公司或强大的 IP 加入,从皮克斯工作室、漫威、卢卡斯工作室及星球大战。由环球影业主控的哈利波特 IP 也是这一模式。

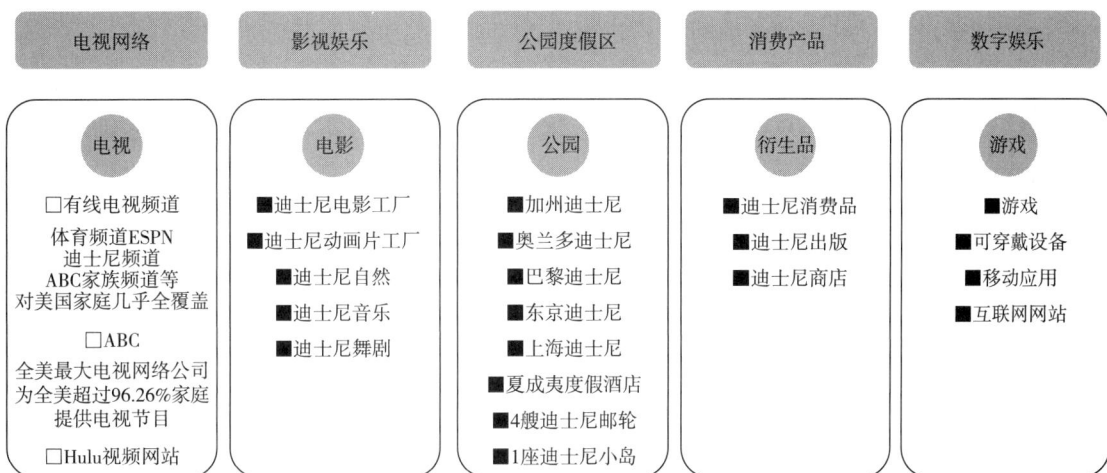

图 2-2-5 迪士尼模式框架图

### 2. 制作委员会模式

该模式的特点是不在一个大公司下,而是让创作者、出版公司、媒体及发行公司、广告传播公司、玩具公司、游戏公司、服饰公司等,以一个内容 IP 为中心,组成 IP 制作委员会,共同出资、内容推出后,各自在所擅长的行业领域发力,一起将 IP 做大,并共同按出资比例分享收益(图 2-2-6)。

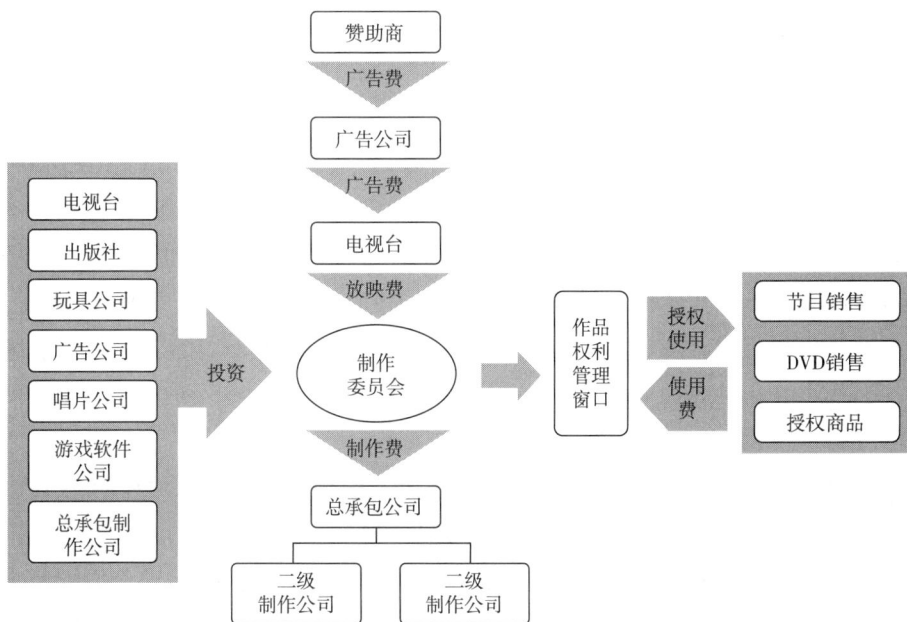

图 2-2-6 制作委员会模式流程图

### 3. 变形金刚模式

变形金刚模式,或者可称为精灵宝可梦(皮卡丘)模式,其特点是虽然也是依靠强大的内容,但 IP 本身,至少在初始孵化阶段,有鲜明的行业商业属性,而不是纯内容。

比如,变形金刚的背后是美国的孩子宝公司,其动画片起初就是为玩具服务的,后续再一步步发展为全行业 IP 授权,这种在动漫行业被称为产业动画,代表 IP 还包括美泰玩具的芭比娃娃,以及国内奥飞玩具的芭拉拉小魔仙、超级飞侠等。而精灵宝可梦(皮卡丘)则来自任天堂公司的游戏,尽管也制作了动画剧和电影,非常受欢迎,仍其核心产品始终是不断迭代进化的游戏。变形金刚模式其实是目前最合适、最切乎国内实际的 IP 发展模式,既有核心能赚钱的主行业,又有内容打造开发;既能有一家独大的核心控制权,确保 IP 能快速发展,又能兼容并包,将市场上各种不同公司的开发力量吸纳进来,协同发展。

### 4. 米其林模式

米其林模式,即商业企业自主推出的 IP 形象模式,其特点是以形象为主导,核心功能是辅助品牌和产品发展,同时也做一些 IP 化的延伸。

比如米其林大叔既是代表米其林轮胎的形象,又延展到米其林美食指南,成为大厨。世界上绝大多数的商业企业的 IP,都可以归入这类,代表 IP 包括 M&M 巧克力豆公仔、七喜(7UP)的七喜小子(FIDO DIDO)、日本放送协会(NHK 电视台)的多摩君(DOMO KUN)等。在国内的代表则是江小白、三只松鼠等。国际创意工作室(LINE FRIENDS)、韩国聊天软件(KAKAO)本质上也是这种 IP 模式,国内的 QQ 企鹅也是。国内大量商业企业正在纷纷引入 IP 形象,代表着 IP 化品牌时代的来临。但目前大多仍流于表面,建议充分汲取米其林的成功经验,即 IP 形象应当和企业产品或服务紧密结合,只有充分结合,才能为消费者带来价值,有长远的发展力量。

### 5. 乐高模式

乐高模式,即企业本身未必有一个特别强的 IP 形象,但企业的产品却不断与和各种 IP 结合,成为不同 IP 的舞台,从而让自己的产品具备了极强的文化 IP 属性。比如乐高的玩具就不断与各种 IP 内容结合,推出主题化玩具,与漫威、DC 漫画等公司和知名 IP 星球大战和哈利波特等合作。同属于这种模式的还包括芝宝(ZIPPO)打火机、斯沃琪(SWATCH)手表、MOL-SKINE 纸质笔记本、可口可乐瓶、优衣库的 UT、苏博瑞(SUPREME)服装等,在国内则有 RIO 鸡尾酒、气味图书馆等,还有李宁运动服装大力推进的国潮运动,也在向变成 IP 的方向努力。这种模式能让企业产品不断与各种 IP 结合形成跨界,成为 IP 的表现平台,并通过日积月累,让自己的文化势能不断增强,最终也能成为 IP。但这样做有一个前提,就是企业内需要很强的 IP 合作意识,需要一个 IP 化品牌官。

### 6. HELLO KITTY 模式

HELLO KITTY 模式,或者说是设计师模式。其特点是由设计师或原画师创造,IP 从一开始诞生就是一个形象,可以直接应用于礼品及各种商品中。

比如,HELLO KITTY 来自日本著名礼品公司三丽鸥,在不断扩张和进入不同行业的过程中,始终是以形象和设计迭代为主导。国际上著名的 KAWS、APES 猿人头、大嘴猴,以及国内的魔鬼猫、你好熊猫(HIPANDA)等都是这种模式。严格来说,LINE FRIENDS 也是这种模式,虽然依托于 LINE 软件,但本质上仍然是靠形象设计取胜。这种模式是设计师、艺术家的舞台,未来 10~20 年都将是中国的 HELLO KITTY 模式 IP 的成长期,并最终成长出多个超级 IP 形象。

**7. 吉祥物模式**

吉祥物模式,或者可称为熊本熊模式,多用于文旅和体育项目采用,就是通过设计一个吉祥物大使,让其代表文旅体育项目,出现在各种场合,执行各种任务,同时推出大量衍生品,成为文旅体育项目的重要收入来源。这种模式在体育、展览活动、文旅景区,都应用得非常普遍,比如每一届奥运会、世博会都会专门推出吉祥物,在日本,基本上每一座城市甚至每一个乡镇,都会有自己的吉祥物,为当地做出各种贡献,还会有一年一度的城镇吉祥物评比大赛。吉祥物模式和 HELLO KITTY 的设计师模式有很多相近之处,但前者相对来说,更依赖于其文化母体的力量,比如奥运会。熊本熊 IP 其实是同时跨越这两种模式的,所以其既依托于熊本市在日本发展,又能以纯形象风行全球。

其实只有文旅或体育等文化项目,能做出真正的吉祥物,因为有足够的发挥舞台。而大多数商业企业的 IP 化,也就是第四种,其实做的不是吉祥物,而是 IP 化品牌才有可能成功。

**8. 故宫模式**

故宫并没有一个吉祥物,却能将其丰富的文化内涵、文化角色、文物精品,都发展为各种不同的 IP 衍生产品。

这种 IP 模式的源头可以是任何东西,比如一个人,如格瓦拉、梦露,也可以是一条路,比如美国的 66 号公路,只要这个源头具备足够强的文化共识和个性特征,就可以被 IP 化,并衍生为各种产品。故宫模式需要依托非常强大的文化底蕴,在广大民众中有很高的认知度、共识性,所以国外的大英博物馆、纽约、巴黎等也能形成这种模式。

这些 IP 孵化模式并不是相互独立的,往往会有交叉和结合的情况。在实际操作中,可以根据 IP 的特点、目标受众和市场需求,选择合适的孵化模式,并结合不同的策略和手段,推动 IP 的发展和成功。总而言之,任何模式的超级 IP 发展,都离不开基本产业的支持。过去,中国的制造业和消费商业虽然日益发达,但是对 IP 发展的支持是不够的,尤其是文化产品消费、情感消费,与纯实用性消费或不动产投资相比相差甚远。但随着时代的发展,正在逐步将 IP 发展所需要的产业底层落实。

**二、爆款 IP 孵化的 SS 原理**

SS 原理是指在爆款 IP 的孵化过程中,通过创造性、社交性和可持续性三个要素的有机结合,来推动 IP 的成功。下面对 SS 原理的三个要素进行详细解释:

**1. 创造性(sensational)**

爆款 IP 的孵化首先需要具备创造性,即独特的内容和创意。在竞争激烈的市场中,创新是吸引观众和用户的关键。爆款 IP 需要通过独特的故事情节、新颖的角度、特殊的视觉效果等方面来引起观众的注意和兴趣。创造性不仅体现在 IP 的内容上,也包括 IP 的推广和营销手段的创新。

## 2. 社交性（social）

爆款 IP 的成功还离不开社交性，即 IP 与观众、用户之间的互动和参与。在社交媒体时代，观众不再是被动的接受者，而是希望参与其中、表达自己的意见和情感。爆款 IP 需要通过社交媒体平台、用户互动等方式，与观众建立互动关系，提高观众的参与度和黏性。社交性可以通过用户生成内容（UGC）、线上线下活动、社群建设等手段来实现。

## 3. 可持续性（sustainable）

爆款 IP 的孵化还需要具备可持续性，即能够长期保持和延续的能力。爆款 IP 不应该只是一时的热点，而是能够持续吸引观众和用户的关注和喜爱。可持续性包括 IP 的内容持续更新和创新、IP 的商业化模式的可持续发展、IP 的粉丝基础的稳定和扩大等方面。为了实现可持续性，IP 孵化过程中需要考虑长期规划、市场变化的适应能力、用户需求的反馈和调整等因素。

SS 原理的 3 个要素相互依存、相互促进，共同推动爆款 IP 的孵化和成功。创造性能够吸引观众的注意和兴趣，社交性能够增加观众的参与和黏性，可持续性能够确保 IP 的长期发展和影响力。在实际操作中，需要根据具体情况，充分发挥 SS 原理的作用，推动爆款 IP 的诞生和孵化。

### 三、爆款 IP 内容打造的关键点

#### 1. 独特性和创新性

爆款 IP 需要具备独特性和创新性的内容，与市场上已有的 IP 有所区别。通过独特的故事情节、角色设计、视觉效果等方面的创新，吸引观众的注意和兴趣。苹果是一家做产品的公司，它考虑人的自然本能比较多。比如开会时，忽然有一个电话打进来，只要把手机往桌子上一扣就能静音。Airpods 颠覆了真无线蓝牙耳机，就是从起点上真正抓住了人的自然行为。它在连接上非常简单，当你推开盖之后，手机屏幕上就会跳出提示，显示这个耳机的状态（图 2-2-7）。

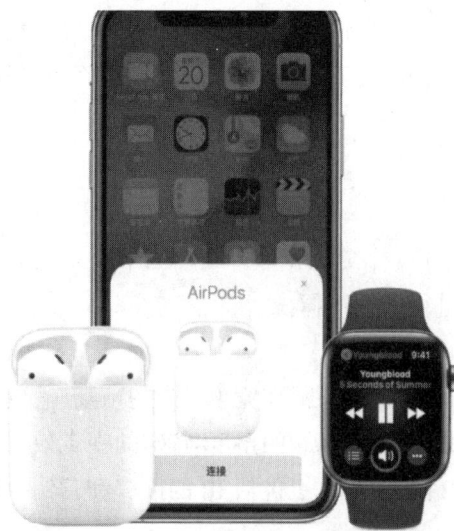

图 2-2-7　Airpods 蓝牙耳机的屏幕提示图

当来电话时，只要拿出一只耳机放在耳朵上，电话就会自然接通。耳机里面设有一个红外传感器，只要将耳机放入你的耳腔，它就自然会跟手机连接。当你听音乐的时候，忽然有事情了，你只需要摘掉一只耳机，音乐就会停止。当事情做完了，你把这个耳机再放回耳腔，音乐会继续开始。这个过程就是从人性出发。

#### 2. 情感共鸣和代入感

爆款 IP 的内容应该能够引起观众的情感共鸣，并具有代入感。通过让观众能够在故事中找到自己的影子，触动他们的情感，从而增加 IP 的吸引力和影响力。提起民谣，大家就想到情怀；提起摇滚，大家就想到自由奔放；提起爵士，大家就想到优雅从容。这些情绪都是

比较固定,有"套路的",轻车熟路的用新颖的方式去重新包装这些情绪,自然就能引起最大程度的共鸣,所谓旧瓶装新酒,就是最好的解释。

### 3. 多样化的内容形式和精良的制作质量

爆款 IP 需要在内容形式上做到多样化,以满足不同观众的需求。可以尝试使用动画、真人秀、剧集、综艺等不同的形式,使内容更具吸引力和可塑性。爆款 IP 的制作质量必须达到高水平,包括剧本、摄影、特效、音效等方面。通过精良的制作质量,提升 IP 的观赏性和沉浸感,增强观众对 IP 的认可度和忠诚度。

### 4. 强大的角色塑造

爆款 IP 的角色设计非常重要,需要塑造鲜明、有特点的角色,让观众对角色产生共鸣和喜爱。角色的形象、性格、背景等要具有独特性,能够在观众心中留下深刻的印象。

### 5. 引人入胜的故事情节

故事情节是爆款 IP 的核心,需要设计引人入胜、扣人心弦的剧情。通过设置悬念、发展曲折、情感冲突等元素,吸引观众的注意力,让他们对故事的发展产生兴趣和期待。相比生硬的广告,生动的故事更容易被人们口口相传。万科为了推广自己的物业,就讲了很多故事,比如业主深夜回家,因为一时疏忽,忘关车窗,物业工作人员担心打扰用户休息,于是就在旁守候,一直等到第二天才敲门告知。如果仅仅强调万科的物业是多么职业、有多少经验、背后的运作团队资质如何强大,难以吸引人们的目光,但注入了故事性元素,传播就变得十分自然且高效了。

农夫山泉最新的广告,全是立足于普通员工在农夫山泉工作经历之上,在广告片里,我们可以像看电影一样,看到这些员工为了取得优质水源,跋山涉水,走到很偏远的地方,不辞辛劳而且常年坚持(图 2-2-8)。我们很容易记住这样的故事,也会不自觉地进行传播,于是,农夫山泉在矿泉水这个产品的维度之上叠加了一层情怀,让冰冷的水有了温度。

我也是大自然的搬运工

图 2-2-8　农夫山泉广告图

### 6. 社交互动和用户参与

爆款 IP 应该积极引导观众的社交互动和参与,通过开展线上线下活动、用户生成内容等方式,增加观众与 IP 的互动,提高 IP 的黏性和传播力。任何产品或者事物在移动互联网时代想要流行,就必须具备社交属性。我们常说,这个时代的产品不仅要具备使用价值,更要具备社交价值。只有当用户愿意对产品评头论足,愿意将其发在朋友圈里分享出去,才能形成规模效应。这种社交属性的价值来自于对用户心理优越感的激发,简而言之,就是人们使用了产品后,会在社交圈里有成就感,可以用来确立自己的品位。

比如,豆瓣就是一个有着浓浓文艺气息的应用,用户在使用豆瓣的过程中,会不知不觉地将自己与文艺青年这个身份对应起来,随之带来分享,就会一次次地强调自己文艺青年的属性,这种外在的标签长时间、高频次的展示,大大激发了用户的优越感。

**7. 持续更新和创新**

爆款 IP 需要保持持续更新和创新的内容,以保持观众的新鲜感和兴趣。通过不断推出新的故事情节、角色发展、剧集季数等方式,持续为观众提供新的内容体验。

以上关键点是打造爆款 IP 内容的重要考虑因素,通过在这些方面下功夫,可以提高爆款 IP 的吸引力、影响力和商业价值。

# 第四节　已有 IP 的改编与推广

**一、研判趋势**

研判趋势是已有 IP 改编与推广的重要环节,它涉及对市场需求、观众喜好和行业发展方向的分析与判断。以下是在研判趋势方面的一些考虑因素:

(1)市场调研与分析:进行市场调研,了解目标观众的喜好、消费习惯以及对不同类型 IP 的接受程度(图 2-2-9)。通过收集和分析市场数据,了解当前 IP 改编与推广的趋势和机会。综合各产业类型,网络文学作为主要版权源头,市场规模仍有发展空间;电影行业的变现为投资回报风险相对较高的环节,市场票房主要为头部爆款电影所瓜分;游戏市场规模大,且拥有极高的边际利润;实体行业市场规模排第三且增速最高,在国内处于蓝海阶段,尚未完全形成寡头市场,盈利空间大,并可通过改善主题乐园盈利结构等方式来进一步提升收益。

**表 2-2-1　2021 年我国 IP 产业各行业市场规模、行业毛利率及产业链分成情况**

| IP 类型 | 市场规模 | 毛利率 | 产业链分成 |
|---|---|---|---|
| 网络文学 | 约 454 亿元 | 20%~50% | 作者—平台—用户/IP 购买方 |
| 漫画 | 约 46 亿元 | 20%~30% | 作者/IP 授权方—平台—用户/IP 购买方 |
| 动画 | 约 245 亿元 | 20%~40% | (IP 授权方)—制作方—播出平台—用户 |
| 电视剧 | 约 1035 亿元 | 制作出品方:25%~40%<br>播出平台:10%以下 | (IP 授权方)(分成 40%)—制作出品方<br>(分成 40%)—播出平台—用户 |
| 电影 | 约 1314 亿元 | 10%~90% | (IP 授权方)—制作方与发行方(分成<br>35%~40%)—院线(分成 50%~55%)—用户 |
| 游戏 | 约 2965 亿元 | 受托制作类:40%~55%<br>开发+运营类:60%~100% | 模式:自研自发或委托制作后发行<br>内容:原创游戏或由 IP 上游改编 IP |
| 实体 | 约 1709 亿元 | 潮玩销售:60%以上<br>主题乐园:50%~60% | 上游衍生/原创 IP |

(2)热门 IP 和题材。关注当前热门的 IP 和题材趋势,了解市场上哪些 IP 受到观众追捧和

关注。这可以包括文学作品、漫画、游戏、真实故事等各种类型的IP。

（3）观众反馈和口碑。倾听观众的反馈和口碑,了解他们对已有IP改编的期待和意见。观察观众在社交媒体上的讨论和评价,以获取对IP改编的真实反应和看法。

（4）行业动态和竞争环境。关注行业内其他IP改编与推广的情况,了解竞争对手的动向和策略。通过了解行业动态,可以更好地把握市场趋势,并做出相应的调整和决策。

（5）跨界合作与创新。探索跨界合作和创新的可能性,将已有IP与其他领域进行结合,开发新的创意和推广方式。这可以包括与品牌合作、跨媒体联动、跨平台推广等。

（6）多元化的推广渠道。除了传统的电视、电影和网络平台,还要考虑在其他媒体和渠道进行推广,如线下活动、展览、演出等。通过多元化的推广渠道,扩大IP的影响力和受众范围。

（7）创新的推广策略和营销手段。针对已有IP改编与推广,制定创新的推广策略和营销手段。这可以包括制作独特的宣传素材、开展有趣的互动活动、与影视明星合作等。

（8）数据分析和反馈机制。建立数据分析和反馈机制,对IP改编与推广的效果进行监测和评估。通过数据分析,了解观众反应和市场反馈,及时调整和优化推广策略。

在研判趋势的过程中,需要综合考虑市场、观众、竞争环境以及创新等因素,以制定具有针对性和前瞻性的IP改编与推广策略。通过不断跟进市场变化和观众需求,将已有IP改编为成功的作品,实现更大的影响力和商业价值。

## 二、虚实结合

虚实结合是指在已有IP的改编与推广过程中,将虚拟元素与实际场景相结合,以增强观众的参与感和沉浸感。通过创造虚拟的世界和角色,与现实世界相互交织,带给观众更具创意和吸引力的故事和体验。以下是虚实结合在IP改编与推广中的一些重要方面:

### 1. 虚拟现实（VR）和增强现实（AR）技术

利用VR和AR技术,将观众带入虚拟的场景和角色中,与IP内容进行互动(图2-2-9)。通过穿戴设备或移动设备,观众可以身临其境地体验IP所创造的世界,增加参与感和沉浸感。

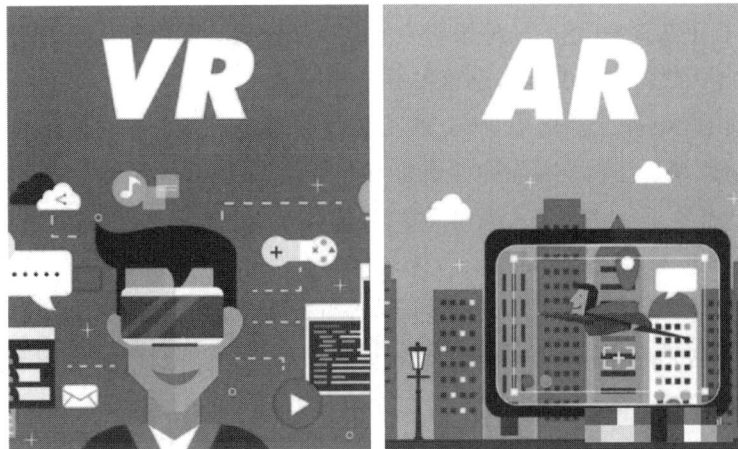

图2-2-9　VR和AR技术示例图

**2. 虚拟角色与真人演员的结合**

通过在真人演员身上加入虚拟元素,创造出新的角色形象或增强现有角色的特效表现。这种技术可以使观众在观看过程中感受到现实与虚拟交织,增强故事的视觉冲击力和创意性。全身动画则是将演员的整个动作转移至另一个角色身上,如《猩球崛起》《阿丽塔》等(图 2-2-10)。这一类型的虚拟制片同时也涉及数字化表演、动力学模拟等问题,如何让数字角色表演更具真实感是需要不断探索的问题。

图 2-2-10  虚拟角色与实际演员的结合示例图

**3. 虚拟互动体验**

通过与虚拟角色的互动,观众可以参与到 IP 故事的发展中,影响故事的走向和结局。这种虚拟互动体验可以通过游戏化的方式实现,让观众成为 IP 故事的一部分,增强观众的参与感和忠诚度。

**4. 虚拟社交互动**

利用虚拟平台和社交媒体创建虚拟社区,让观众能够在虚拟世界中与其他观众互动和交流。观众可以分享自己的观影体验、参与虚拟活动和游戏,扩大 IP 的影响力和社交效果。当下年轻人的社交圈层正在逐渐收缩,在外拼搏的年轻人并没有太多的朋友与社交生活,孤独感与工作的压力让陌生人之间的社交需求迅速发酵。

如图 2-2-11 所示,在元宇宙中,所有的社交行为都是围绕用户的虚拟身份展开的,线上"第二身份"的构建,减少了传统社交中的尴尬与不自然,形成了基于个人兴趣和观念的无压力社交体验,让用户产生了独特的代入感和沉浸感,这从根本上加快了虚拟社交世界的构建进程。

**5. 虚拟衍生品和商品**

将虚拟元素转化为实际的衍生品和商品,通过与实际产品的结合,扩大 IP 的市场影响力和商业价值。这可以包括虚拟人物的玩具、服装、周边产品等,让观众在现实中拥有与 IP 相关的实物产品。加密朋克(CryptoPunks)是世界上第一个 NFT 项目,于 2017 年 6 月在以太坊发布,由 10000 个独一无二的 24×24、8bit 样式的不规则像素组成。像素分为男性、女性、僵尸、猿、外星人 5 类,每个像素都有自己随机生成的独特的外观和特征,例如飞行员头盔、牛仔帽、蓝色眼影等。虚拟世界中建立俱乐部,包括在 The Sandbox 游戏中购买土地并建立仅面向俱乐部成员的场所,投放一件可穿戴连帽衫使其成员能快速识别元宇宙平台(Decentraland)中的同类(图 2-2-12)。

图 2-2-11　虚拟社交互动示例图

图 2-2-12　The Sandbox 游戏虚拟商品图

　　虚实结合在 IP 改编与推广中起到了创新和突破的作用,提供了更多元化和更具互动性的观影体验。通过将虚拟元素与实际场景相结合,可以吸引更多的观众关注和参与,提升 IP 的知名度和影响力,创造更大的商业价值。

### 三、突出个性

　　突出个性是指在 IP 的改编与推广过程中,强调和突出 IP 作品的独特性,以区别于其他作品,使其获得观众的注意力和喜爱。突出个性的重要性在于能够让 IP 作品在竞争激烈的市场中脱颖而出,形成独特的品牌形象,提升 IP 的认知度和吸引力。以下是突出个性的一些关键点:

#### 1. 独特的故事情节和题材

　　IP 作品应该是独特的题材或具有一个独特的故事情节,能够引起观众的兴趣和共鸣。要创造一个充满想象力的世界观,独具特色,可以让观众感受到新鲜和有趣(图 2-2-13)。IP 作品具有丰富的背景细节,如社会制度、文化传承、科技水平等都是非常重要的。这可以是一个新颖的故事观点、独特的背景设定或非传统的题材选择,以打破传统观念和创造新的表现形式。

#### 2. 独特的角色形象和设计

　　IP 作品的角色形象应该具有独特的特点和魅力,能够让观众记住并产生

图 2-2-13　IP 的故事《咒术回战》

共鸣。角色是创作者与读者、观众之间的桥梁,因此创作者需要设计一个个别具特色的角色,让观众和读者爱上他们,并被他们的故事所吸引。《西游记》中孙悟空可以看作目前这个 IP 最佳的角色价值体现,角色具有独特的记忆点,会在我们的心中长久的存在。从《七龙珠》《西行纪》《悟空传》《大圣归来》(图 2-2-14)等不断出现的作品中我们也可以看到这个角色的持续衍生,也是角色可以独立于作品外成立的印证。可以是角色的外貌特征、性格特点、动作风格等方面的独特设计,以及与角色形象相匹配的配音和表演。

图 2-2-14 《大圣归来》IP 海报示例

### 3. 独特的视觉风格和艺术风格

IP 作品的视觉风格和艺术风格应该与众不同,能够给观众留下深刻的印象(图 2-2-15)。这可以是独特的画面构图、色彩运用、特殊的视觉效果等方面的设计,以及与故事情节和角色形象相匹配的艺术风格。

图 2-2-15 小鹏汽车的艺术宣传海报

### 4. 独特的营销策略和宣传手法

IP 作品的营销策略和宣传手法应该与众不同,能够获得观众的关注和参与。可以采用创新的宣传方式、特殊的合作推广活动、与观众互动的营销手段等,以突出 IP 作品的个性和独特性。如一汽大众全新的高尔夫车型与脱口秀的反跨年联动,让车型随段子爆梗出圈,王建国的定制花絮段子联动微信生态,通过视频号和微信话题的二次传播,进一步拓展了影响半径(图 2-2-16)。值得注意的是,在这次营销中,节目观看人群对新车型高尔夫 8 的搜索行为提升了 23%。

图 2-2-16  大众汽车与脱口秀的联动宣传图

**5. 独特的音乐和配乐**

音乐在 IP 作品中起到重要的表现和情感传递的作用。选择独特的音乐和配乐可以为作品增添个性和特色,让观众产生共鸣和回忆。

通过突出个性,IP 作品能够在众多作品中脱颖而出,获得观众的关注和喜爱。突出个性不仅能够提升 IP 的知名度和影响力,还能够为 IP 带来商业价值,如衍生品销售、授权合作等方面的机会。因此,在已有 IP 的改编与推广过程中,突出个性是一个非常重要的因素,值得重视。

## 四、形象包装

形象包装在 IP 的改编与推广中扮演着重要的角色,它是通过对 IP 的形象进行策划、设计和塑造,使其具备独特、吸引人的特点,从而吸引目标观众,提升 IP 的知名度和影响力。以下是形象包装的一些关键点:

**1. 角色形象设计**

角色形象是 IP 的核心,通过精心设计和包装角色形象,可以使其具有个性、魅力和可爱度。角色形象的设计包括外貌特征、服装造型、个性特点等方面,要与 IP 的故事情节和目标观众相匹配。角色形象的包装要注重细节和一致性,使观众能够在众多角色中识别出 IP 的独特形象。

**2. 视觉风格设计**

IP 的视觉风格是指在画面表现、色彩运用、美术设计等方面的统一风格。通过独特的视觉风格,可以增强 IP 的辨识度和记忆点。视觉风格的设计要考虑 IP 的题材和受众喜好,可以运用特殊的画面构图、色彩搭配和视觉效果,营造独特的氛围和视觉感受。

**3. 品牌标识和形象语言**

IP 的形象包装还包括品牌标识和形象语言的设计。品牌标识是 IP 的标志性符号,可以通过独特的图案、字体和颜色来代表 IP 的形象。形象语言是指与 IP 形象相匹配的口号、口白、广告语等,通过简洁、有趣的语言表达,进一步塑造 IP 的个性和特点。

**4. 媒体宣传和推广活动**

形象包装需要通过媒体宣传和推广活动来传达给观众。可以利用各种媒体渠道,如电视、电影、网络平台等,进行宣传报道、广告推广等活动,以增加 IP 的曝光度和关注度。同时,可以结合 IP 的特点和目标观众的喜好,开展衍生品销售、合作推广等活动,进一步提升 IP 的形象和知名度。

**5. 社交媒体和粉丝互动**

社交媒体和粉丝互动是形象包装的重要组成部分。通过在社交媒体上建立 IP 的官方账号,与粉丝进行互动,分享 IP 的最新动态和消息,开展线上活动和话题讨论,可以增加观众的参与感和忠诚度,进一步扩大 IP 的影响力。

形象包装是一个综合性的工作,需要细致入微地考虑 IP 的各个方面,从角色形象到视觉风格,再到品牌标识和推广活动,通过精心的策划和执行,将 IP 打造成独特、有吸引力的形象,从而实现更好地推广效果和商业价值。

## 五、善于借势

善于借势是 IP 改编与推广过程中的一项重要策略,它指的是根据时事、热点事件或其他流行元素,将 IP 与之结合,借助外部力量来提升 IP 的关注度和传播效果。以下是善于借势的几个方面:

**1. 时事热点借势**

根据当前的社会热点、时事事件或流行话题,将 IP 的内容、角色或情节与之相关联,以吸引目标观众的关注。例如,结合某个重大体育赛事,推出与运动相关的 IP 内容,或者在特定的节日期间,打造与节日氛围相契合的 IP 活动,以引起观众的共鸣和兴趣。2020 年,炫迈抓住 Z 世代的属性,牵手腾讯视频打出"《斗罗大陆》+《脱口秀大会 3》+《心动的 offer2》"的 IP 合作组合拳(图 2-2-17),分别在动漫、脱口秀、职场三个场景植入品牌理念,准确击中了 Z 世代的痛点。凯度咨询数据显示,通过与这三大 IP 内容的合作,炫迈品牌认知度提升了 11%,喜好度提升了 8%。

图 2-2-17 "炫迈"IP 的合作宣传图

## 2. 合作跨界借势

与其他知名品牌、IP或艺人进行合作,共同开展联合营销活动,借助对方的影响力和资源来推广IP。通过与其他品牌或IP的跨界合作,可以扩大IP的曝光度和受众群体,提高IP的知名度和影响力。这种合作可以是联名推出衍生品、共同举办活动或在各自的渠道上互相宣传等形式。比如"旺旺"跨界"奈雪"推出联名奶茶,五种口味每日限量供应,受到多个媒体报道获得众多好评(图2-2-18)。一个受众所熟知并喜爱的IP形象突然跨界,受众会感到新奇,并乐于接受这种营销方式。也就是说,成功的IP形象可以使品牌跨界更加水到渠成,虽不能揽下所

图2-2-18　"旺旺"和"奈雪"联名奶茶宣传图

有功劳,但切切实实为企业在跨界营销中抄了"近道"。

## 3. 社交媒体借势

利用社交媒体平台的时事话题、挑战或潮流标签,将IP内容与之关联,通过参与相关话题讨论、发布相关内容或参与相关挑战,吸引目标观众的关注。这种方式可以在短时间内迅速扩大IP的曝光度和传播范围,增加用户互动和分享,提高IP的影响力。

## 4. 大事件借势

根据大型活动、盛会或重要节日等大事件,制作与之相关的IP内容,通过与大事件的结合,吸引更多的目标观众关注IP。例如,根据世界杯、奥运会等体育盛事,制作与体育相关的IP内容,以吸引体育爱好者的关注和参与。

在进行借势时,需要根据IP的特点和目标观众的喜好,选择合适的借势方式和内容,确保与借势对象之间的关联性和一致性。同时,也要注意把握尺度,避免过度商业化或侵权等问题。善于借势可以为IP带来更多的曝光和关注,加速IP的推广效果,实现IP市场影响力的提升。

## 六、高度融合

高度融合是指将已有的IP与新的媒体形式、技术或创意进行深度结合,创造出全新的、更具吸引力和创新性的内容形式。通过高度融合,IP可以实现内容的更新与升级,进一步提升用户体验,拓展用户群体,并增强IP的商业价值。以下是高度融合的几个方面:

## 1. 多媒体融合

将IP内容在不同媒体平台上进行融合,包括电影、电视剧、动画、游戏、漫画、音乐等多种形式。通过跨媒体的呈现方式,使IP可以在不同领域进行展开,扩大用户触达面,并丰富IP的故

事背景和世界观。唯品会在与《演员请就位》第二季的合作中,通过捆绑关键赛制和节目内容等方式,巧妙植入品牌理念(图 2-2-19)。如在剧目作品《天才枪手》的表演中,女主任敏因剧情需要在舞台上短时间内换了 4 套服装,该期节目的后采环节巧妙设置成唯品会穿搭小课堂,由任敏解读《天才枪手》舞台变装技巧,自然融入唯品会品牌卖点。

图 2-2-19　唯品会与综艺节目合作示例图

此外,唯品会巧用不同明星差异化人设,通过在创意中插播等植入方式进行消费示范演绎,进一步扩大了品牌声量。这次合作中,唯品会的 SVC 综合指数(166)远超行业均值,节目合作后,唯品会认知度、喜爱度与推荐度分别提升 12%、25%、25%。

**2. 技术融合**

利用新兴的技术手段,如虚拟现实(VR)、增强现实(AR)、人工智能(AI)等,将 IP 与技术相结合,创造出更具互动性和沉浸感的体验。例如,利用 VR 技术打造 IP 的虚拟场景,让用户可以身临其境地感受 IP 世界;利用 AI 技术为 IP 角色赋予更多的交互能力,提升用户参与度。

**3. 创意融合**

将 IP 与创意元素相融合,创造出独特而具有创新性的内容形式。这包括创作新的故事情节、设计特殊的角色形象、开发独特的游戏玩法等。通过创意的融合,可以为 IP 注入新鲜的元素和灵感,吸引更多的目标观众。

**4. 用户参与融合**

将用户参与融入到 IP 的创作和推广过程中,可以激发用户的创造力和参与度。可以通过举办 IP 创作比赛、征集用户意见和创意、开展粉丝互动活动等方式,让用户成为 IP 的创作者和推广者,增强用户对 IP 的认同感和归属感。2015 年的 8 月 17 日,缘起于南派三叔所著《盗墓笔记》书中吴邪与张起灵青铜门前"十年之约"的"静候灵归"活动,在长白山开展,这场由粉丝自发的活动,将原本就处于旅游旺季的长白山"挤爆"。如今这场由粉丝发起的活动,已经被打造成一个粉丝节日——八一七稻米节,活动地点也不局限于长白山,而是和杭州形成联动(图 2-2-20),听音乐会、逛集市区、买周边衍生,这个以小说中人物而兴起的活动如今已经成为长白山和杭州文旅融合 IP 化打造的一个新尝试。

图 2-2-20　"十年之约"与杭州文旅的联动示例图

高度融合需要在 IP 的创作、推广和运营过程中注重创新和实践,不断寻找与 IP 相融合的新领域、新技术和新创意,以不断满足用户需求和市场变化。同时,还需要与相关合作伙伴展开合作,共同推动 IP 的融合创新,实现 IP 价值的最大化。

# 第五节　爆款 IP 的持续发展

## 一、IP 发展的生命周期

IP 发展的生命周期是指一个 IP 从诞生到消亡的整个过程,包括起始阶段、成长阶段、成熟阶段和衰退阶段。了解 IP 发展的生命周期可以帮助 IP 持续发展并延长其商业价值。下面是对 IP 发展生命周期的详细解析:

### 1. 起始阶段

在起始阶段,IP 通常是新近推出的,大多数人对它还不太熟悉。IP 需要通过推广和宣传来吸引用户的注意力和兴趣。此阶段需要建立起良好的品牌形象,打造 IP 的独特性,以吸引目标受众的关注。示例:此阶段中国泛娱乐界 IP 意识不强,运营经验不足。首播于 1999 年的科普动画片《蓝猫淘气三千问》广受欢迎,鼎盛时期,除了央视,全国有 1040 家电视台在播出《蓝猫》,全国共有 2300 多家蓝猫专卖店。然而由于缺乏规划、大肆授权开店扩张以及动画内容质量问题逐渐突出、盗版猖獗等原因,短短几年便由盛转衰,2012 年其公司三辰卡通甚至爆出拖欠工资的丑闻。

### 2. 成长阶段

当 IP 在市场上得到认可并逐渐积累了一定的用户基础后,即进入成长阶段。IP 在这个阶段需要不断创新和扩展,提供更多的内容和产品,以满足用户的需求。同时,IP 还需要与合作伙伴合作,开展授权和衍生品推广,扩大 IP 的影响力和商业价值。2016 年被称为中国 IP 元年,越来越多的公司开始有意识地打造 IP。《花千骨》等网文改编剧成为现象级剧集,《寻龙诀》《狼图腾》《滚蛋吧,肿瘤君》等 30 部 IP 类电影贡献票房约 80 亿,此前多局限在文学、影视间互授的版权,此阶段更广泛地扩展到游戏、动漫等市场。2016 年,奥飞动漫更名奥飞娱乐,将动漫业务延伸至玩具衍生品产业,开展衍生品设计、生产及销售业务,目标是打造跨越玩具、动漫、游戏领域的 IP 生态。

### 3. 成熟阶段

当 IP 在市场上取得了一定的成功,并拥有了大量的忠实用户时,即进入成熟阶段。IP 在这个阶段需要保持创新,不断推出新的内容和产品,以保持用户的兴趣和忠诚度。同时,IP 还可以通过跨媒体合作和推广,进一步拓展 IP 的影响力和商业价值。这一时期国内头部 IP 公司顺应 IP 行业发展趋势,开始打通全产业链。标志性事件是 2021 年阅文集团宣布"大阅文"战略,明确"将基于腾讯新文创生态,以网络文学为基石,以 IP 开发为驱动力,开放性地与全行业合作伙伴共建 IP 生态业务矩阵"。2021 年,阅文集团打造了《赘婿》《斗罗大陆》《人世间》等多个爆款 IP,自有版权运营及其他业务收入达到 21.4 亿元,同比增长 30.0%,公司的 IP 运营能力显著提升。

### 4. 衰退阶段

在一定时间后,IP 可能会进入衰退阶段。这可能是因为用户的兴趣逐渐减弱,竞争对手的出现或者市场环境的变化等原因。在衰退阶段,IP 需要进行重新定位和创新,以重新吸引用户的关注和参与。同时,也可以考虑与其他 IP 进行合作,共同创造出更有吸引力的内容。

为了实现爆款 IP 的持续发展,IP 方需要关注以下几点:

(1)不断创新。保持对市场和用户需求的敏感度,不断创新内容和产品,以保持用户的兴趣和忠诚度。

(2)扩大影响力。与合作伙伴合作,开展授权和衍生品推广,将 IP 的影响力扩大到更多的领域和受众群体。

(3)精细运营。通过数据分析和用户反馈,了解用户需求和偏好,进行精细化运营,提供更好的用户体验。

(4)品牌建设。建立良好的品牌形象,提升 IP 的知名度和认可度,为 IP 的持续发展提供支持。

(5)多元化发展。考虑跨媒体合作和推广,将 IP 延伸到不同的领域和媒体平台,实现多元化的发展。

总之,爆款 IP 的持续发展需要不断创新和投入,保持与用户的紧密联系,并根据市场需求和变化进行调整和优化。通过精细运营和多元化发展,可以延长 IP 的生命周期,提升 IP 的商业价值。

### 二、IP 发展成为超级 IP 的进阶路径

IP 发展成为超级 IP 是许多 IP 方的梦想和目标,它代表了 IP 具有广泛影响力,获得巨大成功。下面是 IP 发展成为超级 IP 的一些进阶路径:

（1）打造独特而有吸引力的内容，内容人格化。超级IP需要有独特的内容和故事，能够吸引广大观众的注意力和兴趣。这可以通过创新的创意和精心编排的剧情来实现，使观众产生共鸣和情感连接。内容人格化后还需要表达人格化。人格化是IP连接的核心，IP连接的关键在于能否人格化呈现，也就是内容人格化并表达人格化，这是超级IP无限拓展和产业表达的基础。小女孩喜欢看《白雪公主》是因为崇尚善良和漂亮，而白雪公主这个角色则是善良和漂亮的人格化内容，电影《白雪公主》则是善良的人格化表达。

（2）多元化的媒体扩展。超级IP不仅仅局限于某一个媒体平台，而是通过跨媒体的扩展来拓展影响力。可以将IP延伸到电影、电视剧、动漫、游戏、图书等领域，通过不同的媒体渠道来传播IP，吸引更多的受众。

（3）强大的衍生品和授权推广。超级IP的成功还离不开衍生品和授权推广。IP方可以开发与IP相关的周边产品，如玩具、服装、文具等，通过授权给其他厂商进行生产和销售，扩大IP的影响力和盈利能力。

（4）跨界合作与IP联动。超级IP可以通过与其他知名品牌或IP进行合作，实现联动效应。通过与其他IP或品牌的合作，可以共同开展营销活动，提升双方的知名度和影响力。

（5）社交媒体和用户互动。超级IP需要与观众建立紧密的互动关系，可以通过社交媒体平台与观众进行互动和沟通，了解观众的喜好和反馈。通过与观众的互动，可以增加观众的黏性和忠诚度。

（6）国际化扩展。超级IP可以考虑进行国际化扩展，进军海外市场。通过翻译、配音、字幕等方式将IP推向国际市场，吸引全球观众。

（7）品牌建设与IP价值提升。超级IP的成功离不开良好的品牌建设。IP方需要注重IP品牌的塑造和维护，提升IP的知名度和认可度。通过品牌建设，可以提升IP的商业价值和影响力。

总之，要将IP发展成为超级IP，需要不断创新和努力，通过多元化的媒体扩展、强大的衍生品和授权推广、跨界合作、社交媒体互动等手段来拓展IP的影响力和商业价值。同时，注重品牌建设和国际化扩展也是关键因素。

### 三、产品或服务IP化的方法

将产品或服务进行IP化是一种有效的营销策略，可以提升产品的知名度和市场竞争力。下面介绍4种常见的产品或服务IP化方法：

**1. 角色IP化**

通过为产品或服务创建一个具有个性和特点的角色形象，使其成为产品的代表和形象符号。这个角色可以是动漫形象、卡通形象、虚拟形象等，通过在产品包装、广告宣传、营销活动中使用角色形象，塑造出独特的品牌形象和消费体验。

**2. 故事IP化**

将产品或服务的故事IP化，为其创造一个引人入胜的故事情节，通过讲述故事的方式来引发消费者的兴趣和情感共鸣。故事可以是真实的，也可以是虚构的或是与产品相关的，通过故事的叙述和传播来提升产品的品牌形象和市场认可度。

### 3. 艺术 IP 化

将产品或服务与艺术元素相结合,通过与艺术家或设计师的合作,将产品或服务的外观、包装、宣传资料等设计得更加艺术化和具有视觉冲击力。艺术 IP 化可以为产品赋予独特的美感和文化内涵,提升产品的价值和吸引力。

### 4. 联名 IP 化

与其他知名品牌、IP 或艺人进行联名合作,将两者的形象和影响力结合在一起,共同推出联名产品或服务。联名合作可以借用对方的知名度和粉丝基础,实现品牌效应的叠加,提升产品的知名度和销售额。

无论采用哪种 IP 化方法,关键在于通过独特的创意和故事打造出个性化和差异化的产品,引起消费者的兴趣和共鸣。此外,合理运用媒体宣传、社交媒体营销、活动策划等手段,将产品或服务 IP 化的概念传播给目标受众,提升品牌认知度和市场影响力。

## 四、不同行业的 IP 发展路径

IP 发展的路径因行业而异,不同行业的 IP 发展具有自身的特点和趋势。以下是几个不同行业的 IP 发展路径的简要介绍:

### 1. 娱乐行业

娱乐行业是 IP 发展的典型领域,包括电影、电视剧、音乐、综艺节目等。在娱乐行业中,IP 的发展路径主要通过原创内容创作、演员和艺人的打造、跨媒体传播等方式实现。成功的 IP 在娱乐行业可以带来丰厚的收益,例如电影系列的延伸、角色形象的授权和衍生产品的开发等。

### 2. 文化创意行业

文化创意行业包括动漫、游戏、文学、艺术等领域。在文化创意行业中,IP 的发展路径常常以原创作品为基础,通过衍生产品的开发、授权合作、游戏化运营等方式实现 IP 的价值。同时,跨界合作、动漫周边产品和 IP 主题展览等也是文化创意 IP 发展的重要途径。

### 3. 零售行业

零售行业中的 IP 发展主要体现在品牌建设和产品包装方面。通过为产品赋予独特的 IP 形象和故事,创造出独特的品牌体验和情感共鸣,从而提升产品的市场认可度和销售额。此外,与其他品牌的联名合作和限量版产品的推出也是零售行业 IP 发展的常见方式。

### 4. 体育行业

体育行业的 IP 发展路径主要体现在运动员、运动队和赛事的打造上。通过运动员的形象塑造、赛事的品牌化运营和衍生产品的开发,体育 IP 可以扩大影响力,提升品牌价值和商业价值。体育行业 IP 的成功离不开粉丝的支持和参与,因此粉丝运营和互动营销也是体育 IP 发展的重要环节。

以上只是几个行业的 IP 发展路径的简要介绍,实际上每个行业都有自己的特点和发展规律。无论在哪个行业,成功的 IP 发展都需要具备创意、品牌运营、市场营销等多方面的能力,并紧密关注目标受众的需求和趋势,不断创新和适应变化的市场环境。

### 五、IP 实力衡量指数

IP 实力的衡量指数可以从多个方面来考量,以下是一些常用的衡量指标:

#### 1. 知名度和曝光度

IP 的知名度和曝光度是衡量其实力的重要指标之一(图 2-2-21)。知名度可以通过社交媒体粉丝数、搜索引擎搜索量、媒体报道等来评估,曝光度则可以通过媒体露出量、广告投放量等来衡量。知名度和曝光度高的 IP 通常代表着其在市场中的认可度和影响力。草莓熊是迪士尼电影《玩具总动员》系列中的角色,原名 Lotso,它集合了各种可爱元素:毛绒的身体、圆鼓的肚子、粉嫩的颜色,而坏蛋性格来自它特殊的经历——被主人遗弃。这种符合女孩子喜欢的形象设计加之能够唤起共鸣的角色设定,让草莓熊成为迪士尼的热门 IP 之一,其周边商品也成为许多女孩子的心头所好。

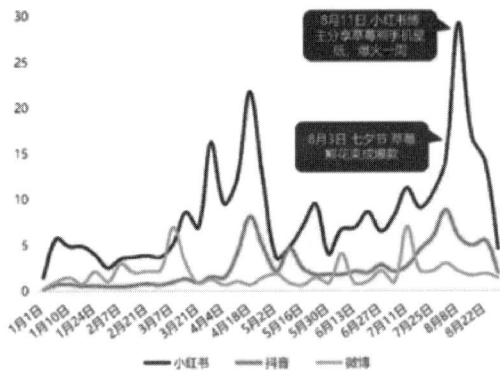

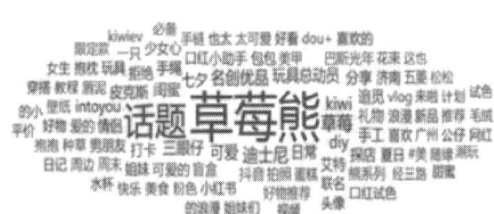

图 2-2-21 IP 曝光度所带来的商业价值数据图

#### 2. 商业价值

IP 的商业价值是指其在商业运作中所能带来的经济效益和商业机会。商业价值可以通过 IP 授权收入、衍生品销售额、广告合作等来衡量。高商业价值的 IP 通常能够吸引更多的合作伙伴和赞助商,并带来更多的商业机会。从近一年天猫淘宝女装、玩具和零食类目下草莓熊 IP 合作销售情况来看,目前基本每月销售额都能突破千万元,销量在 2022 年中一直保持高速增长;同时,由于各色联名产品的增多,草莓熊联名商品逼近六千件,商品的均价也逐渐被拉低到百元以下。

#### 3. 社交媒体影响力

在当前社交媒体兴盛的时代,IP 在社交媒体平台上的影响力也是衡量其实力的重要指标之一。社交媒体影响力可以通过关注者数量、点赞和评论数量、分享和转发数量等来衡量。高社交媒体影响力的 IP 可以更好地与受众互动和沟通，提升品牌认知度和用户黏性（图 2-2-22）。

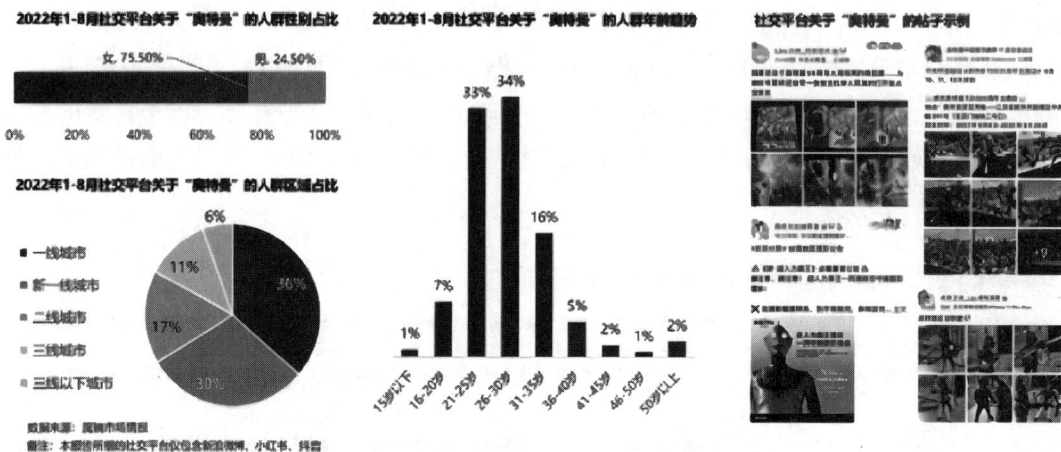

图 2-2-22　IP 在社交媒体上的影响力示例图

### 4. 用户参与度

用户参与度是指用户对 IP 内容和活动的参与程度。用户参与度可以通过用户互动数据、活动参与人数、用户留存率等来衡量。高用户参与度的 IP 能够吸引更多用户的关注和参与，形成用户黏性，并推动 IP 的持续发展。

### 5. 社会影响力

IP 的社会影响力是指其在社会上所产生的影响和价值。社会影响力可以通过社会反响、影响力调查、社会责任活动等来衡量。具有积极社会影响力的 IP 通常能够引起公众的关注和共鸣，获得更多的支持和认可。例如，海外超级英雄 IP 发展如火如荼，比如漫威和 DC 两大漫画公司，塑造了超人、蝙蝠侠、神奇女侠、蜘蛛侠、金刚狼等人们耳熟能详的超级英雄形象，日本动漫也有许多可以与之媲美的超级英雄形象，如奥特曼、假面骑士等。这些人物既有超现实的能力设定，又有英雄的人格魅力，因而深入人心。它所带给那一代人的影响力很大。伴随着动漫、电影等文艺作品的海外传播，这些超级英雄 IP 不仅成为相关国家文化产业经济的重要一环，也成为他们传播价值理念的重要载体。

综合考量这些指标，可以得出一个综合的 IP 实力衡量指数。不同的 IP 可能在不同的指标上有不同的表现，因此根据具体情况来综合评估 IP 的实力是更为准确和全面的。同时，IP 的实力也是动态变化的，需要不断监测和评估，以便及时调整和优化策略。

# 第三章　IP版权获取与风险规避

## 第一节　版权的基础认识

### 一、版权的定义

版权是指对于创作的作品享有的合法权益,包括对作品的复制、发行、展示、表演、改编等权利。它是知识产权的一种重要形式,旨在保护作品的原创性和作者的权益。

版权的定义可以从两个方面来解释:

**1. 法律角度**

从法律的角度来看,版权是指国家法律赋予作者或其他合法权利人对其所创作的作品享有的权利。根据国际上通行的版权保护原则,作品一经创作,即自动拥有版权,无须进行注册或其他手续。版权保护的范围涵盖了文学、艺术、音乐、影视等各个领域的作品。

**2. 商业角度**

从商业的角度来看,版权是作品所带来的商业价值的保护和管理。拥有版权的人可以根据自己的意愿对作品进行授权、出售或许可他人使用,从中获得经济利益。同时,版权也可以作为一种竞争优势,帮助企业塑造品牌形象,保护自己的创意和创新成果。

版权的保护可以通过法律手段来实现,包括版权登记、起诉侵权、许可授权等。在数字化时代,互联网的发展也对版权保护提出了新的挑战,需要不断探索和完善相应的保护机制,以确保创作者和权利人的合法权益得到有效的保护。

### 二、版权的特性

**1. 独占性**

版权赋予作品的创作者或权利人对其作品的独家使用权。这意味着在获得版权保护后,他们可以决定作品的复制、发行、展示、表演、改编等行为,并有权禁止他人未经授权使用作品。这种独占性使得创作者可以获得经济回报并保护其创作的独特性。

**2. 继承性**

版权的保护期限一般为作者终身加一定年限,这意味着版权可以遗传给作者的继承人或权利受让人。继承性确保了作品的版权在作者去世后仍能得到保护,并让继承人或权利受让人享有相应的权益。

**3. 可划分性**

版权是可以根据作品的不同权利进行划分和管理的。例如,音乐作品的版权可以分为作曲权、作词权、演奏权等不同的权利,每个权利可以由不同的权利人来管理和行使。这种可划分性使得版权的管理更加灵活和精细化。

**4. 时限性**

版权的保护期限是有限的,一般根据国家法律规定。在大多数国家,版权保护期限从作者创作作品的时间开始,一般延续数十年至作者去世后的一定年限。在版权保护期限届满后,作品将进入公共领域,任何人都可以自由使用。

**5. 跨国性**

版权是具有跨国性的,即作品的版权在不同国家之间也可以得到保护。国际上有一系列的版权法律和协定,例如《伯尔尼公约》和《世界知识产权组织版权条约》用于保护跨国作品的版权,并促进各国之间的合作与交流。

版权的特性使得创作者和权利人能够享有其作品的经济权益和精神权益,并在创作中获得保护和激励。同时,版权的存在也促进了文化创意产业的发展,鼓励创作者进行创新和创作,为社会带来丰富多样的文化作品。然而,随着数字化技术的迅猛发展,版权保护面临新的挑战和问题,需要不断探索和完善相应的法律和机制,以适应数字时代的版权保护需求。

### 三、版权的三要素

版权的三要素是指作品、创作和固定表达形式。这三个要素共同构成了版权的基本要件,对于确定是否存在版权保护具有重要意义。

**1. 作品**

作品是版权的核心要素,它是指以独创性和创造性为基础的表现形式。作品可以包括文学、音乐、美术、摄影、影视、软件等各种形式的创作。作品必须是原创的,即独立于他人作品的独特创作成果。作品可以是文字、符号、图像、声音、图表、程序等各种形式,具有一定的表达能力。

**2. 创作**

创作是指作者对作品进行独立创造的行为。创作是版权保护的前提,只有通过自己的智力劳动和创造性的表达才能获得版权保护。创作是创作者运用自己的想象力、思维和创造力将创意转化为具体的表现形式的过程。创作是版权产生的基础,没有创作就不可能有版权的存在。

**3. 固定表达形式**

固定表达形式是指作品以一定的形式表现出来并加以固定的过程。作品必须通过一种可感知的形式进行表达和记录,如,文字写作、音乐演奏、绘画创作、摄影拍摄等。这种固定可以是物质形式的,如书籍、画作、唱片等;也可以是数字形式的,如电子文件、网络传输等。固定表达形式使得作品可以被人感知、复制和传播,进而获得版权保护。

这三个要素相互关联,缺一不可。作品是版权的对象,创作是版权的行为,固定表达形式是版权的表现形式。只有当这三个要素同时满足时,作品才能获得版权的保护。版权保护的核心是保护创作者的独创作品,鼓励创新和创造力的发展,并为创作者提供合理的权益保障。同时,版权的确立和保护也有助于促进文化创意产业的繁荣发展,推动社会的文化进步。

#### 四、版权的保护期

版权的保护期是指法律规定的对作品享有独占权利的时间期限。不同类型的作品享有不同的保护期限,这些保护期限是为了平衡创作者的权益和公众的利益,同时推动创作和文化产业的发展。

在国际上,版权的保护期限一般由国家的法律法规来规定,但也受到国际公约和协议的约束。下面是一些常见的作品类型及其保护期限的介绍:

**1. 文学、音乐、美术作品**

一般享有作者终身加70年的保护期限。这意味着作者在其一生中享有对作品的独占权利,而在作者去世后,其作品将继续享有保护,直到作者去世后的70年。

**2. 影视作品**

通常享有作者终身加50年的保护期限。对于合作创作的影视作品,保护期限是最后逝世的作者的终身加50年。

**3. 匿名或未知作者作品**

保护期限一般为作品首次发表之后的50年。如果在这段时间内作者的身份得以确认,保护期将转变为作者终身加70年。

**4. 商标**

商标的保护期限是无限期的,只要商标持续被使用,并按照法律要求进行维护和更新。

需要注意的是,保护期限的计算通常是以作者的去世时间或作品首次发表时间为基准。在某些特殊情况下,如战争、政治动乱或国际公约的影响,保护期限可能会有所变化。

在保护期限届满后,作品将进入公共领域,成为自由使用的文化遗产,任何人都可以使用、复制、修改或传播这些作品,而无须获得版权持有人的许可。这有助于促进文化的传承和创新,同时也为公众提供了更广泛的文化资源。

版权的保护期限是为了平衡创作者和社会公众的权益,保护创作者的劳动成果和创作权益,同时也鼓励创新和文化产业的发展。创作者和使用者都应该了解和尊重版权的保护期限,遵守法律法规,保护知识产权,促进文化繁荣与进步。

#### 五、版权许可的类型

版权许可是指版权持有人向他人授予使用作品的权利,以获得相应的报酬或其他利益。根据许可的范围和方式的不同,版权许可可以分为多种类型。下面是一些常见的版权许可类型的介绍:

**1. 独家许可**

独家许可是指版权持有人将作品的全部或部分独占使用权授予给一家特定的许可人,其他人无权使用该作品。这种许可通常是有限期限的,许可人需要支付一定的费用或提供其他形式的回报。

**2. 非独家许可**

非独家许可是指版权持有人将作品的使用权授予给多个许可人,许可人之间可以同时使用作品,互不排他。这种许可通常适用于广泛传播的作品,如音乐、电影等,可以让更多的人使用作品,扩大其传播范围。

**3. 授权许可**

授权许可是指版权持有人将自己的作品授权给他人进行二次创作或衍生利用,如电影改编小说、游戏改编电影等。授权许可通常需要双方达成协议,并明确约定使用范围、权益分配、报酬等。

**4. 合作许可**

合作许可是指版权持有人与其他相关方合作,共同利用作品进行创作或商业活动,如音乐制作人与歌手的合作、电影制片商与广告公司的合作等。合作许可可以实现资源共享、互惠互利,提升作品的市场价值和影响力。

**5. 转让许可**

转让许可是指版权持有人将作品的全部或部分版权转让给他人,让其成为新的版权持有人。转让许可通常是一次性的,并且需要明确约定转让范围、权益转移等。转让许可后,原版权持有人将不再享有作品的相关权利。

在进行版权许可时,双方应明确约定许可的范围、使用方式、时间期限、费用或报酬等重要事项,并在许可协议中写明相关条款,以确保双方的权益得到保护。此外,版权许可的具体规定可能因国家法律和地区规定而有所不同,当事人应遵守当地法律法规,并咨询专业人士以获取合法、有效的版权许可。

# 第二节　版权在 IP 营销中的应用

版权在 IP 营销上扮演着至关重要的角色,它为 IP 的保护、推广和商业化提供了法律依据和基础。下面将介绍版权在 IP 营销上的应用。

## 一、IP 保护

版权是保护作品原创性和独特性的法律工具,通过获得版权,IP 持有人可以确保其作品不会被他人未经授权地使用、复制或修改。在 IP 营销中,保护 IP 的版权可以防止他人侵权,维护 IP 的独特性和市场竞争力。

## 二、授权与合作

版权许可是 IP 营销中常见的合作方式。IP 持有人可以通过授权许可将自己的作品授权给他人进行二次创作、衍生开发或商业化利用。通过授权许可,IP 持有人可以扩大作品的影响力和传播范围,实现与其他企业或品牌的合作,提升 IP 的商业价值。目前很流行的一种商业销售方式就是产品品牌与 IP 合作。在授权行业中,不同版权方、不同体量级的 IP 的授权流程都是不尽相同的,但是通常来说,都会包含如下的流程体系:

版权方和被授权方约定授权意向(授权金、授权范围、授权时间等)→双方签署授权协议→
商家缴纳保底授权金→版权方给予 IP 素材图库→商家拿到素材后设计小样→商家提交版权方
审核→版权方审核通过→授权商品/应用可以进行商业运用和流通。

### 三、衍生品开发

IP 的版权许可还为开发衍生品提供了基础。衍生品是指基于原始 IP 作品进行二次创作、
改编或开发的新产品,如衍生动画、游戏、周边产品等。通过获得版权许可,开发者可以合法地
利用 IP 进行衍生品开发,推动 IP 的多元化和跨界发展。

### 四、推广与市场营销

版权在 IP 营销中的应用还体现在推广和市场营销活动中。IP 持有人可以通过版权控制
作品的使用和传播,选择合适的渠道和平台进行推广,吸引目标受众的关注。同时,版权保护也
可以防止其他竞争对手恶意模仿或盗用 IP,维护 IP 的独特性和市场地位。

### 五、法律保障与维权

拥有版权的 IP 持有人可以依法享有特定的权益,如复制权、发行权、展览权等。一旦发生
侵权行为,IP 持有人可以通过法律手段维护自己的权益。版权的法律保障为 IP 持有人提供了
维权的工具和途径,保护其作品的合法权益。

在 IP 营销中,版权的应用需要 IP 持有人与相关合作方进行明确的许可协议,明确双方的
权益和责任。此外,还需要密切关注国家和地区的版权法律法规,及时了解和适应不同市场的
版权保护机制。

总之,版权在 IP 营销中发挥着重要的作用,它为 IP 的保护、推广和商业化提供了法律基础
和保障。通过合理的版权运作和合作,IP 持有人可以最大限度地发挥作品的商业价值和影响
力,实现长期的可持续发展。

# 第三节　常见 IP 版权使用风险与规避

### 一、如何界定抄袭与借鉴的边界

在 IP 创作和使用过程中,界定抄袭与借鉴的边界是非常重要的。抄袭是指未经授权擅自
使用他人的作品或创意,而借鉴则是指在保留原作品特点的前提下进行合理的参考和借用。下
面将详细介绍如何界定抄袭与借鉴的边界。

#### 1. 目的与程度

界定抄袭与借鉴的边界需要考虑使用作品的目的和程度。如果使用他人作品是为了致敬、
学习或借鉴创意,且在程度上没有过度依赖或复制他人的作品,可以认为是合理的借鉴。而如
果使用他人作品是为了直接复制、模仿或替代原作品,且在程度上过度依赖他人作品,就可能构

成抄袭。向照片、前辈、同行等汲取灵感,在艺术设计创作实践中相当普遍。但借鉴不是照搬和复制,而是在吸收原创的视觉表现与形象的基础上,加入自己丰富的想象和创造,重新去构建一个新的作品。很多人都觉得原创的设计,就应该是别人的元素一点都不能用,否则就是抄袭。但是实际上,很多元素的流行是全球范围内的,任何人都有权使用。比如自然风光、几何图案、色块与符号,不存在使用元素就是抄袭。

但有一点,图案的设计是相对比较好界定抄袭与否的。也就是说,在款式和版型上模仿借鉴是非常普遍的事情。但是图案就要万分小心,特别是肆意使用他人的商标(logo),很容易被判山寨抄袭(图2-3-1)。

图 2-3-1 "AIR JORDAN"品牌被侵权示例图

2021年最高人民法院对美国飞人乔丹品牌状告中国乔丹体育商标侵权案,做出了最终判罚,终审结果显示乔丹体育对美国飞人乔丹品牌存在侵权行为,即日起将被禁止使用"乔丹"名称,也不能再使用现有品牌logo,可以说双方这个长达8年的诉讼,也终于了有一个结果。

最高人民法院研究室副主任吴兆祥表示,该案判决对于完善技术类案件司法保护机制具有重要指导意义,引起了国内外的高度关注,部分欧洲法官通过网络观看了庭审过程并对判决予以高度评价,在国内外产生了良好反响,提升了中国司法的国际影响力。

**2. 创造性与原创性**

界定抄袭与借鉴的边界还需要考虑创造性和原创性。如果在借鉴他人作品的基础上进行二次创作、加入个人创意和独特元素,使其与原作品有明显区别,那么可以被视为独立创作而非抄袭。但如果直接复制、模仿他人作品的核心要素和特点,没有加入自己的创意,就容易被认定为抄袭行为。同理,著名玩具乐高,喜欢的人很多,但它的价格比较高,这就让低配版的"乐拼"钻了空子(图2-3-2)。

"乐拼"从名字到产品几乎都在1:1复制乐高,稍微遇见个不注意细节的买家可能到拼完都还以为自己买的是特价乐高。终于,还是等到了"乐拼恶意模仿乐高被判赔3000万人民币"的判决。不过要注意的是,乐拼被判输,理由是logo设计侵权,并不是玩具创意抄袭。

图 2-3-2 版权抄袭的案例图

### 3. 版权法保护范围

版权法对作品的保护范围是界定抄袭与借鉴的重要参考依据。如果使用的作品属于受版权法保护的范围内，那么未经授权的使用就可能构成侵权行为。在进行借鉴时，需要尊重原作品的版权，避免直接复制、公开展示或商业化利用他人的作品。

### 4. 建立个人风格

在进行创作和借鉴时，建立个人风格是避免抄袭的重要手段。借鉴应该是为了借鉴创意和灵感，而不是为了简单地模仿或复制他人的作品。通过注入个人的观点、风格和创意，使作品具有独特性和原创性，从而避免抄袭的嫌疑。从不懂到懂的过程，就是要不断研习经典作品，临摹是学习的一个过程。如毕加索的立体主义风格就是从塞尚晚期的作品发展而来，他积极地学习大师的经验，并将它发扬光大，创造出自己独特的立体主义风格。

在初学阶段，可以通过大量的临摹来提高自己的能力，平时作为设计练习也是可以大量的临摹的，这种学习方式是值得鼓励的。在设计中，有一些基础的结构设计、模式设计、布局设计等都是有规则可循的。相对于抄袭，借鉴本身是参考、学习已有的做法，并纳为己用。这里的"纳为己用"一定是伴随着设计师的思考。在大量体验、参考同类型其他产品，寻找灵感的同时，强化自身产品的特性，不要被其他产品的呈现形式所干扰、打乱。

如在工业设计中，借鉴更多关注于产品的模式、结构、布局等设计内容，而非色彩、比例等较为浅显的表面内容。在借鉴的过程中也经常能发现其他产品的不足之处，这时就是加入自己思考，进行创意的改进、创新的好机会。

### 5. 引用与来源标注

在借鉴他人作品时，及时准确地引用和标注作品的来源是重要的规避风险的措施。通过明确标注原作品的作者、作品名称和来源，可以表明借鉴的目的和来源，避免误解和侵权的指责。

在实际操作中，界定抄袭与借鉴的边界是一个复杂而主观的问题，因此需要根据具体情况进行综合考量。重要的是尊重他人的创作成果，遵守法律法规，通过创造性的思维和个人风格展现自己的作品。如果有疑问，可以咨询专业的法律人士或版权机构，以确保自己的创作活动符合法律和道德标准。

## 二、如何判断是否被侵权

判断是否被侵权是保护自身权益和维护合法权利的重要环节。以下是一些常用的判断侵权的方法和指导：

### 1. 对比原作与被指控作品

对比原作和被指控的作品，仔细比较两者的相似之处和差异之处。包括作品的整体结构、核心要素、表达方式、风格特点等方面的对比。如果发现被指控作品过于相似或存在大量雷同的部分，可能存在侵权的嫌疑。

### 2. 查阅相关法律法规

了解所在国家或地区的版权法律法规，包括著作权法、版权保护法等相关法规。通过研读法律条文,了解自己的权利和义务,以及侵权的定义和处罚措施。

### 3. 咨询专业律师或版权机构

如果对侵权问题有疑问或需要法律意见,建议咨询专业的律师或版权机构。他们可以根据具体情况提供专业的法律建议和意见,帮助判断是否存在侵权行为,并提供相应的维权措施。

### 4. 搜集证据

搜集有关作品的证据,包括原始创作的时间、地点、创作过程的记录等。还可以收集与侵权相关的证据,如侵权作品的发布时间、侵权方的联系方式等。这些证据有助于建立起自己的权益维护案例。

### 5. 发起合理维权

如果判断确实存在侵权行为,可以选择发起合理的维权行动。这包括向侵权方提出侵权通知、要求删除侵权作品或停止侵权行为,申请司法救济等。在进行维权行动时,建议与专业律师合作,确保合法权益得到有效保护。

总之,判断是否被侵权需要综合考虑作品的相似性、法律法规、专业意见以及相关证据等因素。保持对知识产权的敏感性,及时发现和应对侵权行为,是维护个人权益和创作环境的重要举措。

## 三、如何选择合适的 IP

选择合适的 IP,避免 IP 的坑是在 IP 营销和版权使用过程中非常重要的一环,以下是一些方法和建议:

### 1. 确保版权合法性

在使用 IP 前,务必确保拥有合法的版权使用授权。购买授权或与版权方签署合作协议,确保在合法授权范围内使用 IP。避免使用未经授权的 IP,以免侵犯他人版权。

### 2. 了解 IP 的背景

在使用 IP 之前,了解 IP 的背景和知名度。了解 IP 的历史、知名度、受众群体等信息,以便更好地针对目标受众进行营销和推广。

### 3. 分析市场需求

在选择 IP 时,要对市场需求进行充分的分析和研究。了解目标受众的喜好和需求,选择与市场需求相匹配的 IP。这样可以提高 IP 的接受度和吸引力。

### 4. 注重 IP 保护

在使用 IP 时,要注重 IP 的保护工作。采取措施保护 IP 的独特性和独特价值,避免他人恶意侵权或盗用 IP。可以通过注册商标、版权保护等方式加强 IP 的法律保护。

### 5. 深入了解 IP 的授权条款

在与 IP 版权方签署合作协议之前,仔细阅读并理解授权条款。确保清楚授权的范围、期限、地域等重要信息,避免在授权过程中出现纠纷和误解。

**6. 避免滥用 IP**

在使用 IP 时,避免滥用 IP 的情况发生。不要过度使用 IP,避免让受众产生审美疲劳或对 IP 产生反感。要根据实际需求和情况合理运用 IP,保持新鲜感和创新性。

**7. 了解法律法规**

要了解所在国家或地区的版权法律法规,遵守相关法规的规定。确保在 IP 的使用过程中不会违反法律法规,避免法律风险和纠纷的发生。

**8. 预防侵权**

积极采取预防措施,防止他人侵权和盗用 IP。可以加强 IP 的宣传和保护,提高市场知名度和认知度。同时,密切关注市场动态,及时发现和应对侵权行为。

总结起来,避免 IP 的坑需要在 IP 选择、版权合法性、市场需求分析、IP 保护和法律遵守等方面进行全面考虑和实践。通过合法合规的方式使用 IP,并采取预防和保护措施,可以更好地避免 IP 的坑,并实现 IP 营销的目标和效果。

## 四、新媒体运营如何避免侵权

在新媒体运营中,避免侵权是非常重要的,以下是一些方法和建议:

**1. 版权意识教育**

对于从事新媒体运营的团队成员,进行版权意识教育是必要的。加强对版权的认知,了解版权法律法规,知道如何在运营过程中遵守版权法律,避免侵犯他人的版权。

**2. 使用合法资源**

确保在新媒体内容创作和发布过程中,使用的素材和资源是合法的。如果使用他人的作品,要确保获得了合法的授权或许可。可以使用版权免费的素材库、购买正版授权或与版权方签署合作协议,以确保合法性(图 2-3-3)。

图 2-3-3　免费版权的素材库示例图

### 3. 创作原创内容

现在做自媒体原创变得越来越难,很多人为了流量随意批量采集他人的文章内容,很容易构成侵权风险,如果是借鉴的别人的文章,最好在文章末尾备注:"文章内容如有侵权,请联系我删除之类"的话。在新媒体运营中,尽量以原创内容为主。原创内容不仅能够避免侵权问题,还能提升品牌形象和知名度。注重创作独特的、有价值的内容,以吸引受众和建立忠实粉丝群体。创作者可以通过可信时间戳确权或者版权局登记的形式来为自己的原创作品进行版权保护,及时确权,面对侵权行为就可以果断出击。

### 4. 引用和转载合理使用

在使用他人的作品时,要遵循合理使用的原则。合理引用和转载他人作品时,要标注出处、注明作者,并遵守引用的合理范围和方式。避免未经授权的全文转载或修改他人作品。使用有明确作者的图文,如知乎"大佬们"的图文时,可以先私信获取授权,或者有的作者在文章中就会注明是否可转载,切记转载或大段摘用时要注明来源及原作者。如果意识到自己侵权了,需即时删除侵权内容,避免进一步的版权问题,如果不知道自己的文章或图片是否侵权,可以使用维权骑士的版权检测工具进行规避。

### 5. 定期检查与更新

定期检查已发布的内容,确保没有侵权问题。如果发现侵权问题,及时采取措施进行处理,如删除涉嫌侵权的内容,向版权方道歉并赔偿。同时,保持对版权法律法规的关注,及时更新和调整运营策略。

### 6. 与版权方建立合作关系

如果在新媒体运营中需要使用大量的版权内容,可以与版权方建立合作关系。与版权方签署合作协议,购买正版授权,确保合法使用版权内容,并获得更多的支持和资源。

### 7. 遵守法律法规

了解所在国家或地区的版权法律法规,严格遵守相关法律的规定。避免在新媒体运营中违反法律法规,如未经授权使用他人作品、传播盗版内容等行为,以免面临法律风险和纠纷。

总的来说,避免侵权需要加强版权意识教育、使用合法资源、创作原创内容、合理使用引用和转载、定期检查与更新、与版权方合作、遵守法律法规等多方面的努力。只有在遵守版权法律法规的前提下,才能进行合法、有创意和有影响力的新媒体运营。

## 五、新媒体运营中的注意事项

在新媒体运营中,要注意不随意改和不随便发的原则,这是为了确保内容的质量和有效性,以及维护品牌形象和用户信任。以下是一些相关的注意事项和建议:

### 1. 策略性改动

在进行内容修改时,要有明确的策略和目的。不仅要考虑自身的需求和目标,还要根据受众的反馈和市场变化来进行调整。改动的目的应该是为了提升内容的质量、吸引更多的受众,而不是随意修改或跟风。

### 2. 精心制作

在发布内容之前,要进行精心的制作和准备。确保内容的质量和可靠性,包括文字的准确性、图片的清晰度、视频的流畅性等。精心制作的内容能够吸引用户的注意力,增加用户的参与和互动。

### 3. 内容审核

在发布内容之前,要进行严格的内容审核。确保内容符合法律法规,不侵犯他人的权益,不含有违禁内容。内容审核是保证内容质量和合规性的重要环节,可以避免发布不合适或有害的内容。

### 4. 用户反馈

关注用户的反馈和意见,及时进行回应和调整。用户的反馈是改进和优化内容的重要依据,可以帮助发现问题和改善不足之处。要善于倾听用户的声音,根据用户的需求和偏好进行调整和改进。

### 5. 稳定发布

保持内容发布的稳定性和连贯性。不要频繁地发布大量内容,以免用户感到审美疲劳。要有合理的发布频率和时间安排,确保内容的质量和吸引力,以及给用户足够的时间去消化和回应。

### 6. 考虑品牌形象

发布的内容要符合品牌形象和核心价值观。要注意内容的风格、语言和表达方式,与品牌形象保持一致。不随意发布与品牌无关或不符合品牌定位的内容,以免混淆用户对品牌的认知。

### 7. 数据分析和反馈

定期进行数据分析,了解用户的喜好和反应。根据数据分析的结果,调整和优化内容,提升用户的参与度和满意度。数据分析是改进内容的重要依据,可以帮助了解受众的需求和喜好,提供更有价值的内容。

总的来说,不随意改和不随便发是新媒体运营中的重要原则,要在发布内容之前进行策划和准备,保持稳定的发布节奏,关注用户的反馈和需求,注重内容质量和合规性,维护品牌形象和用户信任。这样才能建立良好的新媒体运营机制,提供有价值和有影响力的内容。

## 六、在创作时避免特定元素

在新媒体创作中,为了避免侵权和传播不当的信息,需要注意避免使用特定元素,包括以下几个方面:

### 1. 版权保护

避免使用未经授权的素材,如他人的图片、音频、视频等。确保使用的素材具有合法的版权授权,或者使用自己拥有版权的原创素材。避免使用受保护的商标和标志,以免侵犯商标权。在创作中应尽量避免使用其他品牌的商标和标志,以免引起混淆或误导用户。

### 2. 敏感内容和隐私内容

避免使用敏感或争议性的内容,包括政治、宗教、种族、性别等敏感话题。这些话题容易引起争议和误解,影响品牌形象和用户体验。避免在创作中涉及他人的隐私信息,包括个人身份、联系方式等。尊重他人的隐私权,避免引发纠纷和法律风险。

### 3. 违法内容和不当广告

创作时应避免使用违法、不道德或不合规的内容,包括暴力、色情、诽谤等内容。确保创作内容符合法律法规,不违反社会公序良俗。避免在创作中做出误导性或欺骗性的广告宣传。确保广告内容真实准确,遵守广告法规和行业规范。

### 4. 特定人物

避免在创作中涉及特定的人物,特别是未经授权的名人、公众人物等。在使用他人形象或引用他人言论时,应注意版权和肖像权等相关法律规定。

在创作时避免特定元素需要保持敏感性和法律意识,尊重他人的权益和隐私,遵循相关法律法规和行业规范。通过合法、合规的创作,才能建立可靠和可持续的新媒体形象,并为受众提供有价值的内容。

## 七、关于肖像权

在创作过程中,特别是涉及使用他人肖像的情况下,维护肖像权是非常重要的。下面将介绍一些关于"一一"对应维护肖像权的方法和注意事项。

### 1. 了解肖像权

首先,创作者需要了解肖像权的基本概念和法律规定。《民法典》第 1018 条规定,自然人享有肖像权,有权依法制作、使用、公开或者许可他人使用自己的肖像。肖像是通过影像、雕塑、绘画等方式在一定载体上所反映的特定自然人可以被识别的外部形象。据此,肖像并不局限于面部容貌,体貌、背影、漫画乃至局部特写,即呈现出来的外部形象与特定自然人之间能够建立对应联系,具有"可识别性",在符合条件时也可获得肖像权的保护。肖像权是指个人对自己的肖像享有的法律权利,包括使用、发布、授权等。在创作中,如果涉及他人的肖像,需要获得相关人士的授权或遵守法律规定。

### 2. 获得明确授权

如果要在创作中使用他人的肖像,应事先获得相关人士的明确授权。这可以是书面的授权协议、签署的使用合同或口头的同意。确保获得合法、有效的授权文件,以免侵犯他人的肖像权。

### 3. 尊重隐私权

创作者应尊重被拍摄人的隐私权,避免在创作中披露他人的私密信息或不当行为。如果拍摄的内容涉及隐私,应事先取得相关人士的同意,并尽量避免对其隐私造成不适或困扰。

### 4. 善用模特释权

对于模特或演员的肖像,可以与其签订释权协议。释权协议规定了模特或演员对肖像使用的授权范围和条件,可以保护创作者的合法权益,并避免肖像权纠纷的发生。

### 5. 注意使用场景

创作者应当注意肖像的使用场景和目的。有些场合或用途可能需要更加严格的肖像授权，如商业广告、商标、商品包装等。在这些情况下，应当遵守相关的法律法规和规定，确保肖像权的合法使用。

### 6. 尊重署名权

肖像权与署名权是相关的。在使用他人肖像时，应尊重被拍摄人的署名权，保留或标明其姓名或身份信息，以避免误导或侵犯其署名权。

### 7. 及时删除或修改

如果收到他人关于肖像权的投诉或索赔，创作者应及时采取措施，如删除或修改涉及他人肖像的内容，以避免法律纠纷的发生。

维护肖像权是创作者应尽的责任和义务，遵守相关法律法规和道德规范，保护他人的权益和隐私。通过合法、合规的使用肖像，创作者可以建立可信度和良好的形象，为观众提供有价值的创作内容。

# 第四节  IP版权保护注意事项

## 一、明确版权的归属方式

### 1. 归属方式的分类

在保护IP版权时，首先要明确版权的归属方式。版权的归属方式可以根据具体情况分为以下几种情况：

（1）个人版权。独立创作者的版权归属于你个人。在这种情况下，可以享有作品的署名权、修改权、复制权、发行权等。

（2）公司版权。在公司或组织内创作的，根据公司的规定，版权可能归属于公司。在这种情况下，公司拥有作品的版权，并可以对其进行管理和授权。

（3）合作版权。与他人或团队合作创作的，版权归属可以通过合同或协议明确规定。在这种情况下，合作方可能共享作品的版权或按照约定分配各自的权益。

明确版权的归属方式非常重要，它决定了创作者对作品的权利和责任，以及在侵权纠纷中的维权能力。在创作过程中，应当及时明确版权归属的方式，并在需要时与相关方达成协议或签署合同，确保权益得到有效保护。

### 2. 注意事项

（1）登记版权。在创作完成后，可以考虑登记版权。版权登记是一种有力的证据，可以在侵权纠纷中提供法律保护。根据国家的版权登记规定，可以选择在线或实体方式进行版权登记。

（2）妥善保管作品。创作完成后，应妥善保管作品的原始文件或证据，如文字稿、草图、摄影底片等。这些原始材料可以作为证据，证明创作者或拥有者的身份。

（3）使用水印或版权声明。在发布作品时，可以考虑添加水印或版权声明。水印可以包括作者的姓名、网址或其他标识，以提醒他人尊重版权。版权声明可以明确表明作品的版权归属和禁止未经授权的使用。

（4）寻求法律援助。如果发现他人侵犯了你的版权，可以寻求法律援助。与律师合作，了解相关的法律规定和维权途径，以维护自己的权益。

总之，明确版权的归属方式是保护 IP 版权的基础，同时，采取相应的措施和预防措施，可以更有效地保护作品的版权，确保自己的权益得到合法的维护和保护。

## 二、加强作品独创性

加强作品的独创性对于 IP 版权保护至关重要。以下一些方法可以帮助加强作品的独创性：

### 1. 创新思维

在创作过程中，积极发展创新思维。寻找新颖的创意和独特的视角，避免陈旧的、常见的创作方式和主题。思考如何给作品注入个人的风格和独特性。作为一项智力成果，著作权法所保护的作品需体现作者一定程度的智力创造性，能反映作者独特的审美表达、艺术设计和创作选择。例如，对于美术作品，其独创性通常表现在线条、色彩的运用；对于音乐作品，独创性则在于其音符的组合、音阶的排列和节奏的编排。

### 2. 深入研究

在开始创作之前，进行深入的研究和调查。了解相关领域的现有作品和趋势，以避免重复或模仿他人的作品。通过了解市场和受众需求，找到创作的空白点，以更好地展示作品的独特性。

### 3. 创作过程记录

在创作过程中，及时记录创意、灵感和关键步骤。这可以作为作品独创性的证据，并在需要时提供给相关机构或法律机构。记录可以包括文字描述、草图、实验数据等。

### 4. 跨界融合

尝试将不同领域的元素融合到作品中。通过跨界融合，可以创造出独特的作品，并展示出与众不同的创意。例如，将传统文化与现代科技相结合，或将不同艺术形式进行融合。

### 5. 建立个人风格

在创作过程中，逐渐建立起个人的风格和特色。通过展现自己的独特视觉风格、写作风格或创作风格，可以让作品与众不同，并增强其独创性。

### 6. 反思和修正

在完成作品后，进行反思和修正。回顾作品的创意、表现方式和表达方式，寻找可能存在的问题和不足之处。不断进行修正和改进，使作品更加独特和创新。

### 7. 注重细节和品质

注重作品的细节和品质。精心雕琢每个细节，确保作品的质量和完整性。这有助于提升作品的独创性，并赢得观众和用户的认可。

**8. 法律保护**

在创作完成后,及时采取法律手段保护作品的独创性。根据国家的版权法律,可以申请版权登记、使用版权声明、寻求法律援助等方式来保护作品的版权。

总之,加强作品的独创性是保护 IP 版权的重要手段。通过创新思维、深入研究、跨界融合等方法,可以打造出独特而具有吸引力的作品,确保其在市场竞争中的地位和价值。

### 三、证据留存

证据留存是在 IP 版权保护过程中非常重要的一环,它能够为作品的独创性和权益提供有效的证明和支持。以下是一些常见的证据留存方法和注意事项:

**1. 时间戳记录**

在创作作品的过程中,尽可能多地记录时间戳。可以通过电子设备、摄影机、手机等设备的时间记录功能来实现。时间戳可以作为证据,证明作品的创作时间和先后顺序。

**2. 著作权登记**

根据国家的版权法律规定,可以申请著作权登记来证明作品的创作权属。著作权登记是一种权威的证据,能够有效地保护作品的版权权益。

**3. 创作过程记录**

在创作过程中,及时记录创作的思路、灵感、草稿和实验数据等。这些记录可以作为证据,证明作品的独创性和创作过程。

**4. 见证人证明**

在创作过程中,可以邀请一些见证人对创作过程进行证明。见证人可以是同行业的专业人士、亲友或相关机构的代表。他们的证明可以作为证据,证明作品的创作过程和独创性。

**5. 创作日志或笔记**

在创作过程中,可以详细记录创作的每个阶段、想法和决策等。这些创作日志或笔记可以作为证据,证明作品的独创性和创作思路。

**6. 合同和协议文件**

如果作品是在合作关系中创作的,确保与合作伙伴签订相关的合同或协议文件,并妥善保管。这些文件可以作为证据,证明作品的创作过程和权益归属。

**7. 网络存证**

将作品上传至互联网平台时,尽可能选择具有存证功能的平台,如一些知名的版权保护平台。这些平台会对作品进行时间戳记录和存证,提供有效的证据保护。

**8. 定期备份和存档**

定期对作品进行备份和存档,确保作品的完整性和原始性。备份和存档可以采用多种方式,如云存储、外部存储设备等。

需要注意的是,以上的证据留存方法仅供参考,具体的证据留存方式应根据国家的法律法规、版权保护机构的要求以及个人的实际情况进行选择和实施。

#### 四、版权登记

版权登记是指将作品的权益信息进行官方登记,以便于对作品的权益进行维护和保护的一项制度。以下是关于版权登记的一些重要内容和相关说明:

**1. 登记对象和登记机构**

版权登记适用于各种表现形式的原创作品,包括文学作品、音乐作品、美术作品、摄影作品、电影作品、软件作品等。不同国家或地区的版权登记机构可能会有所不同。一般情况下,版权登记可以在国家版权局、著作权登记机构或相关的版权保护机构进行办理。

**2. 登记程序和登记证书**

版权登记的具体程序会因国家和地区而有所不同,但一般包括填写申请表格、提交作品样本、支付登记费用等步骤。在登记过程中,通常需要提供作品的描述、创作时间、作者信息等相关材料。一旦版权登记成功,登记机构会颁发登记证书,作为对作品版权的官方确认和证明。登记证书是有效的法律文件,可以作为在侵权纠纷中维护权益的有力证据。

**3. 登记效力和登记费用**

版权登记并不是作品获得版权的唯一方式,但它可以为作品的权益提供更有力的法律保护。在版权纠纷中,拥有版权登记证书的权利人可以更容易地主张自己的权益。版权登记通常需要缴纳一定的登记费用,费用的多少会因国家和地区的不同而有所差异。登记费用的用途包括办理登记手续、处理相关文件和证书等。

**4. 时效性**

版权登记的时效性因国家和地区而有所不同,一般在作品创作完成后的一定时期内进行登记。及时进行版权登记可以有效地保护作品的权益,并提供更有力的法律支持。

**5. 按规登记**

在进行版权登记之前,仔细了解所在国家或地区的法律法规和登记机构的要求,确保按照正确的程序进行登记,以获得更好的版权保护。

需要注意的是,版权登记并不是在所有国家和地区都是必需的,有些国家将版权保护视为自动生效的,即作品在创作完成时即享有版权。然而,进行版权登记仍然是一种有效的方式,可以增加作品权益的证据力和维权的便利性。

#### 五、合同的法律规定

合同在版权保护中起着重要的作用,它是确保各方权益得到合理保护和落实的法律工具。以下是关于合同的法律规定的一些重要内容:

**1. 合同的定义**

合同是指当事人之间自愿订立的、具有法律约束力的协议。在版权保护中,涉及版权的合同通常是指著作权合同、授权合同、许可合同等。

**2. 合同要素**

合同一般包括合同主体、合同内容和合同目的三个要素。在版权合同中,合同主体通常是权利人和许可人、受让人等;合同内容包括双方的权益约定、使用范围、使用期限、报酬等;合同目的是明确双方的权利义务关系和达成的目标。

### 3. 合同的签订和生效

合同的签订一般需要双方自愿达成协议,并表达双方真实的意思表示。在版权保护中,合同的签订可以通过书面形式或电子形式进行。合同的生效通常要满足法定条件,如合同的合法性、合同条款的明确性等。

### 4. 合同的约束力

合同具有法律约束力,各方应按照合同约定履行自己的权利和义务。一旦合同生效,各方必须遵守合同约定,并承担相应的责任和义务。合同的违约行为可能会导致法律纠纷和损害赔偿责任。

### 5. 合同的解除和变更

合同的解除是指双方协商一致或依法解除合同关系。合同的变更通常需要经过双方协商一致,并在符合法律规定的情况下进行。合同解除和变更可能会涉及一定的程序和条件,应按照相关法律规定进行操作。

### 6. 合同的争议解决

如发生合同纠纷,各方可以通过协商、调解、仲裁或诉讼等方式解决争议。在版权保护中,争议解决的方式可能会受到合同中的争议解决条款的约束,双方应按照合同约定的方式解决争议。

在版权保护中,合同的重要性不可忽视。通过合同,权利人可以明确授权、许可或转让自己的版权,而许可人、受让人等则可以获得合法使用版权的权益。因此,双方在签订版权合同时应明确权益关系、约定合同条款、保护自己的权益,并在合同履行过程中遵守合同约定,以确保版权得到有效保护和合理利用。同时,当发生版权纠纷时,可以依靠合同约定进行争议解决,维护自己的合法权益。

# 第四章　IP营销方法

## 第一节　加强品牌建设,持续深度开发

**一、品牌化运作**

品牌化运作是一种有效的IP营销方法,它旨在通过建立和推广品牌形象,增强消费者对IP的认知度、信任度和忠诚度,进而推动IP的商业价值和市场影响力的提升。以下是关于品牌化运作的一些重要内容:

**1. 品牌定位**

品牌定位是指明确IP在目标市场中的定位和竞争优势,通过独特的品牌理念和价值主张来区分自身于竞争对手。IP的品牌定位应与其核心内容、受众需求和市场趋势相匹配,使消费者能够准确地理解和识别IP的特点和价值。品牌在做IP定位时,一般是指这个IP和品牌以及用户的情感共鸣点。如猪八戒和"懒";机器猫和"万能的口袋";凯蒂猫和"天生萌"等,这些即为映射的画面。

这些映射画面都有情感的共鸣点。当然情感也分很多层面,有浅到深,分别为情绪、情感和情结(潜意识)。IP的定位是有浅到深的打,先出画像模型,根据画像从故事,符号,角色进行深入,能量越大,持续的就会越久。

**2. 品牌形象塑造**

品牌形象是消费者对IP的整体印象和感知,它包括品牌名称、标识、视觉设计、口号、声音等多个方面。通过精心设计和策划这些元素,可以塑造出独特、鲜明且令人记忆深刻的品牌形象,使消费者能够与IP产生情感共鸣,并建立起长期的品牌认知和联想。圣都食品是位于济南的一家卤味行业区域龙头企业,2020年欧赛斯为圣都提供了品牌全案的服务,制定了"爪品类"突围大战略,并创作了"爪掌柜"品牌名,以爪品类带动整体品牌发展,从而让圣都在济南竞争激烈的卤味行业能够突围而出。

基于"爪掌柜"品牌名创作了一个IP形象,可以让消费者快速建立品牌联想与品牌识别,并将IP运用在各类物料和活动中,实现品牌和消费者的0距离互动,增强品牌力(图2-4-1)。圣都爪掌柜品牌IP创作过程:

爪掌柜:男性　　　　　　　　年龄:30岁(圣都成立三十年)

格调:传统基因现代气质　　　性格:亲切温和善良逗萌有趣

人设:憨厚的身材类似于小黄人的圆柱体的、圆墩墩的身体,自带可爱属性,
身穿洋派服装,留着伯爵风胡子,头顶掌柜帽,戴着眼镜证明爪掌柜具有一定的
知识和对食物的严选,一只手拿鸡爪表明主营爪类食物,腰胯辣椒代表着产品是
辣的风味,右手拿着算盘,代表掌柜人设。

图 2-4-1 "爪掌柜"IP 形象图

### 3. 品牌推广和宣传

品牌推广和宣传是增强消费者对 IP 品牌认知和认同的重要手段。可以通过多种渠道和媒介,如广告、公关活动、社交媒体、线上线下活动等,向目标受众传达 IP 的核心价值和特点,激发他们的兴趣和购买欲望。同时,积极参与行业展会、合作推广、明星代言等也是提升品牌曝光度和影响力的有效方式。

### 4. 品牌合作与授权

与其他品牌进行合作与授权是品牌化运作的重要策略之一。通过与有影响力、有共同目标的品牌合作,可以扩大 IP 的影响力和受众群体,实现资源共享和互利共赢。例如,与知名企业合作推出联名产品、与其他 IP 进行跨界合作等,都可以为 IP 带来更多的曝光和商业机会。椰树和瑞幸两大食品饮料品牌就在 2022 年上半年推出联名款产品"椰云拿铁"(图 2-4-2)。对于瑞幸来说,此番两大品牌进行 IP 联名强化了瑞幸爆款的心智占位,在茶饮品牌同质化日趋严重的情况下,通过 IP 联名进行营销使瑞幸突出营销重围,获得新的关注;同时借助此次联名,瑞幸积极进行活动预热,增加新品,并以官方身份与网友、合作方椰树进行互动,吸引新老粉丝不断加入,实现了客群升级。

### 5. 品牌保护和维护

品牌保护是品牌化运作的重要环节,它包括对品牌知识产权的保护、监测和维权。通过合

法注册商标、版权等知识产权,加强对侵权行为的监测和打击,有效维护自身品牌的合法权益。此外,建立健全的品牌管理体系,及时回应消费者的反馈和投诉,保持品牌形象的良好声誉也是品牌保护和维护的重要工作。

综上所述,品牌化运作是提升 IP 商业价值和市场影响力的重要手段。通过准确的品牌定位、独特的品牌形象、广泛的品牌推广和合作、严格的品牌保护与维护,可以有效地加强 IP 的品牌建设,赢得消费者的信任和忠诚,实现长期可持续的发展。

图 2-4-2　椰树和瑞幸联名宣传图

## 二、链条化运作

链条化运作是一种 IP 营销方法,通过构建完整的产业链条,将 IP 从内容创作、产品开发、营销推广到衍生品销售等各个环节进行有机衔接和协同运作,实现 IP 的全方位价值最大化。以下是关于链条化运作的一些重要内容:

### 1. 内容创作

链条化运作的第一环节是内容创作。IP 的核心在于独特的内容,因此需要有专业的创作者或创作团队进行创意和故事的开发,确保内容的质量和吸引力。内容创作要符合目标受众的需求和偏好,打造有吸引力和差异化的 IP 内容。在共享经济时代,随时随地的内容创作与价值分享,开启了"众创"内容的时代。内容要走向市场才能实现其最终价值。IP 内容的价值分享最直接的效果就是快速实现商业变现,获取有形的商业价值。不仅如此,构建内容"银行",对内容货币进行管理,才能确保商业变现的稳定性和持续性发展。

通过故事输出,营造情感和精神的共鸣,培养用户相互传播的主动链接意愿,从而构筑 IP 势能,依靠低成本甚至零成本连接能力,实现跨渠道全平台分发,形成现象级事件,其结果是高效率的商业变现和无形资产的积聚。

沉浸感是个体将精力全部投注在某种活动当中以至于无视外物的存在、甚至忘我的状态。一旦达到沉浸体验,用户就会表现出与内容保持关系的强烈意愿,对该 IP 的忠诚度也更强。

### 2. 产品开发

在内容创作的基础上,需要将 IP 转化为具体的产品形式,如影视作品、游戏、动漫、图书等。产品开发需要与内容创作密切合作,将 IP 的核心元素和故事情节融入到产品中,以提供与 IP 相关的高品质产品给消费者。同时,产品的开发也需要考虑 IP 衍生品的设计和开发,扩大 IP 的商业化价值。

**3. 营销推广**

在产品开发完成后,需要进行有效的营销推广,让更多的人了解和关注IP。可以通过线上线下的多种渠道进行宣传,如广告、社交媒体、品牌合作、官方活动等,提高IP的知名度和曝光度。同时,还可以利用明星代言、粉丝互动等方式加强与受众的互动和黏性。

**4. 衍生品销售**

链条化运作的一个重要环节是IP衍生品的销售。通过IP衍生品的设计、生产和销售,可以进一步扩大IP的商业化影响力和收益。衍生品可以包括周边产品、授权产品、虚拟商品等,满足不同消费者的需求,提高IP的商业价值。当下,IP化衍生品创意和形式层出不穷,其主要的作用是在品牌沟通中起到"点缀"和视觉记忆作用(图2-4-3)。如茶饮品牌的蜜雪冰城也把IP做成礼品、手提袋、充电宝等IP化衍生产品,起到了很好的品牌推广作用。

图2-4-3 IP品牌的衍生品示例图

**5. 跨界合作**

链条化运作还可以通过与其他领域的企业和品牌进行跨界合作,实现资源共享和互利共赢。与知名品牌合作推出联名产品、与其他IP进行跨界合作等,可以进一步提升IP的知名度和影响力,扩大IP的受众群体。

链条化运作将IP从单一的内容创作延伸到产品开发、营销推广和衍生品销售等多个环节,形成了一个完整的产业链条。通过有机衔接和协同运作,可以实现IP的全方位价值最大化,提高IP的商业化水平和市场竞争力。然而,链条化运作也需要考虑资源整合、协调管理等方面的挑战,需要有专业的团队和合作伙伴来共同推动IP的链条化发展。

**三、生态化运作**

生态化运作是一种IP营销方法,通过构建一个完整的IP生态系统,实现IP在不同领域、不同形态中的持续运作和发展。生态化运作强调IP与各种相关产业、领域的合作和互动,形成一个相互支持、相互促进的生态系统。以下是关于生态化运作的一些重要内容：

**1. 产业合作**

生态化运作的核心是与相关产业进行合作。IP 不仅仅是一个单独的产品或内容，还涉及多个产业和领域。通过与相关产业的合作，可以将 IP 延伸到更多的领域，实现产业间的资源共享和互利共赢。例如，电影 IP 可以与游戏、音乐、图书等产业进行合作，形成跨领域的 IP 生态系统。在消费领域，品牌与国潮大热 IP 的强强联合，更是迸发出无穷的活力。如故宫和美妆产品、颐和园和零食礼盒、三星堆和新款汽车等。甚至有人说，如果你愿意的话，从头到脚都能用上国潮 IP 联名款的产品（图 2-4-4）。

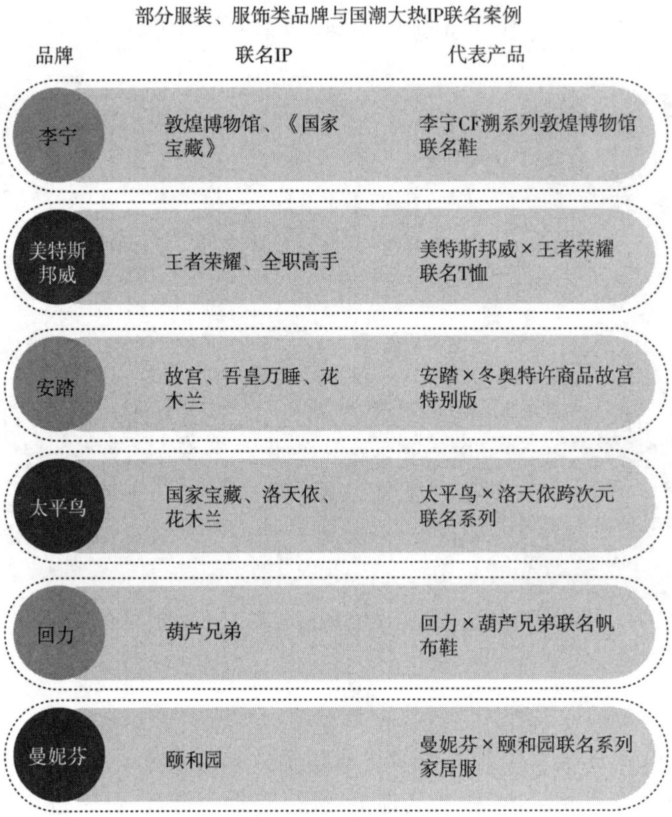

部分服装、服饰类品牌与国潮大热IP联名案例

| 品牌 | 联名IP | 代表产品 |
|---|---|---|
| 李宁 | 敦煌博物馆、《国家宝藏》 | 李宁CF溯系列敦煌博物馆联名鞋 |
| 美特斯邦威 | 王者荣耀、全职高手 | 美特斯邦威×王者荣耀联名T恤 |
| 安踏 | 故宫、吾皇万睡、花木兰 | 安踏×冬奥特许商品故宫特别版 |
| 太平鸟 | 国家宝藏、洛天依、花木兰 | 太平鸟×洛天依跨次元联名系列 |
| 回力 | 葫芦兄弟 | 回力×葫芦兄弟联名帆布鞋 |
| 曼妮芬 | 颐和园 | 曼妮芬×颐和园联名系列家居服 |

图 2-4-4　IP 的强强合作案例图

**2. 用户互动**

生态化运作注重与用户的互动和参与。IP 的受众不仅仅是被动地消费内容，还可以主动参与 IP 生态系统。可以通过开展用户互动活动、举办粉丝见面会、开设线上线下社区等方式，与用户建立更紧密的联系，提高用户的参与度和忠诚度。

**3. 多平台覆盖**

生态化运作要求 IP 在不同的平台上进行全方位的覆盖。随着移动互联网的发展，用户可以通过多种设备和平台来接触和消费 IP 内容。因此，生态化运作需要将 IP 内容推广到不同的平台,如社交媒体、视频平台、游戏平台等,以满足不同用户的需求,扩大 IP 的影响范围。

**4. 授权与衍生品开发**

生态化运作还包括 IP 的授权与衍生品开发。通过授权 IP 给其他企业或品牌,可以将 IP 延伸到更多的产品和领域中,扩大 IP 的商业化价值。同时,开发 IP 衍生品也是生态化运作的重要环节,可以通过衍生品销售来增加 IP 的收益和影响力。IP 交互衍生链大致可以分为以下 3 类业态:

(1)IP 工厂。也称网红孵化器。包括影视投放、红人培训、动漫设计、营销策划、公关推手等。其商业孵化能力与资源配套是核心竞争力,经纪收入以及版权、周边产品是其主要收入来源。

(2)IP 手艺人。多称网红,或称 KOL 意见领袖。主要的商业模式是代言、打赏供养、产品销售。其核心竞争力就是持续产生圈层内容的能力。

(3)IP 支持商。也称平台,或称卖水者,包括展示平台、信任电商、流量分发、周边产品支持等。

**5. 社群建设**

在生态化运作中,社群建设是非常重要的一环。通过建立一个活跃的 IP 社群,可以吸引更多的用户参与和关注 IP,形成用户间的互动和共享。社群可以通过线上线下的方式组织粉丝活动、交流会议等,增强用户的归属感和忠诚度。运营社群让用户相互链接,建立起一个同伴相互激发的氛围是非常有必要的。没有社群的运营,付费的用户很容易变成"一次性的影响力变现",很难维持自我的持续性运营。

未来个人自媒体+社群+标准化现金流产品是个人 IP 发展的标配模式,但是运营社群和打磨产品可能比做一个有一定影响力自媒体更难,这也说明做个人 IP 并非想象中的那么容易。

生态化运作强调 IP 在多个领域、平台和产业中的协同发展,通过合作、互动和衍生品开发等方式实现 IP 的价值最大化。在实施生态化运作时,需要充分考虑 IP 的定位、受众需求和市场环境,建立合适的合作伙伴关系,持续推动 IP 的生态系统的发展和壮大。

# 第二节　做好立体运营,形成网状联动

**一、多渠道传播**

多渠道传播是指在 IP 营销中,将内容通过多个不同的传播渠道进行推广和传播,以实现更广泛的覆盖和更高效的传播效果。以下是关于多渠道传播的一些重要内容:

**1. 社交媒体平台**

社交媒体平台是目前最主要的传播渠道之一,可以通过在微博、微信、抖音、快手等平台上发布 IP 相关的内容,与用户进行互动和传播。社交媒体平台具有庞大的用户基础和广泛的影响力,可以帮助 IP 扩大曝光并吸引更多的用户关注。

**2. 视频平台**

视频平台如 YouTube、B 站、抖音等也是非常重要的传播渠道。通过在这些平台上发布有吸引力的短视频、宣传片或剧集,可以吸引用户观看和分享,增加 IP 的知名度和曝光量。

**3. 自媒体渠道**

自媒体渠道是指通过个人或机构自主运营的媒体平台进行传播。通过建立自己的博客、公众号、小程序等自媒体渠道,可以直接与用户进行沟通和互动,发布 IP 相关的内容并吸引用户关注。

**4. 线下宣传活动**

线下宣传活动,如发布会、展览、演唱会等,可以增强 IP 的曝光度和用户互动。这些活动可以吸引媒体和粉丝的关注,为 IP 带来更多的曝光和口碑传播。

**5. 合作推广**

与其他品牌、企业或公众人物进行合作推广是一种常见的多渠道传播方式。通过与相关品牌合作,可以借助对方的资源和影响力,实现 IP 的共同推广和传播。

**6. 广告投放**

广告投放是一种有针对性的多渠道传播方式。通过在电视、广播、网络等媒体上投放 IP 相关的广告,可以将 IP 推荐给更多的目标受众,提高知名度和关注度。

在进行多渠道传播时,需要根据 IP 的特点和受众需求选择适合的传播渠道,并结合市场环境和营销策略进行整合推广。同时,需要注意各个渠道之间的协同作用,形成网状联动,使各个渠道之间互相支持和增强,实现整体传播效果的最大化。

## 二、整合营销

整合营销是指将不同的营销手段和渠道进行有机整合,以提升 IP 的传播效果和营销效益。通过整合营销,可以使各个营销手段和渠道之间相互协调、相互促进,形成整体的营销力量,增强品牌影响力和市场竞争力。以下是关于整合营销的一些重要内容:

**1. 统一的品牌形象和核心信息**

整合营销的前提是确立一个统一的品牌形象和核心信息,使所有的营销活动都围绕这一形象和信息展开。品牌形象包括品牌名称、标志、口号等,核心信息是品牌的核心价值和竞争优势。

**2. 多渠道的传播**

整合营销需要在多个传播渠道上进行宣传和推广,包括线上和线下的渠道。可以利用社交媒体、视频平台、自媒体、广告投放等渠道来传播 IP 的信息和故事,吸引目标受众的关注和参与。

**3. 协同营销**

整合营销强调不同营销手段和渠道之间的协同作用。各个营销手段和渠道之间要相互配合、相互支持,形成整体的营销力量。例如,在线下活动中结合社交媒体的互动,或者通过广告投放来引导用户到线上平台参与互动,实现线上线下的互通。

**4. 数据驱动的营销决策**

整合营销需要依靠数据进行决策和优化。通过数据分析,了解用户的喜好和行为,调整营销策略和渠道选择,提升营销效果。数据还可以帮助评估不同渠道和营销手段的效果,优化资源配置。

**5. 跨界合作**

整合营销可以通过与其他品牌、企业或公众人物进行合作,实现跨界推广。跨界合作可以借助对方的资源和影响力,扩大IP的曝光和传播范围,吸引更多的目标受众。

**6. 个性化营销**

整合营销也需要考虑到目标受众的个性化需求。通过了解目标受众的兴趣、偏好和行为特点,量身定制个性化的营销内容和推广活动,提高用户参与和互动的积极性。

综上所述,整合营销是一种综合运用各种营销手段和渠道,实现营销目标的策略。通过整合不同的营销资源和渠道,形成协同效应,提升品牌知名度、吸引目标受众,从而推动IP的市场发展和持续增长。

### 三、资本运营

资本运营在IP营销中扮演着重要的角色,其涉及资金的筹集、投资、管理和退出等环节,旨在为IP打造持续的商业模式和价值链。以下是关于资本运营在IP营销中的一些重要内容:

**1. 资金筹集**

IP营销需要一定的资金支持,用于开展市场推广、产品研发、创意创作等活动。资本运营涉及寻找投资者、进行融资谈判、制订资金使用计划等工作,确保IP能够获得足够的资金支持。

**2. 投资决策**

资本运营需要进行投资决策,选择合适的项目进行投资。对于IP来说,投资决策可能涉及IP的开发、改编、推广等方面。在进行投资决策时,需要考虑IP的市场潜力、竞争情况、盈利模式等因素。

**3. 资金管理**

资本运营需要进行有效的资金管理,确保资金的合理利用和风险控制。这包括制定预算、进行资金监控、管理资金流动等工作。通过有效的资金管理,可以最大限度地提高资金的使用效率,降低风险。

**4. 商业模式设计**

资本运营需要帮助IP设计和优化商业模式,以实现持续的商业价值。商业模式设计涉及IP的产品定位、盈利模式、市场定位等方面,需要充分考虑IP的特点和目标受众的需求,确保商业模式的可持续性和竞争力。

**5. 品牌价值提升**

资本运营可以通过投资和资源整合,帮助IP提升品牌价值。这包括通过品牌推广、市场营销、合作伙伴关系等方式,增加IP的曝光度和影响力,提升品牌的知名度和美誉度。

**6. 退出机制**

资本运营也需要考虑退出机制,即在适当的时机将投资变现。对于 IP 来说,退出机制可以通过 IP 的转让、上市、并购等方式实现。合理的退出机制可以为投资者提供回报,同时也为 IP 的发展提供更多的资源和机会。

综上所述,资本运营在 IP 营销中具有重要的作用。它不仅可以为 IP 提供资金支持,还可以帮助 IP 设计商业模式、提升品牌价值,并为投资者带来回报。在进行资本运营时,需要综合考虑 IP 的特点、市场环境和投资者的需求,制定合理的策略和计划,以实现 IP 的持续发展和商业成功。

# 第五章 IP 的变现模式和未来发展

## 第一节 IP 变现模式

### 一、横向发展，开发相关产品

IP 的变现模式之一是通过横向发展，开发相关产品。当一个 IP 取得了一定的知名度和影响力后，可以进一步开发与该 IP 相关的产品，以实现持续的盈利。这种模式可以通过多种方式实施，以下是一些常见的方式：

图 2-5-1 IP 推出的周边商品图

#### 1. 周边产品

周边产品是指与 IP 相关的衍生品或附属产品，如 T 恤、玩偶、文具、饰品等。这些产品通常带有 IP 的 logo、形象或标志，可以满足粉丝的收藏和消费需求。周边产品的销售可以通过官方线上线下商店、授权品牌合作等渠道进行，从而实现 IP 的商业价值。例如，《战狼Ⅱ》选择了开发打样出货快的轻周边，2017 年在 7 月 27 日《战狼Ⅱ》正式上映时同步打造营销活动，持续两周推广，该衍生品周边成为当时的爆款（图 2-5-1）。

这种周边也意味着在电影上映前期就要做好衍生品的规划、打样和出货，根据不同衍生品开发的周期，一般需提前 60 天，有些甚至提前半年就要开始运作。

#### 2. 影视作品

如果一个 IP 拥有较丰富的故事情节和世界观，可以考虑将其改编为影视作品，如电影、电视剧、动画片等。通过将 IP 搬上大银幕或小屏幕，可以进一步扩大 IP 的影响力和知名度，吸引更多的观众和粉丝。同时，影视作品也可以通过票房、广告收入、衍生品销售等方式带来盈利。以形象 IP 为例，"一禅小和尚"通过漫画动画短视频的几方联动，俘获粉丝 4500 万，月吸粉量高达 150 万，它的变现方式是通过与芒果、爱奇艺、腾讯等视频平台合作，2016 年推出的《一禅小和尚》动画片。

图 2-5-2　IP 形象转为影视作品案例图

## 3. 游戏开发

　　游戏是一个充满商机的领域,很多知名的 IP 都被成功地开发为游戏。通过将 IP 与游戏相结合,可以为粉丝提供更加互动和沉浸式的体验。游戏的盈利主要来自于游戏销售、道具购买、广告植入、线上竞技等方面,而且还可以通过游戏授权、特别版推出等方式进一步扩展盈利渠道。

　　《秦时明月》动画是早期的国漫代表作之一,在"二次元"领域有着一批忠实粉丝,视频网站累积播放量超 25 亿,已改编成数款页游和三款手游,也是 IP 全版权运营的一大代表。2014 年,由骏梦网络研发、触控科技发行的《秦时明月》手游上线,在 IOS 榜上最高排名为免费榜第 3,畅销榜第 11。据官方透露,《秦时明月》曾连续 8 个月月流水破 3000 万,是目前发行最为成功的产品之一(图 2-5-3)。

图 2-5-3　知名 IP 被开发为游戏案例图

#### 4. 线下体验

为了进一步与粉丝互动和沉浸式体验,IP可以打造线下体验场景,如主题展览、主题乐园、演唱会等。通过提供与IP相关的线下活动和体验,可以吸引更多的粉丝参与,提高粉丝的黏性和忠诚度。线下体验可以通过门票销售、周边商品销售、赞助合作等方式实现盈利。

#### 5. 数字内容付费

随着数字媒体的发展,越来越多的用户愿意为优质的数字内容付费。IP可以通过制作独家的音乐、视频、漫画、小说等数字内容,建立付费订阅或购买模式。通过提供独特的内容和个性化的服务,可以吸引粉丝支付费用,从而实现IP的持续盈利。

总之,通过横向发展,开发相关产品是IP持续盈利的一种重要方式。通过深入了解IP的特点和粉丝需求,开发与IP相关的产品和服务,可以扩大IP的商业价值和影响力,实现持续的盈利。同时,还需要注意保护IP的知识产权,确保在变现过程中遵守相关法律法规,维护IP的合法权益。

### 二、纵向发展,做IP衍生品

纵向发展,做IP衍生品是一种常见的IP变现模式。当一个IP取得了一定的知名度和市场影响力后,可以考虑通过开发衍生品来进一步扩大IP的商业价值和盈利能力。这种模式主要通过将IP延伸到不同的产品领域和市场细分中,以满足粉丝的需求和消费欲望,从而实现持续的盈利。

#### (一)做IP衍生品的方式

以下是一些常见的纵向发展,做IP衍生品的方式:

#### 1. 图书出版

将IP的故事、角色、世界观等内容改编为图书出版物,如小说、漫画、绘本等。图书是一种传统而有效的衍生品形式,可以进一步丰富和扩展IP的内容,吸引读者和粉丝的关注。图书销售可以通过线上线下书店、电子书平台等渠道进行,同时还可以考虑与知名出版社合作,提升图书的推广和销售能力。近年来,喜马拉雅平台上不少优质音频IP反向出版成纸书,成果颇丰。就在最近,热门IP反向出版的《小亮老师的博物课》销量超90万册,《神探迈克狐》系列图书销量近8万套(图2-5-4)。喜马拉雅通过高质量数字原创精品文化服务用户,革新出版形式,正成为IP策源地。

图2-5-4 IP衍生品的图书出版案例图

#### 2. 视听娱乐产品

可以将IP进行改编和开发,制作成动

画、电影、电视剧、网络剧等视听娱乐产品。这些产品可以进一步展现 IP 的故事和形象,吸引更多的观众和粉丝。视听娱乐产品的盈利主要来自于票房、广告收入、版权销售等途径。

### 3. 周边商品

周边商品是指与 IP 相关的衍生品,如 T 恤、玩具、文具、饰品等。通过设计和制作与 IP 形象和故事相关的周边商品,可以满足粉丝的收藏和消费需求。周边商品的销售可以通过官方线上线下商店、授权品牌合作等渠道进行,从而实现 IP 的商业价值。

### 4. 游戏开发

将 IP 开发为游戏是另一种常见的衍生品形式。通过将 IP 的故事和角色融入游戏中,可以为粉丝提供更加互动和沉浸式的体验。游戏的盈利主要来自于游戏销售、道具购买、广告植入、线上竞技等方面,而且还可以通过游戏授权、特别版推出等方式进一步扩展盈利渠道。

### 5. 品牌合作

与其他品牌合作是一种拓展 IP 衍生品的有效方式。可以与知名品牌或设计师合作,共同开发与 IP 相关的时尚服饰、鞋帽配饰、家居用品等。这种合作可以结合不同品牌的优势,为粉丝提供独特且有限的 IP 衍生品,从而增加 IP 的曝光度和市场影响力。

### (二)做 IP 衍生品时的注意事项

在进行纵向发展,做 IP 衍生品时,需要注意以下几点:

(1)确保品质。衍生品的质量和设计要与 IP 保持一致,保持高品质和独特性,以吸引和满足粉丝的需求。

(2)建立官方渠道。建立官方的线上线下销售渠道,确保产品的正版授权和品质保证,避免假冒伪劣产品的出现。

(3)加强市场推广。通过市场推广和宣传活动,提升衍生品的知名度和曝光度,吸引更多的消费者和粉丝。

(4)管理好版权。在开发和销售衍生品时,要注意版权的保护,避免侵权行为的发生,保护 IP 的合法权益。

总之,纵向发展,做 IP 衍生品是实现 IP 持续盈利的重要途径之一。通过不断开发和推出与 IP 相关的产品,满足粉丝的需求,扩大 IP 的市场影响力和商业价值,可以实现长期的盈利和持续的发展。

## 三、定向开发,提供个性服务

定向开发,提供个性化服务是一种 IP 持续盈利的可能方式。在 IP 营销中,为粉丝提供个性化的服务和体验可以增加粉丝的忠诚度和参与度,进而促进 IP 的商业化和盈利能力。

### (一)常见的定向开发和个性化服务的方式

#### 1. 会员服务

建立会员制度,为粉丝提供独特的会员权益和特权,如独家内容、折扣优惠、线上线下活动参与等。通过会员服务,可以增加粉丝的参与感和归属感,促进粉丝的消费,提高忠诚度。例如腾讯体系内的许多平台都有独立的会员体系,以 QQ 会员为中心,打通会员体系,提供 QQ 会员+

其他会员的多种组合方案供用户选择。既可以增加用户选择的多样性,也可以实现用户在不同业务平台间的相互引流。

**2. 定制化产品**

根据粉丝的需求和喜好,开发定制化的产品和服务。例如,提供个性化定制的衣物、饰品、文具等,让粉丝能够拥有独一无二的 IP 相关产品。定制化产品可以增加产品的附加值,满足粉丝的个性化需求,从而提升盈利能力。

**3. 线下活动和体验**

举办粉丝见面会、演唱会、展览等线下活动,为粉丝提供与 IP 互动和接触的机会。同时,可以设计独特的体验活动,如主题展览、沉浸式剧场等,让粉丝能够全方位地体验和感受 IP 所带来的乐趣和情感。

迪士尼开始进行从沉浸到 VR 体验的尝试(图 2-5-5),对于沉浸式体验的探索,风靡全球的迪士尼向世界展示了他们的坚定与决心。优质 IP 吸引忠实粉丝并带来持续流量,也为互动营销提供了强大的基础。迪士尼乐园将故事场景打造成实景,充分利用自身的 IP 优势带给全球消费者独特的旅游体验。游客在视觉、味觉、触觉等多感官上都沉浸在故事场景中,仿佛自己成为故事中的角色。

图 2-5-5  迪士尼的 VR 体验场景示例图

**4. 个性化数字产品**

开发个性化的数字产品,如个人头像、表情包、游戏道具等,让粉丝能够在社交媒体和网络平台上展示自己的个性和喜好。这些个性化数字产品可以作为虚拟商品进行销售,增加 IP 的曝光度和粉丝的参与度。

**5. 定制化服务**

提供针对粉丝的定制化服务,如定制化的生日祝福、个人问答、专属咨询等(图 2-5-6)。通过与粉丝的互动和沟通,为粉丝提供个性化的服务和关怀,增强粉丝对 IP 的认同感和忠诚度。

图 2-5-6　IP 的定制化服务案例图

**(二)提供个性化服务时的注意事项**

(1)精准定位。了解粉丝的需求和喜好,进行精准的定位和分析,确保提供的个性化服务能够真正满足粉丝的期望。

(2)保护用户隐私。在提供个性化服务的过程中,要注重用户隐私的保护,合法收集和使用用户的个人信息,并遵守相关的法律法规。

(3)不断创新。定向开发和个性化服务需要不断创新,跟上粉丝需求和市场变化的步伐,提供新颖、独特的服务和体验。

通过定向开发和提供个性化服务,IP 可以更好地与粉丝互动和沟通,满足粉丝的个性化需求,增加 IP 的商业价值和盈利能力。同时,个性化服务也能够加强粉丝的忠诚度和口碑传播,为 IP 的持续盈利提供有力支持。

**四、持续创新,满足多样需求**

持续创新是 IP 持续盈利的关键要素之一。随着市场和用户需求的变化,IP 需要不断地进行创新,以满足多项需求,保持其竞争力和吸引力。以下是一些关于持续创新的方法和策略:

**1. 内容创新和技术创新**

IP 可以通过不断创作新的内容来吸引和留住用户,包括发布新的作品、推出新的系列、引入新的角色等。IP 可以借助创作者和团队的创意和想象力,持续推出新颖、独特的内容,以满足用户对新鲜感和刺激的需求。随着科技的不断进步,IP 可以借助新的技术手段来创新。例如,利用增强现实(AR)、虚拟现实(VR)等技术为用户带来全新的体验,提供与 IP 相关的互动游戏、移动应用等。通过技术创新,IP 可以提供更多元化、个性化的产品和服务。

**2. 品牌扩展和用户参与**

IP 可以考虑将品牌扩展到不同的领域和行业,以满足用户多样化的需求。例如,通过授权合作推出 IP 周边产品、合作款式、主题活动等,扩大 IP 的影响力和用户群体。品牌扩展可以为IP 带来更多的商业机会和盈利渠道。IP 可以积极与用户互动,鼓励用户参与到 IP 的创作和决策过程中。例如,举办创作比赛、征集用户意见、开展线上线下互动活动等,让用户感受到自己的参与和贡献。用户参与可以增强用户对 IP 的认同感和忠诚度,同时也能够得到用户的反馈和需求,为 IP 的持续创新提供灵感和方向。

**3. 合作与跨界**

IP 可以与其他品牌、机构、艺术家等进行合作与跨界创新。通过与不同领域的合作伙伴合作,IP 可以吸收各方的优势和资源,实现优势互补,为用户带来全新的体验和价值。跨界合作还可以扩大 IP 的影响力和曝光度,吸引更多的用户和粉丝。

天音互动推动的安慕希×贝克汉姆案例发生在 2020 年初(图 2-5-7),2020 年是欧洲杯、奥运会举办年。伊利在 2019 年就找到天音互动,希望在 2020 年借势体育营销,将新品安慕希推广进市场。天音互动提供了海量的体育 IP 给他们挑选,包括梅西、C 罗这样的当红球星,也包括 FIFA 游戏。天音互动对其产品和市场进行了调研分析,该酸奶新品定位为高端产品。C罗、梅西、贝克汉姆都是足球场上的超级明星,C 罗和梅西粉丝更多是年轻人,而贝克汉姆的粉丝则年龄会更大,消费能力也更强。在经过多维度专业数据测评匹配后,最终推荐贝克汉姆和安慕希达成联名合作。

图 2-5-7　知名 IP 的跨界合作案例图

持续创新是 IP 持续盈利的关键,它要求 IP 保持敏锐的市场洞察力和创意能力,不断探索和尝试新的方式和领域。只有不断创新,IP 才能在激烈的竞争中保持活力,获得用户的关注和支持,实现持续的商业成功。

**五、紧跟潮流,玩转借势营销**

紧跟潮流,玩转借势营销是 IP 持续盈利的重要策略之一。潮流和时事的快速变化给 IP 创作者和运营者提供了许多机会,通过借势营销可以迅速吸引用户的关注并实现商业价值。以下是一些关于紧跟潮流、玩转借势营销的方法和技巧:

**1. 敏锐的市场观察**

紧跟潮流需要对市场进行敏锐的观察和分析，及时捕捉到热门话题、流行文化和时事事件等。通过关注社交媒体、新闻媒体、行业动态等渠道，了解用户关注的热点和趋势，为 IP 营销活动提供有力的参考和方向。如蒙牛打着"高考押题神器"的口号，牛奶盒摇身一变成为知识点，配合 2018 年提出的"要强"品牌主张，给予受众身体和精神上的双重力量。别出心裁的创意，完美融合热点和卖点，在推广上，蒙牛还玩起了谐音梗，发布一支模仿 B 站《后浪》画面形式和文案脚本的《后题(蹄)》，准确"击中"即将高考和经历过高考的人们(图 2-5-8)。

**2. 快速反应与创作**

一旦发现潮流或时事话题，IP 创作者和运营者需要迅速做出反应，并制订相应的创作计划。可以通过创作相关的短视频、插画、漫画、文章等形式，表达与潮流相关的观点和创意，与用户进行互动和沟通。

**3. 借势合作与合作营销**

IP 可以与潮流相关的品牌、机构、公众人物等进行合作，共同开展借势营销活动。例如，合作推出与潮流相关的联名产品、合作活动、主题展览等，通过跨界合作的方式扩大影响力和曝光度，吸引更多用户的关注。《红楼梦》里有句诗用来形容借势营销最合适不过："好风凭借力，送我上青云"。能被借力的"势"，必然是热点内容，同时段

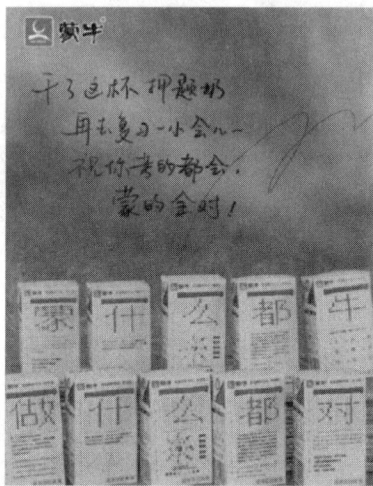

图 2-5-8 "蒙牛"对市场分析推出的产品案例图

内大众关注度极高。品牌"蹭"着热点营销，天然能吸引一部分人关注，有利于基础流量池的搭建。如吴亦凡事件中，第一个选择解约的韩束，其直播间在线人数从寥寥几十人瞬间飙升至数万人，甚至捧红了"韩束夫妇"。

**4. 社交媒体运营与创意营销活动**

社交媒体是紧跟潮流、玩转借势营销的重要渠道之一。IP 可以利用各大社交媒体平台，积极参与话题讨论、发布相关内容、与粉丝互动等。通过社交媒体的传播力和社群效应，将 IP 与潮流紧密联系在一起，引发用户的兴趣和共鸣。IP 可以通过创意的营销活动吸引用户的关注，将 IP 与潮流有机结合。例如，举办潮流主题的线下活动、发布潮流限定版产品、举办潮流挑战赛等，通过创意和互动的方式引发用户的参与和关注。

**5. 用户参与与用户生成(UGC)内容**

IP 可以鼓励用户参与潮流相关的创作和 UGC 内容的发布。通过征集用户的创意作品、举办 UGC 比赛、提供用户互动的平台等，激发用户的创造力和参与度，将用户作为 IP 营销的重要推动力。

**6. 数据分析与反馈优化**

紧跟潮流、玩转借势营销需要不断进行数据分析和反馈优化。通过对用户反馈、营销效果、

数据指标等进行分析和评估,及时调整和优化营销策略,提升 IP 的影响力和盈利能力。

　　总之,紧跟潮流、玩转借势营销是 IP 持续盈利的重要手段之一。通过敏锐的市场观察、快速反应和创作、借势合作、社交媒体运营、创意营销活动、用户参与和 UGC 内容等方法,IP 可以与潮流紧密联系,吸引用户的关注和参与,实现持续的商业成功。然而,在执行过程中,IP 创作者和运营者需要注意确保活动的合法性和合规性,避免侵权和违规行为的发生,维护好 IP 的形象和价值。

### 六、强强联手,实现品牌赋能

　　强强联手,实现品牌赋能是一种常见的 IP 营销方法,通过与其他品牌或机构进行合作,实现资源共享、互利共赢,进一步提升 IP 的品牌影响力和商业价值。

#### (一)实现方式和优势

##### 1. 联名合作

　　通过与知名品牌进行联名合作,将两个品牌的优势相互结合,形成独特的合作产品或活动。联名合作可以帮助 IP 扩大影响力,吸引更多目标受众的关注,同时也可以让知名品牌与 IP 的形象互相借力,共同实现品牌赋能。

##### 2. 跨界合作

　　与其他行业或领域的品牌进行跨界合作,通过跨界创新和结合不同领域的优势资源,为 IP 带来更多的商业机会和市场影响力。跨界合作可以让 IP 进入新的受众群体,拓展市场空间,同时也可以提升 IP 的创新形象和品牌价值。

##### 3. 产业链合作

　　与 IP 所在行业的相关企业、机构或供应商进行产业链合作,共同推动整个产业链的发展和壮大。通过产业链合作,IP 可以获得更多的资源支持和市场渠道,提升品牌的竞争力和市场份额。

##### 4. 场景营销

　　将 IP 融入特定的场景中,与相关的场景合作进行营销推广。例如,将 IP 角色形象与电影、游戏、主题公园等特定场景相结合,通过共同营销活动和互动体验,实现品牌赋能和市场扩展。

##### 5. 媒体合作

　　与媒体机构进行合作,通过媒体的传播力和影响力,提升 IP 的知名度和曝光度。可以与电视台、电台、网络媒体、社交媒体等进行合作,进行专题报道、宣传推广、内容创作等,扩大 IP 的影响力和受众群体。

#### (二)优势主要体现的方面

##### 1. 品牌影响力增强

　　与知名品牌或机构合作可以借助对方的品牌影响力和资源优势,扩大 IP 的品牌知名度和影响力。双方的合作将形成品牌的互相借力,使得 IP 在目标市场中更具竞争力。

**2. 资源共享与整合**

强强联手可以实现资源的共享与整合,充分利用双方的资源和优势,提高运营效率和市场竞争力。通过共同开发产品、整合渠道和资源,可以提供更丰富的服务和更优质的用户体验。

**3. 市场拓展与受众扩大**

与其他品牌的合作可以帮助 IP 进入新的市场领域,吸引更多的目标受众,扩大市场份额。双方的合作可以通过跨界合作、联名推广等方式,实现品牌的互相促进和受众的相互转化。

**4. 创新能力提升**

与其他品牌或机构的合作可以带来不同领域的创新思维和经验交流,激发 IP 的创新能力和创造力。双方的合作可以通过知识共享、技术合作等方式,推动创新产品的开发和推广,进一步提升 IP 的竞争力。

在进行强强联手时,IP 方需要充分了解合作伙伴的品牌价值观、战略定位和市场形象,确保双方的合作目标一致,资源互补性强,并且签订明确的合作协议,明确各方的权责和利益分配,以确保合作的顺利进行。同时,IP 方还需注意维护自身品牌形象和权益,避免合作中出现损害品牌价值的情况发生。

## 七、拓宽渠道,巧用电商直播

拓宽渠道和巧用电商直播是 IP 持续盈利的重要手段之一。随着互联网和移动互联网的快速发展,电商直播已成为一种流行的购物方式,对 IP 营销和产品销售提供了新的机遇和渠道。以下是拓宽渠道和巧用电商直播的一些关键点:

**1. 电商直播的概念和特点**

电商直播是指通过在线视频直播平台,展示产品、介绍特点、解答问题,与观众进行互动,并实时促成购买的一种形式。电商直播具有实时性、互动性和影响力强的特点,能够直接触达用户,增加购买决策的确定性。

**2. 利用电商直播进行 IP 推广**

IP 可以借助电商直播平台,展示 IP 形象、介绍 IP 故事、推广 IP 产品,吸引观众的关注,刺激购买意愿。IP 的创作者或 IP 运营方可以通过自己的官方账号或与电商平台的合作,进行专场直播、联名推广等形式,提高 IP 的曝光度和市场认知度。随着直播电商的高速发展,抖音电商紧扣新消费需求,不断升级行业营销 IP 矩阵,以满足品牌在产品、场景、价值层面的多种需求。依托平台优势,抖音电商行业营销 IP 能够从不同品牌、用户需求出发,帮助品牌打造平台级营销大事件,不断提升品牌经营水准(图 2-5-9)。

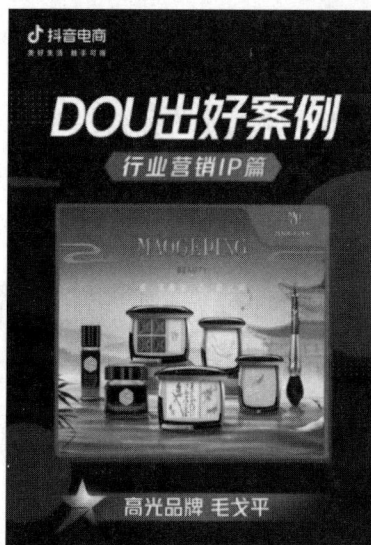

图 2-5-9 抖音电商对 IP 推广的案例图

**3. 选择合适的电商直播平台**

根据 IP 的属性和目标受众群体,选择合适的电商直播平台进行推广。目前市场上有很多知名的电商直播平台,如淘宝直播、京东直播、抖音直播等,每个平台都有其独特的用户群体和特点,IP 方需根据自身的定位和需求,选择适合的平台进行推广。

### 4. 打造有趣、互动的直播内容

为了吸引观众的关注和参与,IP 方需要打造有趣、富有创意的直播内容。可以结合 IP 的特点和故事情节,设计互动环节、有奖问答等,增加观众的参与度和购买欲望。同时,直播内容需要注重讲述 IP 的品牌故事和产品特点,提供专业的解说和购买指导,增加观众对 IP 产品的了解和信任。

图 2-5-10 IP 直播的内容形式示例图

2022 年华侨城文化旅游节的 IP 营销在内容触达方面可谓精彩纷呈。首先,基于对年轻人群体的观察,线上的主要宣传触点放在了短视频种草和直播拔草两个环节(图 2-5-10)。在触达用户时采用了年轻人群喜闻乐见的形式"国风"+"盲盒"。再搭配上创意海报分享,跨界联合美图秀秀玩转万圣妆、直播优惠抽奖等互动性高的玩法,将 IP 形象、IP 产品、文旅节活动等信息准确触达用户,利用互动活动产生二次宣传,取得了全网触达用户 1.1 亿人次,互动 260 万以上的亮眼成绩。

### 5. 与电商平台合作推广

与电商平台合作推广是提升 IP 销售的重要途径。可以与电商平台进行合作,获得更多的推广资源和曝光机会,如参与平台的活动、专场推广、合作定制商品等。与电商平台合作还可以提供更便捷的购买渠道和售后服务,增强用户的购买信心和满意度。

### 6. 数据分析和优化

在进行电商直播推广过程中,IP 方需要关注观众的反馈和数据分析,了解观众的兴趣和购买行为,从而不断优化直播内容和推广策略。可以通过观众留言、点赞、分享等方式获取反馈信息,利用数据分析工具进行数据挖掘和用户画像,为下一次直播推广提供参考和改进方向。

拓宽渠道和巧用电商直播能够帮助 IP 持续盈利,增加产品销量和品牌认知度。但在进行电商直播时,IP 方需要注意保护自身的知识产权和品牌形象,避免侵权和低俗内容的出现。同时,还需与电商平台建立良好的合作关系,确保合作的公平性和利益分配。

### 八、整合营销,构建全产业链变现模式

整合营销是指将多种营销手段和渠道有机地结合起来,形成一个统一的营销体系,以达到

整体营销效果的最大化。在 IP 持续盈利的过程中,整合营销可以帮助构建全产业链变现模式,实现更大的商业价值。以下是整合营销在 IP 营销中的重要性和具体实施方法:

**1. 提升品牌影响力**

整合营销可以通过多种渠道和媒体,将 IP 的品牌形象和价值观念传达给目标受众群体。可以利用传统媒体、社交媒体、线下活动等渠道进行品牌宣传和推广,提升 IP 的知名度和影响力。

**2. 多渠道推广**

整合营销可以将 IP 产品和服务在多个渠道进行推广,包括线上渠道和线下渠道。线上渠道可以包括电商平台、社交媒体、自媒体平台等,线下渠道可以包括实体店铺、展览活动、合作推广等。通过多渠道推广,可以覆盖更多的潜在客户,增加销售机会。

**3. 跨界合作**

整合营销可以通过与其他行业的品牌进行跨界合作,实现资源共享和互利共赢。可以与相关行业的企业、明星、艺术家等合作,共同推出联名产品、联合推广活动,借助其品牌影响力和资源优势,扩大 IP 的影响范围和市场覆盖面。

**4. 数据整合和分析**

整合营销可以将不同渠道和媒体的数据进行整合和分析,获取更全面的市场信息和用户洞察。可以利用数据分析工具和技术,对用户行为、购买偏好等进行深入分析,为后续的营销决策和策略调整提供依据。

**5. 跨媒体传播**

整合营销可以将 IP 的内容和故事跨越不同媒体进行传播,包括电影、电视剧、动漫、游戏、图书等。通过在不同媒体上的呈现,可以扩大 IP 的受众群体和用户黏性,形成更广泛的 IP 影响力和市场影响力。

**6. 个性化营销**

整合营销可以根据不同受众的需求和偏好,进行个性化的营销策略和推广活动。可以通过数据分析和用户画像,了解受众的兴趣、购买习惯等信息,针对性地推出定制化产品和服务,提高用户的参与度和忠诚度。

整合营销通过将不同的营销手段和渠道进行有机结合,可以形成一个全方位、多维度的 IP 营销体系,提升 IP 的知名度、影响力和市场竞争力。在实施整合营销时,IP 方需要明确自身的品牌定位和核心竞争力,寻找合适的合作伙伴和渠道,同时注重数据分析和用户洞察,不断优化营销策略和推广效果。

# 第二节　IP 未来发展

## 一、品牌化:企业发展之路

品牌化是指将 IP 打造成一个具有独特品牌形象和价值的商业实体。在 IP 的未来发展之路上,品牌化是至关重要的一环。通过品牌化,IP可以赋予自己更强的市场竞争力和商业价值,进一步实现持续盈利和长期发展。以下是品牌化在IP未来发展中的重要性和相关内容:

**1. 品牌价值的塑造**

品牌化使得IP能够建立起自己独特的品牌形象和品牌价值观(图2-5-11)。通过品牌化的策略和营销手段,IP可以在消费者心目中树立起品牌形象的认知和认同,形成品牌忠诚度和购买意愿。

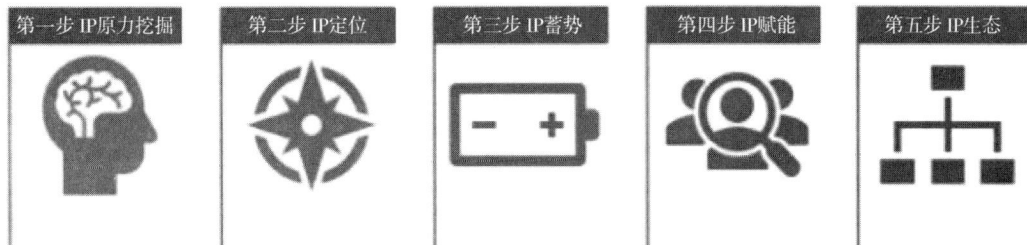

| 第一步 IP原力挖掘 | 第二步 IP定位 | 第三步 IP蓄势 | 第四步 IP赋能 | 第五步 IP生态 |

图2-5-11　品牌价值塑造流程图

**2. 品牌资产的增值**

品牌化可以增加IP的品牌资产价值。随着品牌的不断建设和积累,IP的品牌资产会不断增值(图2-5-12)。这将为IP带来更多的商业机会,包括品牌授权、合作推广、衍生品开发等。

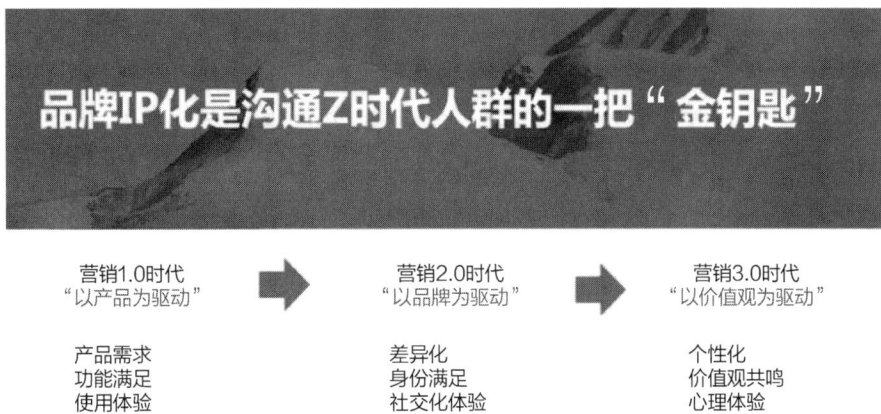

品牌IP化是沟通Z时代人群的一把"金钥匙"

| 营销1.0时代 | 营销2.0时代 | 营销3.0时代 |
| "以产品为驱动" | "以品牌为驱动" | "以价值观为驱动" |
| 产品需求<br>功能满足<br>使用体验 | 差异化<br>身份满足<br>社交化体验 | 个性化<br>价值观共鸣<br>心理体验 |

图2-5-12　品牌IP增值的趋势图

营销1.0时代,以产品为驱动。营销就是纯粹的销售,营销主要作为一种说服的艺术。

营销2.0时代,以消费者为驱动。企业不但注重产品功能,还要为消费者提供情感价值,让消费者了解产品背后的故事,为消费者提供独一无二的功能(USP)和情感(ESP)的价值组合。

营销3.0时代,以价值观为驱动。消费者变成了有独立思想、心灵和精神的完整的人类个体。企业的盈利能力与社会责任感及其所宣扬的价值观息息相关,"交换"与"交易"被转化为

"互动"与"共鸣",营销的价值主张从功能与情感的差异化升级为精神与价值观的相应。

### 3. 品牌溢价的实现

品牌化使得 IP 能够实现品牌溢价,即在市场上以较高价格销售产品或服务。消费者对于具有品牌认知和认同的产品通常愿意支付更高的价格,这为 IP 带来了更高的利润空间。

阶段一:品牌借助 IP。如代言、大奖、指定等。2010 年以前,企业品牌为了快速提升知名度,往往会借助明星代言人为品牌助力,这个大家不陌生,从最早的李宁代言健力宝,到时下的流量明星代言快消品、数码产品和餐饮,把各路明星印刷在产品和门店的包装上并放大,借助明星的认知度,快速提升企业品牌的知名度。

阶段二:品牌+IP。如联名、同款、授权等。借助已有的 IP,赋能自己的品牌,如故宫+完美日记、小猪佩奇+玩具等,多被冠以××同款,××联名。近年爆发的直播带货,包括很多品牌把上头部主播的直播间作为品牌传播点,也可以理解为这种形式的延伸。

阶段三:将品牌本身打造成为 IP。如 QQ、苹果、三只松鼠。随着 IP 的使用成本越来越贵,而且 IP 的寿命周期越来越短,有时候还存在很多风险,"翻车"的事情时有发生,越来越多的企业认识到,将自己的品牌打造成 IP 更为妥帖。

### 4. 品牌声誉的维护

品牌化使得 IP 能够建立起良好的品牌声誉。通过提供高品质的产品和服务,以及与消费者的良好互动和沟通,IP 可以树立起良好的品牌声誉,从而增加消费者的信任和忠诚度。

### 5. 品牌延伸和拓展

品牌化为 IP 提供了更多的发展机会,可以通过品牌延伸和拓展进入新的市场领域。IP 可以根据自身品牌定位和核心竞争力,开发新的产品线或进军相关领域,实现业务的多元化发展。

### 6. 品牌传播的影响力

品牌化使得 IP 的品牌传播能力得到增强。通过建设完善的品牌传播渠道和策略,IP 可以将品牌形象和价值观念传递给更广泛的受众群体,扩大品牌的影响力和市场影响力。

在实施品牌化过程中,IP 需要明确自身的品牌定位和核心竞争力,并制定相应的品牌战略和推广计划。同时,IP 还需注重品牌管理和维护,建立品牌保护机制,防止品牌形象受损。通过持续的品牌建设和提升,IP 能够在激烈的市场竞争中脱颖而出,实现持续的发展和盈利。

## 二、生活化:各行各业的 IP

生活化是指将 IP 应用于各行各业的生活场景中,将其融入人们的日常生活中。随着 IP 的发展和应用越来越广泛,各行各业开始意识到 IP 的潜力和价值,并积极探索将 IP 引入自身领域的方式。以下是生活化在各行各业中应用 IP 的一些示例和相关内容:

### 1. 文化和娱乐产业

文化和娱乐产业是 IP 应用最为广泛的领域之一。电影、电视剧、动漫、游戏等娱乐内容常常以 IP 为基础进行创作和推广(图 2-5-13)。通过将 IP 的故事情节和角色转化为各种娱乐形式,吸引观众的关注和参与,实现商业成功。

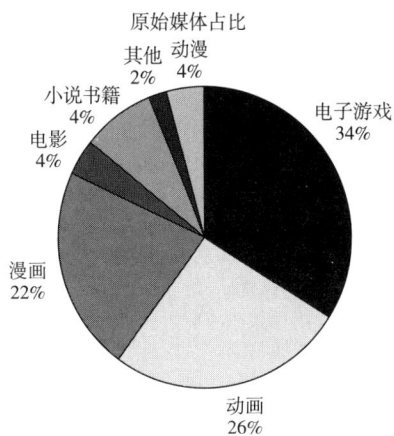

图 2-5-13 文娱产业 IP 的占比数据图

**2. 餐饮和零售业**

餐饮和零售业也积极应用 IP 进行品牌推广和营销。通过与知名 IP 进行合作,开设主题餐厅或推出 IP 授权产品,吸引粉丝和消费者的关注,增加销量和品牌影响力。2021 年 5 月,人气国漫《凹凸世界》与德州德州扒鸡知名品牌鲁小吉进行跨界营销。彼此将国潮品牌卤菜与动漫品牌形象开展紧密结合,在口感、包装、活动设计等层面破旧立新。包装层面,商品融合《凹凸世界》的人物角色品牌形象开展精心策划;线上推广层面,根据任意派发《凹凸世界》与鲁小吉的联动拼图图片钥匙扣挂件,通过收集 9 款得奖赏的方法,吸引住顾客参与选购。鲁小吉的国潮品牌食品类精准定位及其德州德州扒鸡巨大的下沉市场受众群体,也合理扩展了《凹凸世界》IP 的受众群体范畴(图 2-5-14)。

**3. 旅游和景区**

旅游和景区业借助 IP 吸引游客和提升游览体验。将知名 IP 的元素融入景区设计和主题活动中,打造独特的旅游体验,吸引更多游客到访。从国内成功案例来看,作为一个拥有近 600 年历史的文化符号,故宫博物院曾是一个在大众内心庄重遥远的存在。然而故宫是一个巨大的 IP 宝藏,拥有着数量众多子 IP,在 IP 开发上有着无人可及的绝对优势。下雪去故宫、故宫文创彩妆、紫禁城上元之夜、“雍正萌萌哒”等概念一出现在公众视野就迅速火爆。

图 2-5-14 餐饮零售业的 IP 营销图

**4. 教育和培训机构**

教育和培训机构利用 IP 的知名度和影响力,开设以 IP 为主题的课程和培训项目,吸引学生和家长的关注,并提供与 IP 相关的学习内容和体验(图 2-5-15)。

**5. 社交媒体和网络平台**

社交媒体和网络平台是 IP 传播的重要渠道。通过在社交媒体上进行 IP 相关的讨论、分享和互动,吸引更多用户参与和关注,提升平台的用户活跃度和影响力。

**6. 品牌合作和跨界营销**

各行各业通过与知名 IP 进行品牌合作和跨界营销,实现互利共赢。品牌可以借助 IP 的知

图 2-5-15　教育和培训机构 IP 形象图

名度和粉丝群体,扩大市场影响力;而 IP 可以借助品牌的资源和渠道,获得更大的曝光和商业机会。

生活化的应用不仅丰富了各行各业的产品和服务,也为 IP 带来了更广阔的发展空间。通过将 IP 与不同领域相结合,创造出独特的用户体验和价值,可以实现 IP 的长期发展和持续盈利。同时,生活化的应用也为消费者提供了更多选择和丰富的消费体验,满足了他们对个性化和多样化的需求。

### 三、IP 生态:技术创新与未来

IP 生态是指基于 IP 内容和品牌构建的全方位、多层次的生态系统,其中技术创新是 IP 生态发展的重要推动力。随着科技的不断进步和数字化时代的到来,IP 生态正面临着新的机遇和挑战。

#### 1. 技术创新驱动 IP 生态发展

技术创新在 IP 生态中发挥着关键作用。随着人工智能、虚拟现实、增强现实等新兴技术的应用,IP 可以以更加丰富的内容、更沉浸的方式呈现给用户,提升用户体验。同时,技术也为 IP 内容的创作、传播、保护和变现提供了更多可能性,推动 IP 生态的全面发展。

#### 2. 用户参与和互动

技术创新为用户参与和互动提供了更多渠道和方式。通过社交媒体、互动游戏、虚拟社区等平台,用户可以与 IP 内容进行更紧密的互动,参与到 IP 创作和传播的过程中。这不仅增加了用户的参与感和忠诚度,也为 IP 生态的发展带来了更多机会。

#### 3. 数据驱动 IP 运营

技术创新使得数据的收集、分析和应用更加便捷和高效。通过对用户数据和行为的分析,

IP 运营者可以更好地了解用户需求和偏好,精确定位目标受众,并根据数据反馈进行内容优化和营销策略调整。数据驱动的 IP 运营不仅提升了运营效率,也为 IP 生态的持续发展提供了决策依据。

**4. IP 内容的个性化和定制化**

技术创新使得 IP 内容的个性化和定制化成为可能。通过大数据分析和智能推荐算法,IP 运营者可以根据用户的兴趣和偏好,提供个性化的内容推荐和定制化的用户体验。这种个性化和定制化的 IP 内容能够更好地满足用户的需求,增强用户黏性和忠诚度。

**5. 跨界合作和跨媒体延伸**

技术创新推动了 IP 在不同媒体和领域的跨界合作和跨媒体延伸。通过与电影、电视剧、游戏、漫画等领域的合作,IP 内容可以在多个媒体平台上展现,并通过不同媒体形式的延伸实现 IP 价值的最大化。

未来,随着技术的不断进步和应用的广泛普及,IP 生态将进一步拓展和完善。技术创新将继续推动 IP 内容的创新和传播方式的革新,用户参与和互动的形式将更加多样化,数据驱动的 IP 运营将更加精细化,IP 内容的个性化和定制化将更加深入。同时,跨界合作和跨媒体延伸也将成为 IP 生态发展的重要方向。通过技术创新和 IP 生态的不断演进,IP 在未来有望带来更大的价值和影响力。

# 结语

随着5G、人工智能、元宇宙等新兴技术和新概念的发展，为IP衍生内容的形态创新和多效运营提供了有力支持。"文化产业革新常伴随新内容、新渠道、新技术等方面的重大变革。"张新新认为，未来将会形成高清视频、沉浸视频、互动视频、智能音频等智能化网络视听新业态；基于VR/AR、元宇宙等新技术、新概念，场景化的IP经济未来可期。

培养IP产业人才至关重要。随着IP产业链的不断延伸，对于各种交叉领域人才的需求十分旺盛。田绘表示，目前在影视、娱乐、游戏等领域，既精通该领域专业知识，又具备相关法律素养的人才非常紧缺，而随着互联网时代的产业发展，各个学科在培养人才时都应关注IP问题。"现在大家一谈到IP，就认为只是知识产权领域的问题，这种理解有失偏颇。不应仅把IP当作法律问题，更要培养一些跨学科、综合性的交叉人才。"

创意人才同样紧缺。目前国内与IP经济较为相关的专业是创意产业或传媒设计类专业，专家建议，应树立IP全产业链的人才培育思路，在培育艺术表达和创意人才时，同步注重运营和管理等相关知识的提升和完善。

# 第三部分

# 短视频营销

短视频的发属现状
短视频的营销趋势 —— 短视频的营销趋势

平台推荐算法机制
短视频发布的黄金时间
短视频必须规避的违禁词
避免官方限流的实用技巧 —— 短视频的推广技巧
短视频发布效果的提升技巧

短视频账号变现能力评估方法
广告变现
购物车/橱窗使用技巧 —— 电商变现
直播设备的购置
直播间的打造
直播间话术 —— 直播变现 —— 短视频的变现途径
直播间如何吸纳新客
直播间如何提升用户留存

其他变现方法 —— 短视频的评估指标
短视频的效果分析与优化 —— 数据分析与监测

内容推广与变现

短视频营销

内容创意与策划
- 短视频的账号定位
  - 账号的定位分析
  - 账号的定位方法
  - 账号名字的选取
  - 账号的整体包装
- 短视频的内容策划
  - 选题来源
  - 内容类型
  - 文案撰写

视频拍摄与剪辑
- 短视频的拍摄
  - 新手拍摄前的准备工作
  - 短视频的拍摄技巧
  - 不同类型短视频拍摄手法
- 短视频的剪辑
  - 如何用抖音快手直接拍摄剪辑短视频
  - 超好用的手机剪辑App
  - 短视频剪辑素材网站
  - 短视频背景音乐的选用

用户引流与转化
- 短视频的营销概述
- 短视频的涨粉技巧
- 常见引流途径
- DOU+的投放内容和策略
- 账号粉丝的维护

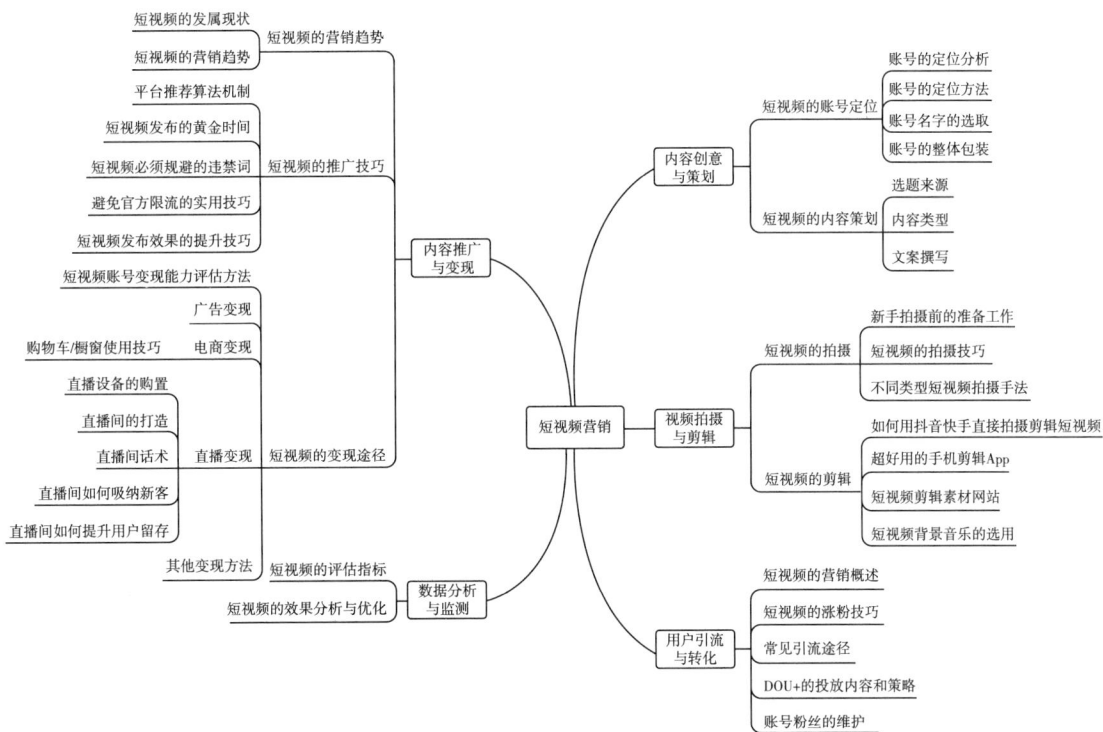

　　从字面意义来看,短视频营销是利用短视频的形式来进行营销,是一种有别于传统营销的新的营销模式。短视频是区别于长视频而言的新型视频类型,具有时间短,娱乐性强,适合在移动设备上播放,内容丰富,表现形式多样的特点。用户在短视频面前,身份发生重合,既可以是视频的观看者,同时也会成为视频内容的生产者。短视频的核心在于"看"。那么如何将视频制作与电子商务融会贯通？如何将短视频用户转化成网络购物的消费者,实现用户的"边看边买"？这些问题与"短视频营销"的概念有着直接的关系。"短视频营销"将产品信息制作成短视频,在互联网上进行裂变式传播,通过优质内容引发用户的参与和互动,用户通过点赞、评论、转发等线上社交行为,将"看"与"买"两种行为很好的结合在一起,从而实现流量变现的一种新型营销模式。

# 第一章　内容创意与策划

## 第一节　短视频的账号定位

### 一、账号的定位分析

在进行账号定位之前,需要进行一定的市场调研和受众分析。通过分析目标用户的兴趣、需求、年龄、性别、地域等特征,确定账号的定位方向。例如,如果目标用户是年轻人群,账号可以定位为娱乐、搞笑或时尚类、纺织生活内容。

#### 1. 市场调研

进行市场调研是账号定位分析的第一步。以服装行业为例,从当前抖音针对各行业的企业号活跃度能够看出,时尚服装行业和零售活跃度属于重点行业中较高的。

服装行业用户接受度。由于服装行业的受众在抖音上活跃度很高,同时对于服装类产品的推荐接受度较高,因此容易转化为粉丝,从而获客。通过调研短视频市场的规模、发展趋势、受众特点、用户需求等(图3-1-1),可以了解市场的概况和机会。市场调研还可以分析竞争对手的情况,包括它们的内容类型、受众定位、创作风格等,从中找到差异化的机会。

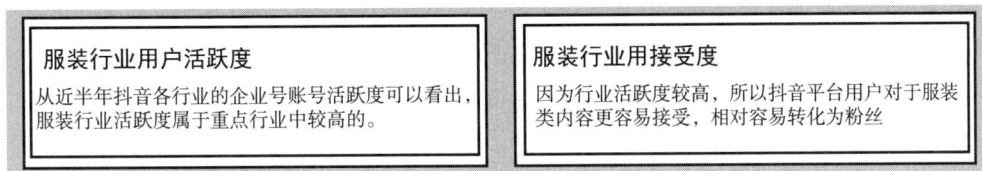

| 服装行业用户活跃度 | 服装行业用接受度 |
|---|---|
| 从近半年抖音各行业的企业号账号活跃度可以看出,服装行业活跃度属于重点行业中较高的。 | 因为行业活跃度较高,所以抖音平台用户对于服装类内容更容易接受,相对容易转化为粉丝 |

图 3-1-1　短视频用户侧重点图

#### 2. 目标受众分析

针对账号定位的关键是明确目标受众。通过深入了解目标受众的特征和行为,可以更好地满足他们的需求并吸引他们的关注。这时候最有效的办法就是垂直细分后再细分,从中找出特定的受众群体,根据这部分受众群体的特点和需求,创作机具吸引力的内容,吸引粉丝(图3-1-2)。目标受众分析包括以下几个方面:

(1)年龄和性别。确定账号适合的年龄段和性别比例,如年轻人、儿童、男性或女性群体。

(2)兴趣和爱好。了解目标受众感兴趣的领域、爱好、娱乐方式等,以便为他们提供相关的内容。

(3)地域和文化背景。根据目标受众所在的地域和文化背景,进行适当的定位和创作。

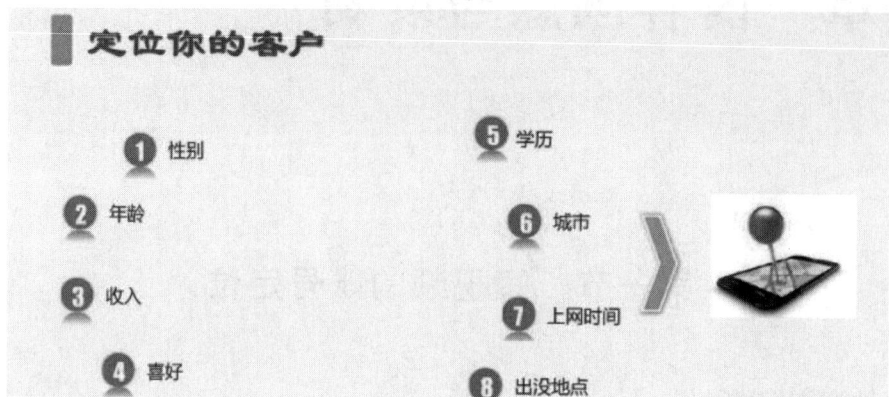

图 3-1-2　目标受众定位分析类别图

### 3. 竞争对手分析

短视频平台上存在大量的账号竞争者,分析竞争对手的优势和劣势可以帮助确定账号的差异化定位。竞争对手分析包括以下几个方面:

(1)内容类型。了解竞争对手的内容类型和创作风格,找到自己的差异化定位,避免重复和雷同。

(2)受众定位。分析竞争对手的受众群体,确定有潜力的受众细分市场。

(3)社交影响力。评估竞争对手的社交媒体关注度、粉丝数量和互动程度,了解他们的受众互动方式。

### 4. SWOT 分析

SWOT 分析是评估账号的优势、劣势、机会和威胁的常用工具。通过 SWOT 分析,可以帮助账号制定明确的定位策略,以下是 SWOT 分析的要点:

(1)优势(strengths)。评估账号的优势,如独特的内容、专业的技术能力、强大的创作团队等。

(2)劣势(weaknesses)。分析账号的劣势,如缺乏资源、不成熟的创作经验、竞争压力等。

(3)机会(opportunities)。寻找账号的机会,如市场上的空白点、新兴趋势、受众需求变化等。

(4)威胁(threats)。评估账号的威胁,如激烈的竞争、版权问题、平台政策调整等。

抖音上的头部大号、时尚网红在平台上有相当大的影响力。这些头部大号通常具有强大的粉丝基础和影响力,他们的内容风格多样,包括但不限于时尚穿搭、美妆教程、生活分享等,深受广大网友喜爱(图 3-1-3)。他们的成功主要得益于持续产出高质量的内容,以及与粉丝之间良好的互动关系。抖音作为一个热门的社交媒体平台,时尚大号也常常利用这个平台进行各种推广活动,如发布新品、进行直播带货等,进一步扩大自己的影响力,吸引更多的粉丝。总的来说,抖音时尚头部大号的成功,一方面源于他们的专业知识和独特视角,另一方面也得益于他们与粉丝的紧密联系和互动。

图 3-1-3　短视频账号定位示例图

## 二、账号的定位方法

账号的定位方法是指通过采取特定的策略和手段来确立账号在短视频平台上的定位。这些方法可以帮助账号与众多竞争对手区分开来,吸引目标受众,并建立自己的独特性和优势。

### 1. 独特性定位

通过提供与其他账号不同的独特内容或视角,吸引特定用户群体。这种定位方法的关键是使自身账号与众不同,在激烈的竞争中脱颖而出的关键。具体方法包括:

(1)创新的编辑手法。尝试使用创新的编辑技术,如快速剪辑、特殊效果或后期制作,以提供与众不同的观看体验。

(2)特殊的主题内容。选择独特的主题或特殊领域进行内容创作,以满足特定用户群体的需求,吸引他们的关注。

(3)独特的创作风格。发展出独特的创作风格,如幽默、奇幻、唯美等,在用户中建立品牌形象。

### 2. 受众定位

针对特定的目标用户群体,提供符合他们需求和兴趣的内容。这种定位方法的重点是深入了解目标用户,为他们量身定制内容。具体方法包括:

（1）用户画像分析。通过分析目标用户的特征、兴趣爱好、行为习惯等,形成用户画像,更准确地把握他们的需求和喜好。

（2）精准内容制作。根据用户画像和受众需求,制作符合他们兴趣和需求的内容,提供有价值的观看体验。

（3）互动与参与。与受众积极互动,回应评论、回答问题,让受众感受到被重视和参与其中的愉悦感。

### 3. 领域定位

选择特定的领域或主题进行内容创作,成为该领域的专家或权威。这种定位方法可以帮助账号在特定领域中建立声誉和影响力。具体方法包括:

（1）深入研究和学习。投入时间和精力深入研究所选择的领域,获得专业知识和见解,提升账号的可信度。

（2）优质内容输出。提供高质量、有深度的内容,如教程、解说、评论等,以展现账号在该领域的专业水平。

（3）与领域内人士合作。与其他领域内的专家、创作者或权威人物合作,共同推进该领域的发展,增加账号的认可度。

### 4. 数据驱动定位

利用数据分析和市场反馈,不断优化账号的定位策略。通过分析观看量、互动数据、用户反馈等指标,了解用户偏好和需求变化,调整和优化账号的定位。具体方法包括:

（1）观察分析数据。通过短视频平台提供的数据分析工具,掌握观看量、点赞数、分享数等数据指标,分析用户对不同内容的反应。

（2）用户调查和反馈。主动向用户征求意见和反馈,通过调查问卷、评论回复等方式了解用户的喜好和需求,进一步优化定位。

（3）市场趋势研究。持续关注短视频市场的发展趋势和用户行为变化,及时调整定位策略以适应市场变化。

综合运用以上定位方法,账号可以找到自己独特的定位点,与目标用户建立连接,创造有价值的内容并提升账号影响力。账号定位的关键是要在市场中找到自己的定位空间,并与受众的需求相契合,以实现长期的发展和成功。

## 三、账号名字的选取

选择一个恰当的账号名字是建立账号品牌形象和吸引目标受众的重要一环。一个好的账号名字能够给人留下深刻印象,并与账号的内容、定位相契合。

### 1. 易记性

选择一个易记的账号名字至关重要。人们通常记忆力有限,而短视频平台上存在大量的账号,因此一个简单、独特、易拼写和易发音的账号名字更容易被人记住和搜索到。避免使用过于复杂、拼写困难或过长的名字。

**2. 独特性**

账号名字应该具有独特性,能够在众多账号中脱颖而出。避免使用过于普遍、常见的名字或与其他知名账号相似的名字。一个独特的账号名字可以帮助账号建立自己的品牌形象,并增加用户对账号的记忆和关注。

**3. 可关联性**

账号名字应与账号的内容、定位或特色相关联。通过选择与账号内容相关的词语、主题或概念作为账号名字,可以让人们更容易理解账号的主要领域和特点。例如,如果账号主要分享美食相关的内容,可以选择与美食相关的名字。

**4. 简洁性**

尽量选择简洁明了的账号名字。一个简洁的账号名字不仅更易于记忆,而且在短视频平台上的字数限制下也更容易显示完整。避免选择过长、复杂的名字,以免造成用户的困扰或不便。

**5. 观众定位**

考虑目标受众的特点和喜好,选择引起他们共鸣的账号名字。账号名字应能够吸引目标受众的兴趣,并让他们感到与账号有共同点或共鸣。例如,如果目标受众是年轻人,可以选择更年轻、时尚的名字。

**6. 品牌一致性**

账号名字应与账号的整体品牌形象和定位保持一致。账号名字是账号的第一印象,它应该能够与账号的内容、风格和价值观相匹配。确保账号名字与账号的整体风格和形象相符,能够传达正确的信息和形象给观众。

**7. 可扩展性**

选择一个具有可扩展性的账号名字可以为账号未来的发展留下余地。考虑到账号可能会在不同的平台或媒体上扩展,选择一个不受限制的账号名字是明智的选择。避免选择过于具体、局限的名字,以免限制账号的发展空间。

**8. 法律合规性**

确保所选择的账号名字不会侵犯他人的版权、商标或其他知识产权。在选择账号名字之前,进行必要的调查和查询,确保所选名字没有法律风险,能够被合法使用。

如木子装修日记(图 3-1-4),一个正在装修的姑娘,她的优势是什么? 是比一般人更明白怎么选材料省钱,怎么避坑,怎么做防水更保险等等。就是在装修这个领域,她比一般人更懂,那么她把这些内容分享出来,就会帮到很多人,这就是她给大家提供的价值!

图 3-1-4 账号名字选取垂直方向示例图

总而言之,账号名字的选取是一个综合考虑多个因素的过程。一个好的账号名字应该是简洁、独特、与账号内容相关、易记和与目标受众产生共鸣的。通过综合考虑以上因素,选择一个合适的账号名字,可以帮助账号在短视频平台上建立品牌形象,吸引更多的观众,并与目标受众建立联系。

## 四、账号的整体包装

账号的整体包装是指将账号的内容、风格、形象时尚化和定位有机地结合起来,形成一个统一、一致且具有吸引力的品牌形象。通过精心的包装,账号可以吸引更多的目标受众,提高观众的关注度和忠诚度。

### 1. 品牌识别

建立账号的独特品牌形象是整体包装的核心。一个清晰、鲜明的品牌识别可以帮助账号在众多账号中脱颖而出,并使观众能够迅速认识和记住账号。品牌识别包括:

(1)logo 设计。设计一个简洁、独特、易辨识的 logo,作为账号的标识符号。logo 应与账号的内容和定位相契合,并能够在各种平台和媒体上清晰展示。

(2)视觉元素。确定账号的主要色彩、字体和图形元素,以确保一致性和识别度。视觉元素应与账号的内容风格和目标受众相匹配。

(3)声音元素。如果适用,可以考虑设计专属的音效或音乐,用于账号的开头、结尾或其他关键场景,以增强账号的独特性和辨识度。

### 2. 内容风格

确定账号的内容风格是整体包装的重要一环。内容风格应与账号的定位和目标受众相契合,传达出账号的独特性和价值。一致的内容风格可以帮助账号建立品牌形象,并让观众对账号的内容有所期待。要考虑以下因素:

(1)创作主题。确定账号主要关注的主题领域,确保内容的连贯性和一致性。选择与账号定位相关的主题,使账号在该领域中建立专业性和权威性。

(2)内容类型。确定账号主要提供的内容类型,如教程、解说、趣味挑战等。选择适合目标受众喜好和账号定位的内容类型,以提供有价值的观看体验。

(3)创作风格。发展出独特的创作风格,如幽默、正能量、唯美等。创作风格应与目标受众的喜好相契合,并与账号的品牌形象相一致。

### 3. 视觉呈现

账号的视觉呈现是整体包装的关键部分。通过精心设计的视觉元素和界面布局,可以增强账号的吸引力和专业性。要注意以下几点:

(1)视频质量。确保账号的视频质量达到一定的标准,包括分辨率、拍摄技术、剪辑和后期制作等。高质量的视频可以提升账号的形象和观看体验。

(2)视觉布局。设计统一的视频开头和结尾,包括账号的 logo、片头动画、引导标语等。统一的视觉布局可以增加账号的辨识度和专业感。

(3)视频缩略图。精心设计视频缩略图能够吸引观众点击和观看。缩略图应与视频内容相关,同时具有美观和引人注目的特点。

### 4. 互动与参与

与观众的互动和吸引观众参与是账号整体包装的重要组成部分。积极与观众互动,回应评论、回答问题,可以增强观众对账号的认知和关注。要注意以下几点:

(1)及时回应。尽可能及时地回复观众的评论和留言,让他们感受到被重视和参与其中的愉悦感。

(2)互动活动。定期开展互动活动,如抽奖、问答、挑战等,与观众进行积极的互动,增加账号的人气和用户参与度。

(3)社交媒体渠道。利用社交媒体平台与观众进行更多的互动和参与,分享幕后花絮、粉丝见面会等,拉近账号与观众之间的距离。

通过综合考虑以上因素,并保持一致性和连贯性,账号的整体包装可以帮助账号在短视频平台上建立独特的品牌形象,吸引更多目标受众,并提升账号的影响力和忠诚度(图3-1-5)。整体包装应与账号的定位和目标受众相契合,通过精心设计的品牌识别、内容风格、视觉呈现和互动参与,打造一个引人注目且具有个性化的账号形象。

图 3-1-5　账号的整体搭建图

# 第二节　短视频的内容策划

## 一、选题来源

选题来源对于短视频内容的策划非常重要。通过选择恰当的选题来源,可以确保账号的内容丰富多样,吸引不同类型的观众,并增加账号的曝光度和关注度。以下是一些常见的选题来源:

### 1. 当前热点话题

关注社会热点事件、流行话题和时事新闻是一个可靠的选题来源。这些话题往往能引起公众广泛的兴趣和关注,因此制作与之相关的短视频可以吸引大量观众。例如,新闻事件、体育赛事、娱乐圈八卦等都是备受关注的选题来源。结合热点时,首先应判断这个热点和自己的账号定位是否有关联,如果相关性不大,强行去"蹭"热点,会发现不仅数据不好,还可能会引起现有粉丝的反感,所以要判断热点适不适合去追(图3-1-6)。其次是热点是否能够持续下去,有些热点持续时间久,如阶段性的事件,有些热点持续时间短,如某个小的话题。从确定去做选题到

# 如何判断热点值不值得追？

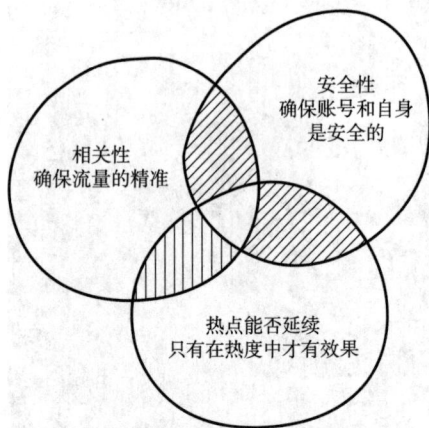

图 3-1-6　热点选择因素图

内容完成，中间是有一定的时间差的，如果热无法持续，等选题做出来了，可能热度就过了，发布出来数据也不会好，相当于白费力气。最后是要考虑这个热点的安全性，很多热点相对比较敏感，很容易被平台和有关部门判定为违规。辛苦做内容，一定不希望看到内容会影响自己的账号，所以一定要考虑热点能不能追。

**2. 行业专业知识**

如果账号专注于某个特定的行业或领域，那么行业专业知识就是一个重要的选题来源。选择与该行业相关的热门话题、技巧、趋势分析等，通过分享专业知识来满足观众的学习需求，并建立账号在该领域的专业形象。

作为内容创作者，可以根据自己的创意和想法来选择选题。不拘泥于传统的选题来源，通过独特和有创意的选题来展示你的创造力和个性。这种方式可以使账号与众不同，吸引更多的观众。

**3. 观众需求和兴趣**

深入了解目标观众的需求和兴趣是选题策划的关键。通过调研、观众反馈和互动，了解观众对什么样的内容感兴趣，他们的需求是什么（图 3-1-7）。然后选择能够满足观众需求和兴趣的选题，以提高观众的参与度和忠诚度。

**4. 季节和节日**

季节和节日也是一个常用的选题来源。根据不同的季节和节日，选择相关的主题和内容，如春节、情人节、圣诞节等节日。可以选择与其相关的内容进行策划，增加观众的参与度。

**5. 观众反馈和互动**

观众的反馈和互动是选题策划的宝贵资源。通过观众的评论、留言和互动，了解他们的意见和建议，以及对账号内容的期待。根据观众的反馈，选择符合他们期待的选题，提高观众的满意度和参与感。

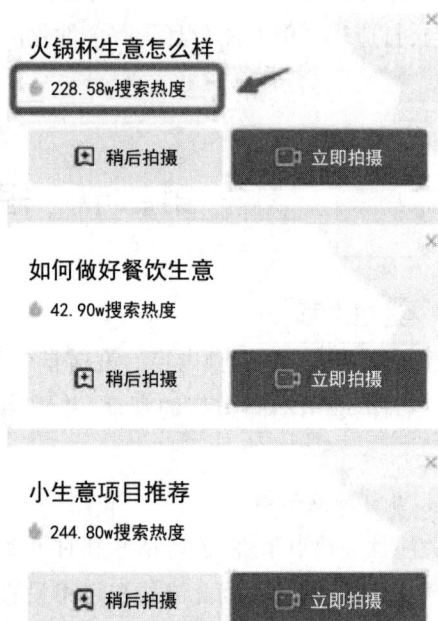

图 3-1-7　观众兴趣意向导向图

总而言之，选题来源的多样性和丰富性对于短视频内容的策划至关重要。综合考虑当前热点话题、行业专业知识、观众需求和兴趣、创意和想法、季节和节日以及观众反馈和互动,有助于创作者选择合适的选题,并打造出有吸引力的短视频内容,提高账号的影响力和知名度。

### 二、内容类型

在进行短视频内容策划时,选择合适的内容类型是至关重要的。不同的内容类型可以满足不同观众的需求和兴趣,同时也能够增加视频的多样性和吸引力。以下是一些常见的内容类型:

#### 1. 教程和指导

教程和指导类型的短视频非常受欢迎,因为它们能够传授观众新的技能和知识。可以选择制作各种实用的教程视频,教程涵盖范围广泛,如烹饪食谱、手工艺品制作、健身锻炼指导等。确保视频内容简洁明了,步骤清晰,方便观众学习和实践。时尚穿搭视频是最常见的服装赛道的内容形式,这类内容也是比较容易输出的,可以出一周穿搭系列、高(矮)个子穿搭(图 3-1-8)、不同场合怎么穿、单件(如外套、裤子)合集、单件搭配等。

#### 2. 解说和评论

解说和评论类型的短视频适合电影、电视剧、书籍、音乐、游戏等内容。可以分享自己的观点、评价和评论,让观众了解你对相关作品的看法。确保视频内容富有见解、思考深入,并且能够引发观众的思考和讨论。也可以通过制作电影、电视剧、活动等的预告片和幕后花絮可以吸引观众的关注和期待。可以分享相关作品的预告、幕后花絮、拍摄花絮等内容,让观众对作品产生兴趣和期待。

图 3-1-8　穿搭类教程视频示例图

#### 3. 搞笑和娱乐

搞笑和娱乐类型的短视频在社交媒体上非常受欢迎。可以制作有趣和搞笑的视频,通过幽默和笑点吸引观众的注意力。这种类型的视频往往能够迅速传播,增加账号的曝光度和关注度。

#### 4. 生活经验和心情分享

分享个人的生活经验、心情、感悟等内容可以增加账号的人情味和亲和力。可以制作关于生活中的点滴、情感的视频,与观众建立情感共鸣。确保内容真实、温暖,并能够引发观众的共鸣和思考。

#### 5. 知识普及和科普

知识普及和科普类型的短视频能够满足观众的求知欲。可以分享各种有趣的知识和科学原理,让观众了解世界的奥秘。确保内容简明扼要、准确可靠,并能够激发观众的学习兴趣。

如图3-1-9所示为一些常见的内容类型,可以根据自己的账号定位和观众需求进行选择,也可以根据不同的场合和时机进行灵活组合和创新。通过多样的内容类型,可以提供丰富多样的观看体验,吸引不同类型的观众,并增加账号的影响力和知名度。

| 资讯类 | 三农类 | 科技类 | 军事类 | 游戏类 | 宠物类 | 体育类 |
|---|---|---|---|---|---|---|
| 新闻<br>行业<br>地域<br>时事<br>……<br>知识 | 农村<br>农民<br>农业<br>……<br>知识 | 科技测评<br>数码<br>科技实验<br>黑科技<br>科普<br>……<br>知识 | 军事新闻<br>军事解说<br>军迷<br>武器<br>军事历史<br>……<br>知识 | 竞技游戏<br>网络游戏<br>创意游戏<br>游戏解说<br>……<br>知识 | 宠物表演<br>宠物日常<br>……<br>知识 | 体育赛事<br>赛事解说<br>赛事新闻<br>……<br>知识 |

| 剧情类 | 娱乐类 | 影视类 | 生活类 | 新奇类 | 文化类 | 商业类 |
|---|---|---|---|---|---|---|
| 搞笑<br>段子<br>恶搞<br>街坊<br>故事<br>……<br>知识 | 舞蹈<br>歌唱<br>明星艺人<br>娱乐八卦<br>星座<br>……<br>知识 | 影视解说<br>影视混剪<br>综艺<br>……<br>知识 | 情感<br>美食<br>穿搭<br>化妆<br>母婴<br>健康<br>……<br>知识 | 技术流<br>手艺<br>鬼畜<br>探索<br>……<br>知识 | 国学<br>哲学<br>历史<br>国风<br>二次元<br>……<br>知识 | 人物<br>故事<br>解说<br>技能<br>……<br>知识 |

图3-1-9　内容类型示例图

### 三、文案撰写

文案在短视频内容中起到非常重要的作用,它能够通过简洁而有力的文字表达,吸引观众的兴趣,引导他们点击观看视频。如大家喜欢"一禅小和尚"的内容(图3-1-10)。"一禅小和尚"是情感向IP,所以其内容构思要从用户和粉丝的感受出发,大家每天最关心的问题是什么?大家的痛苦是什么?如何帮大家开导这些痛苦?绝大多数人面临的情感问题都跟爱情有关,所以"一禅小和尚"的选题就逐渐往情感"鸡汤"大师靠拢,引发粉丝情绪共鸣,并解决情感问题。概括起来就是:要围绕着用户的痛点问题去生产内容。

图3-1-10　"一禅小和尚"视频文案示意图

在此基础上,总结了"一禅小和尚"文案特点,以下文为例:"有的人会用十斤大米去换一斤豆,也有的人会用十只笔去换一只红色的笔;喜欢这件事,没办法去等价交换,而喜欢一个人,可能给了自己的所有,最后却什么也换不来"。

短小。长篇大论不适用于快节奏的平台,如抖音等,第一句话就要指出痛点;

精悍。能用两个字概括的字意就不要用一句话概括,必须做到在短短一两分钟的时间里面将整个内容表达清楚;

理解门槛低。用笔和豆这种人尽皆知的事物作类比来讲道理,比引用某专家某理论更容易理解,从而更容易传播。

在进行文案撰写时,一些技巧和注意事项如下:

**1. 开门见山**

由于短视频的时长有限,文案要简洁明了,用简短的文字表达主题和内容。避免冗长的句子和复杂的词汇,让观众能够一目了然。

**2. 引起好奇**

使用引人入胜的句子或问题,激发观众的好奇心,引导他们点击观看视频。例如,使用一句话概括视频的亮点或独特之处,让观众想要了解更多。

**3. 独特性和个性化**

在文案中展示账号的独特性和个性化,与其他账号产生差异化,吸引观众的关注。通过用字的选择、句子的构造和语气的表达,展现账号的风格和特色。

**4. 清晰回答"为什么"和"如何"**

观众常常关心的问题是"为什么"和"如何",文案应该清晰地回答这些问题,让观众对视频内容有所期待。使用简明扼要的语言,向观众传达视频的核心内容和目的。

**5. 利用情感和情绪**

文案可以利用情感和情绪,触动观众的情感共鸣,引发共鸣和兴趣。通过选择恰当的词语和表达方式,让观众在阅读文案时产生情感上的共鸣,进而愿意观看视频。

**6. 清晰的呼吁和行动**

在文案中明确呼吁观众采取行动,如"点击观看""留下评论""分享给朋友"等。给观众一个明确的行动指引,增加他们与视频的互动。

**7. 多次修改和优化**

撰写文案是一个持续改进的过程,多次修改和优化文案非常重要。在撰写完成后,多次审阅文案,确保文字表达准确、吸引人,并符合账号的整体风格。

文案脚本的撰写对于视频的创作是很重要的,因为脚本决定了视频的内容,内容如何去拍摄,演员应该怎么去演,台词的内容有什么,所有的人物表演,摄影后期,剪辑工作都将以脚本为主(图3-1-11)。通过上述的文案撰写技巧,可以编写出吸引人的文案,吸引观众点击观看视频。同时,要根据账号的定位和目标受众来调整文案的风格和语气,以确保文案与视频内容相符,提高观众的点击率和观看时长。

| 地点： | | | 时间： | | 天气： | 摄影： | | 导演： | |
|---|---|---|---|---|---|---|---|---|---|
| 镜号 | 景别 | 技巧 | 时长 | 内容 | 画面 | 对白 | 音乐 | 音效 | 备注 |
| 1 | | | | | | | | | |
| 2 | | | | | | | | | |
| 3 | | | | | | | | | |
| 4 | | | | | | | | | |

图 3-1-11　文案撰写脚本框架

# 第二章　视频拍摄与剪辑

## 第一节　短视频的拍摄

**一、新手拍摄前的准备工作**

准备进行短视频拍摄时,要做好充分的准备工作,以确保拍摄过程顺利进行,并获得高质量的视频内容。以下是一些新手拍摄前的准备工作:

**1. 制订拍摄计划**

在开始拍摄前,制订一个详细的拍摄计划是至关重要的。确定视频的主题和目标,思考要传达的信息和故事,以及视频的整体结构和流程。制定一个时间表(表3-2-1),包括拍摄日期、时间、地点等。准备一个清单,列出所需的拍摄设备、道具和人员。

(1)时间表的制定。

表 3-2-1　拍摄时间表

| 序号 | 时间安排 | 拍摄场景 |
| --- | --- | --- |
| 1 | 2月10日7:00~14:00 | 进山口开始沿着登山路线拍摄,天外村—龙潭水库—白龙池—黑龙潭 |
| 2 | 2月10日14:00~20:00 | 竹林寺—黄溪河水库—扇子崖 |
| 3 | 2月11日7:00~12:00 | 傲徕峰—中天门 |
| 4 | 2月11日14:00~20:00 | 索道—南天门—碧霞祠—玉皇顶 |

(2)人员安排。

①导演1名(主机位):郭昌乐。

②摄影2名(副机位、航拍、收音、打光):孟庆彬,陈坤。

③助理1名(补妆、发型、衣服、细节):杨明坤。

④演员1名(身着素雅、爬山鞋子、衣服2套):明月。

⑤项目执行负责人1人:杨浩。

**2. 研究拍摄场景和预先规划拍摄角度和动作**

在拍摄前,研究拍摄场景非常重要。了解拍摄地点的环境和条件,包括光照情况、背景噪声、空间限制等,为后续的拍摄做好准备,选择合适的拍摄设备和设置。在拍摄前,预先规划好拍摄角度和运动十分重要。考虑使用不同的角度和视角来增加视觉吸引力和多样性。决定是使用固定镜头、移动镜头、稳定器或其他拍摄工具来实现所需的拍摄效果。

**3. 准备拍摄设备和拍摄设置调整**

根据拍摄计划和场景需求,准备好所需的拍摄设备,可以是专业摄像机、智能手机、稳定器、麦克风等。确保设备处于良好的工作状态,检查电池电量、存储空间和相机设置。例如:

①镜头组:松下 gh5、gh5s 70～200 100mm 微距 50 定焦。

②三脚架、稳定器、云台。

③航拍:大疆御 2。

④收音:博雅小蜜蜂。

⑤补光:灯棒、反光板。

在拍摄前,根据场景和需求调整拍摄设备的设置,包括帧率、分辨率、白平衡、对焦模式等。确保设置适合场景,并能够达到预期的效果。如果是使用智能手机拍摄,可以考虑安装一些专业的拍摄应用程序,以获得更多的拍摄控制和功能。

**4. 准备合适的道具和服装**

根据视频内容和场景需求,准备合适的道具和服装。道具可以增加视觉效果和故事叙述,服装可以突出角色特点和场景氛围。确保道具和服装的准备与拍摄计划相符,并在拍摄前进行检查和整理。

**5. 考虑音频录制**

如果视频需要音频,如对话、解说或背景音乐,需要准备好合适的音频录制设备。可以是外置麦克风、录音机或智能手机的录音功能。确保音频设备的设置和位置适合拍摄需求,并进行测试录制以确保音质清晰。

**6. 检查拍摄权限和法律规定**

在某些场景和拍摄地点可能需要获得拍摄许可或遵守特定的法律规定。在拍摄前,了解当地的拍摄规定和相关权限,确保拍摄的合法性和安全性。通过充分的准备工作,新手可以在拍摄过程中更好地掌控和实现预期的视频效果。准备工作不仅可以节省时间和精力,还可以提高拍摄质量和效率。仔细规划和准备是成功拍摄的关键。

## 二、转场效果的设置

转场效果在短视频中起到连接不同镜头、场景和情节的作用,使整个视频流畅自然。正确使用转场效果可以提升观看体验,增加视频的吸引力。以下是一些常见的转场效果及其设置方法:

**1. 淡入淡出效果**

淡入淡出是最基本、常见的转场效果之一。它通过逐渐增加或减少画面的透明度来实现过渡效果。在过渡的开始和结束处,两个镜头的画面逐渐交叠,产生平滑的过渡效果。设置方法包括在视频编辑软件中使用淡入淡出效果或通过剪辑技巧实现。

**2. 快速切换效果**

快速切换是一种动态的转场效果,通过迅速切换两个镜头来表达出紧凑和快节奏。这种效果适用于展示运动、活动或节奏明快的场景。使用快速切换效果时,可以通过在相邻两个镜头之间添加快速剪辑或快速过渡来实现。

**3. 溶解过渡效果**

溶解过渡效果通过将一个镜头逐渐融入下一个镜头来实现平滑的过渡。在过渡的过程中,两个镜头的画面逐渐混合,产生一种柔和的过渡效果。在视频编辑软件中,可以使用溶解过渡效果来实现这种效果。

**4. 切割过渡效果**

切割过渡效果是一种突然的、明显的过渡效果,通过直接切换两个镜头来实现。这种效果适用于需要强调变化和对比的场景。在视频编辑软件中,可以使用直接切换或快速剪辑来实现切割过渡效果。

**5. 方向性过渡效果**

方向性过渡效果是通过相机运动或镜头移动来实现的。例如,镜头从一个方向平移或旋转到另一个方向,或者相机从一个角度移动到另一个角度。这种效果可以增加视觉冲击力和流畅感。在拍摄时,可以使用运动稳定器、轨道等设备来实现方向性过渡效果。

**6. 特殊效果过渡**

特殊效果过渡是指使用特殊的视觉效果或技巧来实现转场效果。例如,画面分裂、闪烁、幻觉等。这种效果通常需要在后期制作阶段使用视频编辑软件或特效软件来实现。除了在拍摄时就完成好转场镜头外,还可以直接在剪映 App 内使用各种转场特效进行操作。

如图 3-2-1 所示,在选择和设置转场效果时,需要考虑视频的主题、内容和风格。合适的转场效果可以使视频更具吸引力,但过度使用或不适当使用转场效果可能会分散观众的注意力。因此,在应用转场效果时要谨慎,并确保它们有助于故事叙述和视频的整体流畅性。

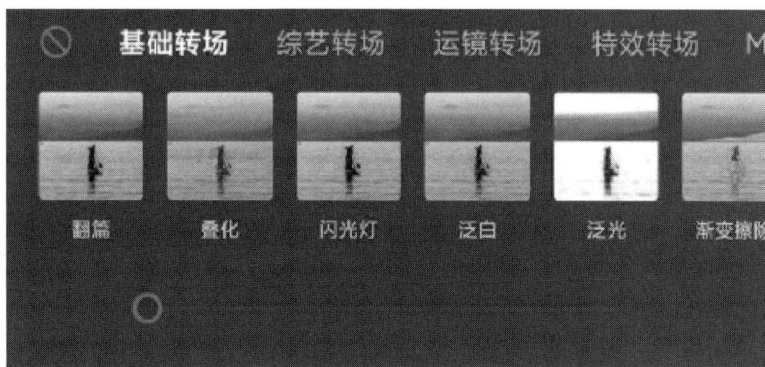

图 3-2-1 "剪映"App 转场效果添加示意图

**三、短视频拍摄的"三三"法则**

短视频拍摄的"三三"法则是一种常用的指导原则,有助于提高短视频的质量和吸引力。它强调了在短时间内传达有效信息的重要性。以下是关于短视频拍摄的"三三"法则的详细解释和应用方法：

### (一)"三三"法则解释

#### 1. 三种景别

景别有很多种,如全景、中景、近景、中近景、特写、前景特写等(图 3-2-2)。但对于新手来说,到了拍摄的时候,只需记住三个字"远、中、近"。

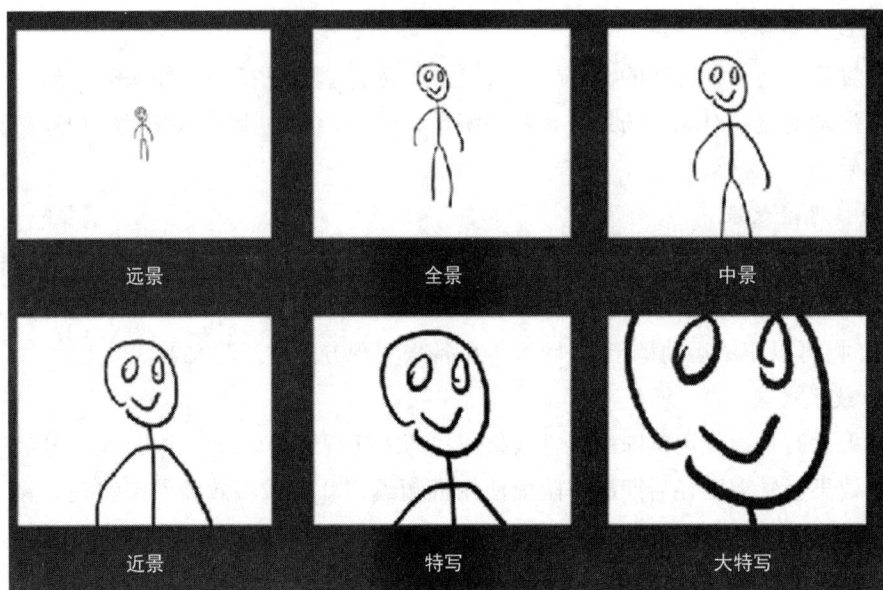

图 3-2-2　景别拍摄示意图

#### 2. 三种角度

三种角度也很好理解,比如拍摄人物时,高角度俯拍可以交代所处环境;地面平拍拉近与人物距离;仰拍让人物显得高大,拍摄人物时显腿长。除了高、低、平三个角度外,还可以从人物本身不同的角度进行,如后面、侧面、正面等,这样在剪辑时素材就不会单一或者缺少画面(图 3-2-3)。

图 3-2-3　角度拍摄示意图

**3. 三倍节奏**

短视频的节奏应该紧凑、流畅且有活力。通过快速剪辑、动态镜头、音乐的节奏等方式来增强视频的节奏感。避免过长的静态镜头或冗长的场景,保持视频的节奏感和动感,使观众在短时间内获得充实的观影体验。

**(二)实际方法**

应用短视频拍摄的"三三"法则有助于在有限的时间内传达有效的信息,并提高视频的吸引力和影响力。应用"三三"法则的实际方法:

**1. 开头吸引**

在视频的前三秒内使用引人注目的画面或音效,制造悬念引起观众的好奇心。例如,可以使用快速剪辑、视觉冲击力强的画面或音效等。

**2. 简洁表达**

在整个视频中,尽量使用简洁明了的语言和表达方式来传达信息。精简文字、简短的对白或文字说明等都是有效的方法。重点突出核心信息,避免信息过载。

**3. 节奏感增强**

通过快速剪辑、镜头的移动和变化、音乐的节奏等来增强视频的节奏感。注意镜头过渡的流畅性,避免过渡突兀或不连贯的感觉。音乐的选择和编辑也可以帮助塑造视频的节奏和氛围。

通过应用短视频拍摄的"三三"法则,可以更好地控制视频的内容和效果,提高观众的观看体验,并传达清晰、有力的信息。记住,在短视频中,简洁、精准和有吸引力的表达是关键。

## 四、不同类型短视频的拍摄手法

不同类型的短视频拍摄手法可以帮助传达不同的情感、信息和故事。以下内容将介绍几种常见的短视频类型以及它们的拍摄手法和技巧。

**1. 教程型短视频**

教程型短视频通常用于展示如何完成某项技能或任务。以下是一些拍摄手法和技巧:

(1)紧凑的构图。确保镜头紧密聚焦于关键动作和步骤,避免不必要的干扰。

(2)特写镜头。使用特写镜头来清晰地展示细节和操作步骤。

(3)快速剪辑。通过快速剪辑来减少不必要的等待时间,使观众更专注于实际操作。

(4)文字说明。在视频中添加文字说明,以便观众更好地理解和跟随教程。

**2. 背景介绍型短视频**

背景介绍型短视频通常用于介绍某个地点、产品或事件。以下是一些拍摄手法和技巧:

(1)宽广的景深。使用宽广的景深来展示背景的细节和环境,使观众感受到真实的场景。

(2)镜头移动。通过运动稳定器或轨道等设备实现平稳的镜头移动,以展示不同的角度和景观。

(3)人物出现。在视频中添加人物,让他们在场景中行走或进行相关活动,增加互动和故事性。

（4）音效和配乐。使用环境音效和适当的配乐来增强观众对背景的感知和情感。

**3. 情感表达型短视频**

情感表达型短视频旨在通过影像和音乐来传达情感和情绪。以下是一些拍摄手法和技巧：

（1）拍摄角度。通过选择合适的拍摄角度，如低角度或鸟瞰角度，来营造特定的情绪氛围。

（2）镜头运动。使用缓慢的镜头运动或稳定器来传达平静和温和的情感，或使用快速运动和抖动的镜头来传达紧张和兴奋的情感。

（3）色彩处理。通过调整颜色、对比度和色调来营造特定的情绪氛围，如冷色调传达忧郁，温暖色调传达温馨。

（4）配乐选择。选择适合情感的音乐来加强视频的表达和观感。

**4. 幽默搞笑型短视频**

幽默搞笑型短视频旨在通过幽默的内容和情节带给观众笑声和娱乐。以下是一些拍摄手法和技巧：

（1）剧情构建。构建有趣的故事情节或小品段落，包括出人意料的转折和搞笑的情节。

（2）快速剪辑和节奏感。使用快速剪辑和紧凑的节奏来增强幽默效果，实现笑点的传递。

（3）语言和动作。通过滑稽搞怪的语言和动作来增加笑点和喜剧效果。

（4）视觉效果和特技。使用一些视觉效果和特技来增加趣味性和幽默感，如慢动作、倒放等。

以上是几种常见类型短视频的拍摄手法和技巧。根据具体需求和创作目标，选择合适的手法来拍摄短视频，并不断尝试新的创意和方法，以展现独特的视觉效果和故事表达。

# 第二节　短视频的剪辑

## 一、剪辑要素

在短视频的剪辑过程中，有几个关键要素需要考虑，以确保视频的质量和吸引力。以下是短视频剪辑的 6 个重要因素：

**1. 剧情或故事性**

剧情或故事性是短视频的核心。一个引人入胜的故事能够吸引观众的注意力并传达信息。剪辑师需要根据故事的结构和情节，选择合适的镜头和场景进行剪辑，以展现故事的起伏和高潮。

**2. 视频长度和节奏**

短视频的长度通常在几十秒到几分钟之间。剪辑师需要根据视频的目的和观众的注意力持久时间，决定视频的长度。此外，适当的节奏感对于保持观众的兴趣和参与度也至关重要。剪辑师可以使用快速剪辑、跳跃式剪辑和音乐的节奏来创造流畅的视觉节奏。

**3. 视频流畅性**

视频的流畅性是指剪辑中镜头之间的过渡和连贯性。剪辑师需要确保镜头过渡平滑自然，避免过渡突兀和不连贯的感觉。适当使用过渡效果、切割和叠加等技术可以帮助实现流畅的过渡(图 3-2-4)。

图 3-2-4　"同画面不同角度"的画面组接

#### 4. 音频

音频在短视频中起着至关重要的作用。剪辑师需要注意音频的清晰度和质量,并与视频内容相协调。音频可以包括背景音乐、音效和对话。确保音频与视频内容一致,并适当地调整音量和音频的混合。生动的音效能让视频剪辑增色不少,但网络上的很多音频都有版权限制,不能随意使用。除了在网上搜索免费音频资源外,也可以善用软件提供的免费音频资源。例如,会声会影提供的音频素材库,就包含了各种类型的音效,如车行进声、拍掌声、鸟叫声等。另外,借助会声会影的多轨道编辑、混音调整功能,可以在同一时间轴上添加多个音频,如为旁白加上背景音乐等,丰富观众的听觉感受(图 3-2-5)。

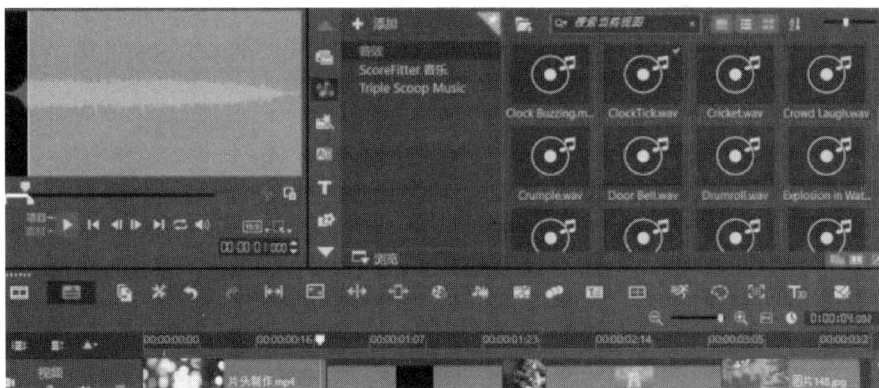

图 3-2-5　音频剪辑操作界面

#### 5. 视觉效果和颜色校正

视觉效果和颜色校正是提升短视频质量的重要因素之一。剪辑师可以使用各种视觉效果和特效来增强视频的视觉吸引力,如滤镜、颜色校正和特殊效果。通过调整颜色和对比度,可以改变视频的氛围和情绪。剪辑视频时不宜频繁更换色调,保持统一而合适的色调才是上策。色调的选择上如果不是特殊的内容需要,最好选择日常一点的色调,如日系小清新、港风色调等。

如果是题材需要,比如梦幻场景、怀旧场景等,就可以应用一些风格比较明显的色调。

### 6. 文字和图形

文字和图形可以用来传达信息、强调关键内容或提供补充说明。剪辑师可以在视频中添加文字标题、字幕、标签或图形元素,以增强视觉效果和内容的清晰度。

以上是短视频剪辑的 6 个重要因素。剪辑师需要在剪辑过程中综合考虑这些要素,以创造出令人满意的短视频作品(图 3-2-6)。同时不同类型的短视频可能会有不同的要素重点,剪辑师需要根据视频的目的和风格进行灵活调整和创作。

## 二、手机剪辑应用程序

在移动设备上,有许多功能强大且易于使用的手机剪辑应用程序(App),可以帮助用户在手机上进行短视频剪辑和编辑。以下是一些常用的手机剪辑 App(图 3-2-7),它们提供了丰富的功能工具,适合不同水平和需求的用户。

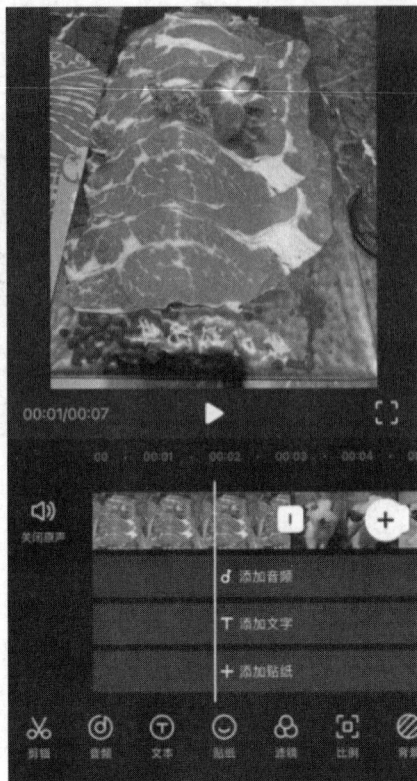

图 3-2-6 短视频剪辑软件操作界面图

图 3-2-7 手机剪辑应用程序

### 1. Adobe Premiere Rush

Adobe Premiere Rush 是一款专为移动设备设计的专业级视频编辑应用程序。它提供了强大的剪辑和编辑功能,包括剪切、裁剪、合并、调整颜色、添加音乐和字幕等。用户可以在手机上轻松导入、编辑和导出高质量的短视频。

### 2. InShot

InShot 是一款功能丰富的视频编辑应用程序,拥有直观的用户界面和强大的编辑工具。它提供了多种剪辑功能,包括裁剪、分割、合并、调整速度、添加滤镜、特效和动画等。此外,用户还可以在视频中添加音乐、文字、贴纸和转场效果。

### 3. VivaVideo

VivaVideo 是一款受欢迎的手机剪辑应用程序,它具有简单易用的界面和各种强大的编辑工具。它提供了多种剪辑功能,如剪切、裁剪、合并、调整速度、添加滤镜、特效和转场效果等。此外,VivaVideo 还提供了丰富的音乐库、字幕、贴纸和动画效果供用户使用。

### 4. FilmoraGo

FilmoraGo 是一款全功能的手机剪辑应用程序,具有直观的用户界面和强大的编辑工具。它支持各种剪辑功能,包括裁剪、分割、合并、调整速度、添加滤镜、音效和过渡效果等。用户可以轻松导入媒体文件,编辑视频并将其导出为高质量的短视频。

### 5. Quik

Quik 是一款由 GoPro 开发的手机剪辑应用程序,专注于快速而简单的剪辑和编辑。它提供了自动剪辑功能,可以根据用户选择的照片和视频片段,自动生成精美的短视频。用户还可以自定义音乐、滤镜、文本和转场效果,以满足个性化需求。

### 6. KineMaster

KineMaster 是一款功能强大的手机剪辑应用程序,具有专业级的编辑工具和功能。它支持多轨道视频剪辑、图层合成、调整颜色、添加音效和特效等高级编辑功能。用户可以通过 Kine-Master 创建高质量的短视频,并在导出时选择不同的分辨率和格式。

这些手机剪辑 APP 具有丰富的功能,适用于移动设备上的短视频剪辑和编辑。用户可以根据自己的需求和偏好选择合适的应用程序,轻松创作出具有专业水平的短视频作品。

### 三、短视频剪辑素材网站

在进行短视频剪辑时,获取高质量的剪辑素材是至关重要的。以下是一些提供丰富剪辑素材的短视频剪辑素材网站,它们提供各种类型的视频片段、音乐、音效和图形,供剪辑师使用:

### 1. Shutterstock(www. shutterstock. com)

Shutterstock 是一个知名的创意内容平台,提供了丰富的高清视频素材。用户可以在网站上搜索各种主题和风格的视频片段,如风景、人物、动画和特效等。此外,Shutterstock 还提供音乐、音效和图形等其他创意素材,支持用户全方位的剪辑需求。

### 2. Adobe Stock(stock. adobe. com)

Adobe Stock 是 Adobe 公司推出的一个在线创意资源库,包含大量高质量的视频素材。通过 Adobe Creative Cloud 套件订阅,用户可以方便地在 Adobe Premiere Pro 等剪辑软件中访问和使用 Adobe Stock 的视频素材。网站提供了多种主题和风格的视频供用户选择。

### 3. Pexels(www. pexels. com/videos)

Pexels 是一个免费的创意资源平台,提供高质量的免费视频素材。用户可以在网站上浏览和下载各种类型的视频片段,包括风景、人物、生活、运动等。Pexels 的视频素材经过精心挑选和编辑,可以满足个人和商业项目的剪辑需求。

#### 4. Videvo(www.videvo.net)

Videvo 是一个免费和付费视频素材平台,提供各种类型的视频片段、音乐和音效。用户可以通过搜索功能快速找到符合自己需求的素材,也可浏览不同的类别和标签。Videvo 还允许用户在剪辑中使用其免费素材,同时提供付费选项以获取更高级别的素材。

#### 5. Mixkit(mixkit.co)

Mixkit 是一个免费的创意资源平台,提供免费高质量的视频素材、音乐和音效。网站上的素材涵盖了各种类型和主题,包括自然风景、城市生活、人物、动画等。用户可以根据需要选择适合的素材,用于个人和商业项目的剪辑。

#### 6. Storyblocks(www.storyblocks.com)

Storyblocks 是一个订阅式的创意资源平台,提供高质量的视频素材、音乐和音效。通过订阅,用户可以无限制地访问和下载平台上的素材库。Storyblocks 的视频素材涵盖了各种类型和风格,适用于不同的剪辑项目。

以上是一些提供丰富剪辑素材的短视频剪辑素材网站。用户可以根据自己的需求和预算选择合适的网站,并注意使用素材时获得许可和授权,确保合法使用,避免侵权。

### 四、短视频背景音乐的选用

在短视频剪辑中,背景音乐(BGM)起着非常重要的作用,可以增强视频的氛围和情感表达,使观众更好地融入视频内容。选用适合的 BGM 对于营造所需的情绪、节奏和整体效果至关重要。以下是关于短视频 BGM 选用的一些建议和注意事项:

#### 1. 视频主题和风格

首先要考虑视频的主题和风格,BGM 应与视频内容相呼应。例如,如果视频是关于浪漫爱情的,可以选择柔和、悦耳的背景音乐;如果是动感的运动视频,可以选用活力四射、节奏明快的音乐。

#### 2. 情绪和氛围

BGM 的选择应与视频所要表达的情绪和氛围一致。如果视频是欢快和轻松的,可以选用快节奏、欢快的音乐;如果视频是悲伤和感人的,可以选择柔和、悲伤的音乐。

#### 3. 节奏和剪辑

BGM 的节奏和视频的剪辑节奏要相匹配。例如,如果视频有快速剪辑和快速变换的镜头,可以选择节奏明快的音乐以增强节奏感;如果视频是慢节奏的,可以选择轻柔的音乐以营造宁静的氛围。

#### 4. 声音和音效

除了选择适合的音乐,还可以考虑添加一些声音效果来增强视频的真实感和沉浸感。例如,如果视频是关于自然风景的,可以添加鸟鸣、风声等自然音效。

#### 5. 版权和合法性

在选择 BGM 时,务必注意版权和合法性问题。确保选用的音乐没有版权纠纷,并且符合使用要求。可以使用免费音乐素材网站,或购买适用于商业用途的音乐授权,确保合法使用。

### 6. 音量和平衡

在剪辑中,要确保 BGM 的音量适中,不要盖过视频的声音或过于抢眼。同时,还要注意 BGM 与视频的其他声音(如对白、音效)之间的平衡,以保持整体的和谐。

音效网站里涵盖着各式各样的配乐、歌曲以及视频常用的音效素材(图 3-2-8),选择音效网站的注意事项:

(1)分类细致全面。在没有明确目的找配乐时,这种既抽象又细致的分类往往具有不错的引导性,可提高选择效率。

(2)资源丰富。音效网站资源多,基本翻不到尾,不宜选择栏目很多,但素材可选择的空间很窄的网站。

(3)可以免费下载素材。如 CC 协议库里面的配乐、音效、歌曲都没有侵权风险,如果追求质量的话,仅需要花费很低的价格就可以买到正版授权音乐。

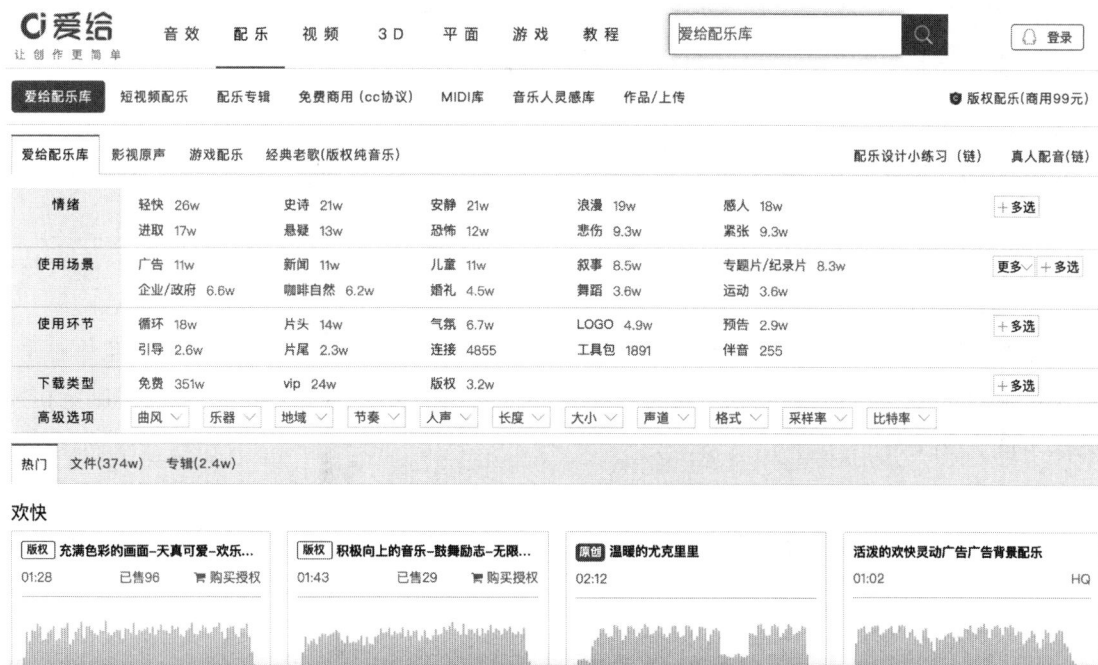

图 3-2-8　短视频 BGM 选用网站图

总之,选用适合的 BGM 对于短视频的剪辑非常重要。合理选择背景音乐可以增强视频的情感表达、节奏感和整体效果,提升观众的观看体验。注意考虑视频主题、情绪、节奏和剪辑,并确保合法使用和版权合规。最终,通过不断地预览和调整,选择出最适合的 BGM,让短视频更加生动有趣。

# 第三章   用户引流与转化

## 第一节   短视频的营销概述

### 一、短视频的团队角色

在制作短视频时,一个配合默契、各司其职的团队是非常重要的。下面是一些常见的短视频团队角色(图 3-3-1),以及他们在制作过程中的职责和贡献:

图 3-3-1   完整的视频团队架构图

#### 1. 创意策划

创意策划人员负责提供短视频的创意和概念。他们研究目标受众、行业趋势和竞争对手,以制定独特而吸引人的视频创意。与团队合作,确定视频的主题、风格和核心信息,并制定相关的故事情节或脚本。

#### 2. 导演

导演负责指导整个短视频的制作过程。他们与摄影师、演员和其他创意人员合作,确保视频的视觉效果、表演和整体质量达到预期。导演负责决定镜头的构图、演员的表演方式以及整体的节奏和叙事风格。

#### 3. 摄影师

摄影师负责拍摄短视频的镜头。他们掌握摄影技巧和设备操作,并负责选择适当的摄影机、镜头和拍摄角度来捕捉最佳的画面。摄影师要根据导演的指示,创造出视觉上引人注目和有吸引力的画面。

#### 4. 剪辑师

剪辑师负责将拍摄的素材进行剪辑和组合,创造出整体流畅、有节奏和有故事性的短视频。他们使用剪辑软件进行剪辑、调色和特效处理,确保镜头的顺序、过渡效果和音频的匹配。剪辑师还可以通过添加字幕、图形和音乐等元素来增强视频的效果。

#### 5. 音频设计师

音频设计师负责处理短视频的音频部分。他们选择合适的音效、配乐和配音,以增强视频的声音效果和氛围。音频设计师还进行音频剪辑、混音和调整,确保音频的清晰度和平衡,并与视觉内容相协调。

**6. 脚本撰写**

脚本撰写人员负责编写短视频的脚本或故事板。他们根据创意和目标受众,将想法转化为具体的文字内容。脚本撰写人员要关注情节、对话和节奏,以确保视频有一个有趣和连贯的叙事结构。

**7. 演员**

演员在短视频中扮演角色或呈现内容。他们通过表演和动作来传达情感、展示故事,并与其他团队成员合作,确保演出的质量和一致性。演员需要理解角色的特点,并能够根据导演的指导提供准确的表演。

**8. 美术指导**

美术指导负责短视频的美术设计和视觉风格。他们协助确定视觉元素、场景布置、服装和道具等,以确保视频的视觉效果与创意一致,并符合整体的品牌形象。

这些角色在短视频制作中各司其职,通过合作和协调,共同创造出高质量、富有创意和引人注目的短视频作品。每个角色都对短视频的成功起着重要的作用,并相互配合以实现共同的目标。

**二、短视频的品牌营销**

短视频已经成为一种广泛应用于品牌营销的有效工具。通过短视频,品牌可以传达核心信息、增强品牌形象、吸引受众注意力,并与他们建立情感联系。下面是短视频在品牌营销中的一些重要应用和策略:

**1. 故事叙述**

短视频可以通过故事叙述的方式来吸引观众,使他们与品牌建立情感共鸣。通过讲述一个有趣、引人入胜的故事,品牌可以传达核心价值观、品牌故事和产品优势。这种故事叙述的形式能够吸引观众的关注,让他们更容易记住品牌,并与品牌产生情感联系。

**2. 创意和趣味性**

短视频可以通过创意和趣味性吸引观众,并引起他们的兴趣(图3-3-2)。通过使用有趣、独特的视觉效果、幽默和创意的故事情节,品牌可以在竞争激烈的市场中脱颖而出。这种趣味性的短视频能够激发观众的好奇心,让他们愿意了解更多关于品牌的信息。

图3-3-2　品牌结合短视频的创意营销视频界面图

### 3. 产品展示和演示

短视频可以用于展示和演示品牌的产品或服务。通过展示产品的特点、功能和用途，品牌可以向观众展示其价值和优势。短视频可以通过动态展示、特效和演示来生动地展示产品，让观众更好地理解和体验产品，从而增加购买的动机。

### 4. 品牌故事和价值观

短视频可以帮助品牌传达其独特的品牌故事和核心价值观。通过讲述品牌的起源、使命和价值观，短视频可以帮助建立品牌的身份和认同感。这种品牌故事和价值观的传达可以增强品牌的认知度和忠诚度，让消费者更愿意选择该品牌的产品或服务。

### 5. 社交分享

短视频具有易于分享的特点，可以方便地在社交媒体平台上传播。通过制作有趣、有共鸣的短视频内容，品牌可以鼓励观众主动分享视频，并通过社交分享扩大品牌的影响力。这种社交分享可以增加品牌的曝光度，并吸引更多的潜在客户。

在 Uscreen 上有关如何对在线课程定价的视频结尾，观众了解到他们有机会学习更多利用其内容获利的方法，需要做的仅是订阅该频道（图 3-3-3）。这种策略是在 YouTube 上获得大量关注者的一种微妙且高效的方法。

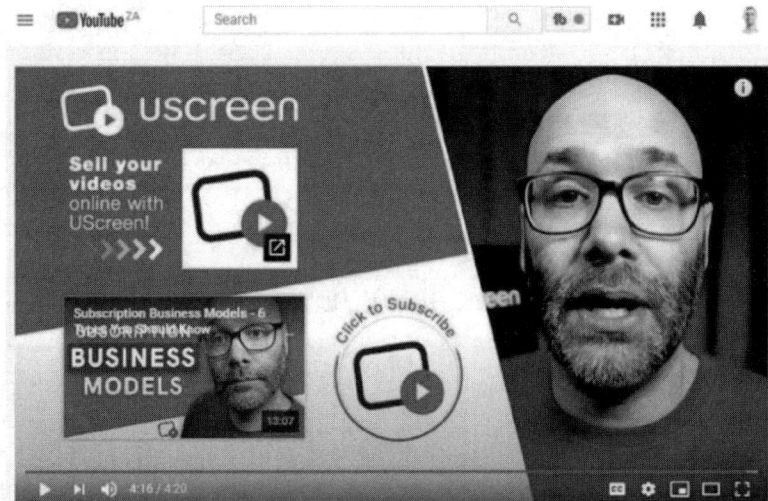

图 3-3-3　短视频与社交平台相结合示例图

### 6. 微影响营销

短视频可以与微影响者（micro-influencers）合作，通过他们的社交媒体渠道传播品牌信息。微影响者通常拥有一定数量的忠实关注者，并在特定领域或主题上具有影响力。与他们合作制作短视频，可以借助他们的影响力将品牌信息传播给更多的受众。

### 7. 注意事项

在使用短视频进行品牌营销时，品牌需要注意以下 4 点：

（1）了解目标受众。研究目标受众的兴趣、需求和行为，制作与他们相关的短视频内容。

（2）建立品牌一致性。在短视频中保持品牌形象、声音和风格的一致性，以提升品牌的可辨识度。

（3）留下联系方式。在短视频中包含品牌的联系方式或网站链接，以便观众了解更多关于品牌的信息。

（4）测试和优化。通过监测和分析短视频的表现，不断测试和优化内容和策略，以获得更好的营销效果。

综上所述，短视频在品牌营销中具有巨大的潜力。通过创意、趣味性和有针对性的制作，短视频可以有效地吸引观众的注意力并传递品牌信息。品牌可以利用短视频的优势来提升品牌形象、增加曝光度，并与受众建立深层次的情感联系。

### 三、短视频的营销方式

短视频的营销玩法有很多，品牌可以根据自身的需求和目标受众选择适合的策略。下面列举了一些常见的短视频营销玩法，帮助品牌在竞争激烈的市场中脱颖而出：

#### 1. 挑战赛活动

品牌可以发起一个与产品或服务相关的挑战赛活动，鼓励用户在短视频平台上分享自己参与挑战的视频。这种活动能够激发用户的参与和创造力，增加用户生成的内容和品牌的曝光度。

#### 2. 用户生成内容（UGC）

品牌可以鼓励用户通过短视频平台创建与品牌相关的内容，并提供奖励或认可给最佳的作品。这种 UGC 的策略能够促进用户参与度，扩大品牌的影响力，并产生真实、有趣的用户故事。

#### 3. 博主合作

品牌可以与知名博主或微影响者合作，让他们在自己的短视频中推广品牌或产品。博主可以通过演示、评论或与品牌相关的创意内容来增加品牌的曝光度和认可度。

#### 4. 故事营销

品牌可以通过讲述有趣、引人入胜的故事来吸引观众的注意力，并将品牌信息融入其中。这种故事营销的策略能够增加品牌的可记忆性和共鸣度，让观众更容易记住品牌并与之建立联系。

#### 5. 产品演示

品牌可以通过短视频展示产品的特点、功能和用途，让观众更好地了解和体验产品。演示的视频可以突出产品的独特之处，吸引潜在客户的注意力，并促使他们进一步了解和购买产品。

#### 6. 品牌合作

品牌可以与其他品牌或公众人物进行合作，在短视频中共同推广产品或服务。这种品牌合作可以扩大品牌的受众群体，增加品牌的曝光度，并带来更多的合作机会。

#### 7. 情感营销

品牌可以通过触动观众的情感来吸引他们的关注和共鸣。短视频可以呈现令人感动、温馨或有启发性的故事，让观众与品牌产生情感连接，并增加品牌的忠诚度和认同感。

通过分析一个经典案例,指导时尚品牌实操(图3-3-4)。箭牌彩虹糖推出新品彩虹空气软糖,为了打开新品的产品知名度,以及更好地宣传产品"绵弹"的特性,箭牌彩虹糖发起"捏捏软糖脸"的全民任务。首先,箭牌彩虹糖通过开屏广告+信息流广告+达人星图合作,占据流量入口,让用户知悉新品上市与挑战赛玩法,并吸引用户参与挑战赛。为了使普通用户更容易参与任务,箭牌彩虹糖专门定制有趣、易上手的拍摄互动游戏,激发 PUGC 与 UGC 的互动共创,而用户在参与游戏之后,跳转页面即可获取电商优惠券,实现从产品曝光到互动参与再到电商转化的全链路营销。

最终箭牌彩虹空气软糖获得 65 万以上的游戏参与量、5.4 亿以上的活动曝光量、3.2 万以上的点击跳转领券数。

以上只是一些常见的短视频营销方式,品牌还可以根据自身特点和目标受众进行创新和实验。关键是理解受众的需求和喜好,制定有吸引力的内容,并在短视频中巧妙地融入品牌信息。

图 3-3-4 短视频结合"彩虹糖"品牌营销活动图

### 四、短视频引流

短视频的评论区是一个潜力巨大的引流渠道,可以通过巧妙的互动和引导,吸引更多的观众关注和访问你的内容或平台。以下是一些短视频评论区引流法:

**1. 问问题引发互动**

在视频结尾或适当的时候提出一个问题,鼓励观众在评论区回答。问题可以与视频内容相关或与观众兴趣相关。这样可以激发观众的参与热情,增加评论互动,同时也增加了观众留在视频评论区的时间。

同时鼓励并积极回复观众在评论区的留言和评论。回复观众的留言可以增加观众的参与感,让他们感受到被关注和重视。同时,回复观众的问题或提供进一步的信息也能够吸引更多观众参与讨论。

**2. 引导讨论话题**

在评论区中提出一些有趣或热门的话题,引导观众进行讨论。这可以是与视频内容相关的话题,也可以是与观众兴趣相关的话题。适时地加入你的观点和回复,以引发更多的评论和互动。

通过点赞和回复排序功能,将观众活跃度较高的留言置顶或突出显示。这样可以吸引更多观众参与评论,并提高观众对评论的关注度。观众会更倾向于阅读和回复在评论区中被突出显示的留言。

**3. 利用标签和关键词**

在评论中使用相关的标签和关键词,以增加你的评论在搜索结果中的曝光率。当其他观众搜索相关内容时,能更容易找到你的评论,并从评论中找到你的内容或平台。

**4. 提供附加价值**

在评论中分享一些与视频相关的额外信息、资源或链接,给观众提供更多的价值。这样可以吸引观众点击你的链接或访问你的内容,从而增加观众的转化率和关注度。

**5. 合理引导转化**

在评论中适度引导观众访问你的其他平台或网站,如个人网站、社交媒体账号或在线商店等。可以通过提供链接、简要介绍或特别优惠等方式引导观众转化为访问用户。

**6. 制作引流评论**

事先准备一些引流评论模板,通过复制粘贴的方式在评论区中发布。这些引流评论可以是对视频内容的补充,提供进一步讨论的观点或分享相关资源的评论。通过这种方式,可以更快速地引导观众访问你的内容或平台。

以上是一些短视频评论区引流法,可以根据自己的实际情况选择合适的方式,并结合不同的策略和互动手段,提高引流效果。重要的是,要保持活跃的互动和对观众的关注,建立良好的互动平台和用户体验。

# 第二节　短视频的涨粉技巧

**一、账号不同阶段的涨粉运营技巧**

账号的涨粉运营是建立和扩大用户群体的关键步骤。在不同阶段,涨粉的策略和技巧可能会有所不同。下面是账号在不同阶段的涨粉运营技巧:

**1. 初始阶段(0~1千粉丝)**

(1)优化账号资料。完善账号资料,包括头像、简介、联系方式等,给用户一个清晰的账号形象。

(2)发布高质量内容。关注目标受众的兴趣和需求,提供有价值、有趣、有创意的内容,吸引用户关注和分享。

(3)激励用户互动。鼓励用户留言、评论和分享,回复用户的互动,建立与用户的良好互动关系。

(4)联合推广。与类似领域的账号合作,互相推广,增加曝光度和粉丝数量。

**2. 成长阶段(1~10千粉丝)**

(1)提供多样化内容。根据观众反馈和数据分析,扩展内容类型,满足不同用户兴趣和需求。

（2）深入社交媒体。积极参与社交媒体平台的相关讨论和活动，与用户进行互动和分享，增加品牌曝光度。

（3）利用互动功能。使用投票、问答、抽奖等互动功能，吸引用户参与，增加互动和粉丝忠诚度。

（4）定期发布时间表。建立发布时间表，让粉丝知道何时可以期待新内容，增加粉丝的黏性和忠诚度。

### 3. 壮大阶段（10~100千粉丝）

（1）用户生成内容（UGC）活动。鼓励用户生成与账号相关的内容，并以 UGC 活动形式奖励最佳作品，增加用户参与度和账号曝光度。

（2）寻求合作机会。与其他账号、品牌或意见领袖进行合作，共同推广，扩大用户群体和品牌影响力。

（3）分享用户反馈。积极回应用户的反馈和建议，让用户感到被重视，增加用户忠诚度和口碑传播。

### 4. 成熟阶段（100千及以上粉丝）

（1）强化品牌形象。打造独特的品牌形象和风格，让粉丝对账号产生认同感和忠诚度。

（2）制作原创内容。尽量提供原创内容，增加账号的独特性和品牌价值，吸引更多用户关注。

（3）持续创新。不断尝试新的内容形式、互动方式和营销策略，保持账号的新鲜感和吸引力。

（4）社群运营。建立和管理账号的社群，通过社群互动和活动，增强粉丝的互动性和归属感。

在每个阶段，都要密切关注用户的反馈和数据分析，及时调整运营策略。同时，保持与粉丝的良好沟通和互动，提供有价值的内容，是涨粉运营的重要因素。

## 二、懒人式引流

懒人式引流是指通过简单、高效的方式吸引流量和粉丝，减少操作和投入的一种引流策略。

### 1. 利用热点话题

关注热点话题，根据当前热门事件或流行话题制作相关的短视频内容（图 3-3-5）。这样做可以利用热点话题的流量和关注度，吸引更多的用户点击和关注。

### 2. 互动挑战

发起互动挑战活动，如让用户在短视频下留言回答问题、分享自己的故事或参与有趣的挑战（图 3-3-6）。这样可以引起用户的参与和分享，扩大短视频的曝光范围。

### 3. 利用标签

在短视频中使用热门标签或相关标签，这样可以增加短视频被发现的机会。当用户在平台上搜索或浏览特定标签时，有更高的机会看到相关的短视频。

图 3-3-5　微博热搜热点话题图

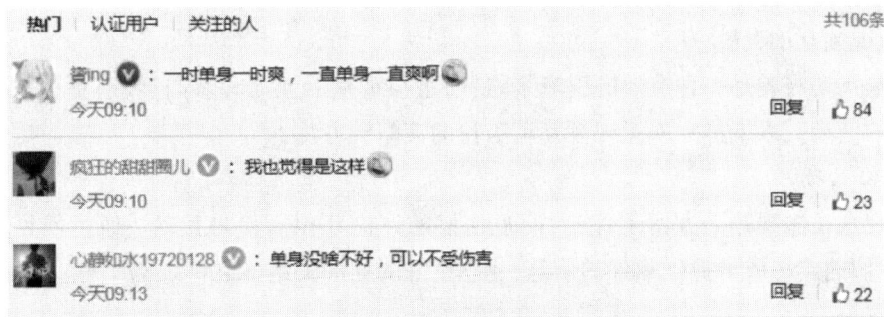

图 3-3-6　短视频评论区图

### 4. 合作交叉推广

寻找与自己有相似受众但非竞争对手的账号或品牌进行合作交叉推广。通过相互推荐和合作制作短视频,可以扩大双方的粉丝基础和曝光度。

### 5. 制作系列内容

创作一系列相关的短视频内容,形成连续性和延续性。这样可以引起观众的连续关注和追踪,提高粉丝留存和转化率。

### 6. 使用有趣的缩略图和标题

在短视频发布前,制作有趣、吸引人的缩略图和标题。这样可以在平台上吸引更多用户的点击和观看。

### 7. 跨平台分享

将短视频分享到其他社交媒体平台,如微信、微博、抖音、Instagram 等。这样可以扩大短视频的曝光范围,吸引更多的潜在粉丝。

**8. 利用流量入口**

在短视频中加入流量入口,如在视频结尾或描述中添加链接、二维码或引导用户关注账号的方式。这样可以直接将观看者转化为粉丝。

**9. 利用平台推广工具**

利用平台提供的推广工具,如置顶、推荐、热门推荐等,增加短视频的曝光机会,吸引更多用户的关注。例如,Dou+是抖音官方推出唯一通过购买增加流量方式,为品牌找寻合适的用户,节省大量精力和时间(图3-3-7)。

懒人式引流法简单易行、高效快捷,能够快速吸引粉丝和流量,适合时间和资源有限的个人账号或初创品牌使用。但同时也要注意保持内容的质量和独特性,以吸引粉丝的持续关注和留存。

图3-3-7 短视频平台推广工具图

### 三、短视频互动吸粉

短视频互动吸粉是一种有效的引流策略,通过与观众的互动和参与,吸引更多粉丝关注和参与账号的活动。以下是一些短视频互动吸粉的策略和方法:

**1. 评论互动**

鼓励观众在短视频下方留下评论,回复他们的评论并积极参与互动。通过回复观众的问题、感谢他们的支持或者提供额外的信息,建立良好的互动关系(图3-3-8)。

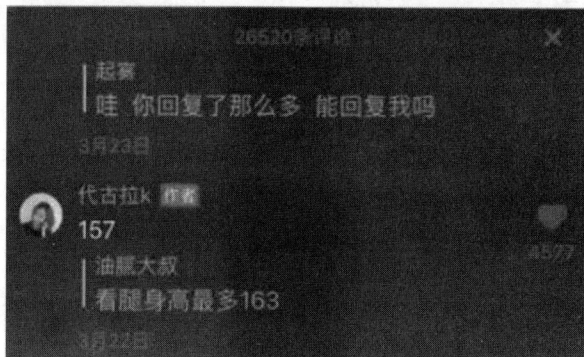

图3-3-8 短视频评论区图

**2. 点赞与分享**

提醒观众点赞和分享短视频,或者通过有趣的内容和互动引导他们主动点赞和分享。点赞和分享可以扩大短视频的曝光范围,吸引更多的观众关注。

**3. 互动挑战**

发起有趣的互动挑战活动,鼓励观众参与并录制自己的视频回应。例如,可以设置一个特定的主题或任务,要求观众在自己的短视频中展示创意或技能。这样可以激发观众的参与性和分享欲望。

**4. 抽奖活动**

开展抽奖活动,要求观众在短视频下方留言或分享,参与抽奖。奖品可以是与账号相关的产品、优惠券或其他有吸引力的奖品。抽奖活动可以吸引观众的参与和分享,提高账号的曝光度和关注度。

**5. 用户生成内容(UGC)活动**

鼓励观众生成与账号相关的内容,并在短视频中提到和分享优秀的作品。可以设立 UGC 活动的奖励机制,如选取最佳作品并给予奖励或在短视频中展示观众的作品。

**6. 直播互动**

利用短视频平台的直播功能进行互动直播,与观众实时互动,回答问题、分享故事、展示技巧等。直播可以增加观众与账号的互动性和参与感,吸引更多观众关注。

**7. 问答环节**

设立定期的问答环节,让观众在评论区留下问题,然后在短视频中回答这些问题。这样可以增加观众的参与感和关注度,建立起与观众的互动关系。

**8. 用户调查与投票**

利用平台提供的调查和投票功能,让观众参与投票或回答调查问题。这样可以了解观众的需求和偏好,同时也增加观众的参与感和互动性。

**9. 线下活动**

组织与账号相关的线下活动,如见面会、粉丝聚会或合作活动。这样可以与粉丝近距离互动,增加粉丝的忠诚度和参与度。

通过以上的互动吸粉策略,可以有效地吸引观众的关注和参与,提高短视频的曝光度和用户留存率。同时,还需要及时回复观众的留言和评论,保持良好的沟通和互动关系,进一步提升粉丝的忠诚度和参与度。

## 四、直播互动吸粉

直播互动是一种有效的方式,可以吸引更多的粉丝关注和参与。下面介绍一些直播互动吸粉的策略和方法:

**1. 时刻互动和抽奖活动**

在直播过程中与观众保持实时互动,回答观众的问题、回复观众的留言。可以提前设置一个专门的互动时间段,集中回答观众的问题或进行互动环节,提高观众的参与度。在直播中开展抽奖活动,要求观众进行指定的互动,如分享直播、点赞、评论等。抽奖活动可以激发观众的参与热情,吸引更多的观众参与直播,提高直播的曝光度。

**2. 互动游戏**

在直播中设置一些互动游戏,如答题、猜谜、抢答等,鼓励观众参与并给予奖励。互动游戏可以增加观众的参与性和娱乐性时尚感,提高直播的互动效果(图3-3-9)。

**3. 粉丝专属福利**

为观众设置一些粉丝专属福利,如特殊礼物、打卡活动、线上签名等。可以增加观众的忠诚度和参与感,吸引更多粉丝关注直播。或者邀请一些知名人士、行业专家或其他有影响力的人物参与直播,并与他们进行互动交流。这样可以借助他们的影响力吸引更多的观众关注和参与。

**4. 话题讨论**

在直播中提出一些热门话题或感兴趣的话题,与观众展开讨论。可以通过观众的留言、评论或直播间的投票功能收集观众的意见和观点,增加观众的参与性和互动性。也可以利用直播平台提供的实时投票功能,向观众提出问题并进行投票。观众可以通过投票表达自己的意见和选择,增加观众的参与感和互动性。

图 3-3-9  直播互动游戏截图

**5. 赠送礼物**

在直播中设置一些虚拟礼物或特殊道具,观众可以通过购买礼物并赠送给主播,以表达对主播的支持和喜爱。赠送礼物不仅可以增加直播的收益,还可以增加观众的互动参与。

以上是一些直播互动吸粉的策略和方法,可以根据实际情况和目标观众选择适合的方式。同时要注意保持直播内容的质量和独特性,提供有价值的信息和娱乐内容,吸引观众的持续关注和留存。

# 第三节  常见引流途径

在网络营销中,引流是指通过各种手段吸引潜在客户或用户进入自己的平台或网站,以便进行后续的转化和销售。以下是一些常见的引流方法:

## 一、搜索引擎优化(SEO)

通过优化网站的内容和结构,提高在搜索引擎中的排名,使用户能够通过搜索引擎找到你的网站(图3-3-10)。这包括关键词研究、优化网页标题和描述、建立高质量的外部链接等。

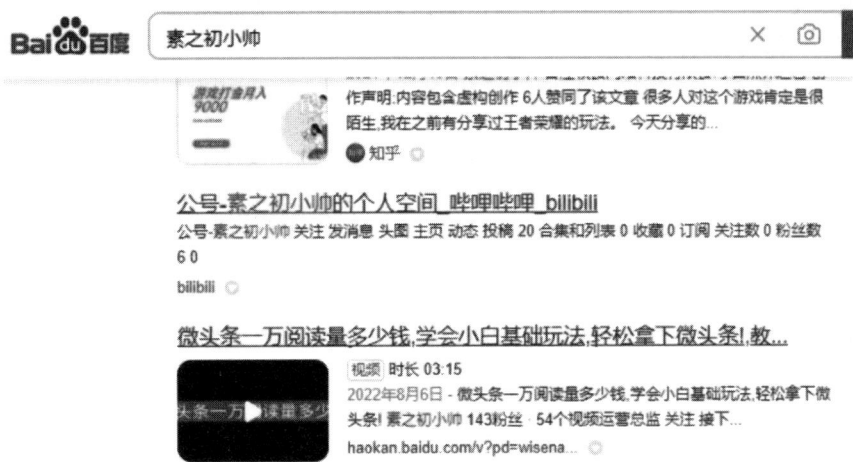

图3-3-10　SEO优化优化操作图

## 二、内容营销

创作高质量、有价值的内容,如文章、博客、视频等,并在社交媒体、网站或平台上发布。通过提供有用的信息和解决问题的方法,吸引用户点击进入你的平台。

## 三、社交媒体营销

在各大社交媒体平台上建立品牌形象和社群,与用户互动并分享有趣、有吸引力的内容。通过社交媒体的分享和转发,扩大品牌的曝光和用户的关注(图3-3-11)。

图3-3-11　社交媒体分享营销图

## 四、广告投放

利用在线广告平台,如谷歌广告、Facebook 广告等,选择合适的广告形式和目标受众,进行精准的广告投放。通过投放广告在目标用户的视野中提高品牌知名度和访问量。

## 五、合作推广

与相关行业的优质网站、社交媒体账号或知名博主合作,进行互换链接、媒体报道或合作推广活动。借助他们的影响力和受众群体,扩大自己的品牌曝光和用户访问量。

## 六、口碑营销

利用用户口碑和评价,建立良好的品牌形象。通过提供优质的产品或服务,激发用户的口碑传播,吸引更多的用户访问和转化。

## 七、微信公众号

建立自己的微信公众号,并通过发布优质的内容、互动活动和订阅者福利,吸引用户关注和转发。通过微信公众号的推送和分享,引导用户访问自己的网站或平台(图 3-3-12)。

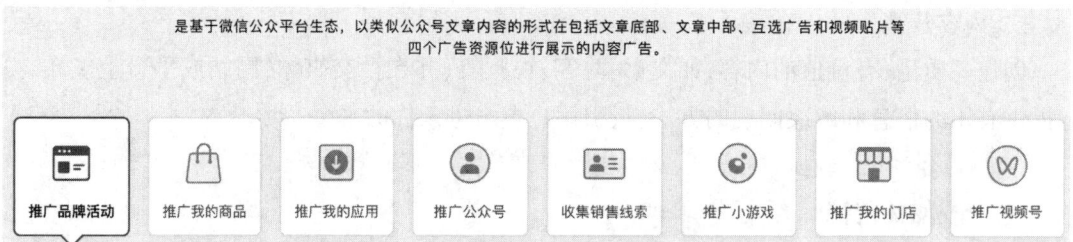

是基于微信公众平台生态,以类似公众号文章内容的形式在包括文章底部、文章中部、互选广告和视频贴片等四个广告资源位进行展示的内容广告。

| 推广品牌活动 | 推广我的商品 | 推广我的应用 | 推广公众号 | 收集销售线索 | 推广小游戏 | 推广我的门店 | 推广视频号 |

图 3-3-12　微信公众号平台营销

## 八、线下推广

在线下场合,如展会、会议、活动等,通过展示产品或服务、派发宣传物料、与潜在客户互动等方式,吸引用户进一步了解和访问平台。

## 九、参与社区

加入相关的在线社区、论坛或群组,参与讨论并提供有价值的信息。通过与其他成员的互动和分享,引导潜在用户访问平台。

## 十、营销活动

进行各种形式的营销活动,如限时优惠、赠品促销、抽奖活动等,吸引用户参与并转化为访问用户。

以上是一些常见的引流方法,每个方法都有其适用的场景和目标受众,可以根据自己的实际情况选择合适的引流方式,并进行不断地测试和优化。

# 第四节　DOU+的投放内容和策略

## 一、投放内容

抖音短视频是当前最流行的社交媒体平台之一,拥有庞大的用户群体和广阔的市场潜力。DOU+是抖音平台的广告投放工具,可以帮助品牌和企业在抖音上进行精准投放,并实现品牌曝光、用户吸引和销售转化。以下是关于抖音短视频 DOU+的投放内容:

### 1. 广告形式和广告定位

DOU+提供多种广告形式,包括原生广告、品牌挑战、品牌合作、品牌推广等。品牌可以根据自己的需求和预算选择合适的广告形式,以达到最佳的品牌推广效果。DOU+提供了精准的广告定位功能,可以根据用户的兴趣、地理位置、年龄等特征进行精准投放。品牌可以选择目标受众并设置广告的投放范围,以确保广告能够精准地触达潜在用户。

### 2. 数据分析

DOU+提供详细的数据分析和报告功能,品牌可以通过数据了解广告的曝光量、触达量、点击量等指标,并根据数据进行广告优化和调整。数据分析可以帮助品牌了解广告效果,提升投放效率和转化率。

### 3. 创意内容和用户互动

在抖音平台上,创意内容至关重要。品牌需要根据目标受众的喜好和特点,制作具有吸引力和互动性的短视频广告。创意内容要突出品牌特点,能够引起用户的共鸣和兴趣,从而提升品牌曝光和用户参与度。抖音平台非常注重用户互动,DOU+提供了丰富的互动方式和功能,如点赞、评论、分享等。品牌可以通过互动方式引导用户参与和转化,增加用户黏性和忠诚度。

### 4. KOL 合作

抖音平台上有众多的知名 KOL(key opinion leader,关键意见领袖),他们拥有庞大的粉丝群体和影响力。品牌可以选择与合适的 KOL 合作,进行品牌推广和合作活动,借助 KOL 的影响力吸引更多用户关注和转化。

### 5. 营销策略

抖音短视频 DOU+的投放需要结合品牌的营销策略,制定合适的目标、预算和投放时间。品牌可以根据产品特点、竞争对手情况和目标市场需求等因素,制定相应的营销策略,以提升广告投放效果和品牌影响力(图 3-3-13)。

总的来说,抖音短视频 DOU+的投放是一个强大的品牌推广工具,可以帮助品牌吸引更多用户关注和转化。品牌需要根据自身需求和目标受众,结合抖音平台的特点和广告投放功能,制定合适的广告策略和创意内容,以实现最佳的品牌营销效果。同时,不断进行数据分析和优化调整,提升广告投放的效果和转化率。

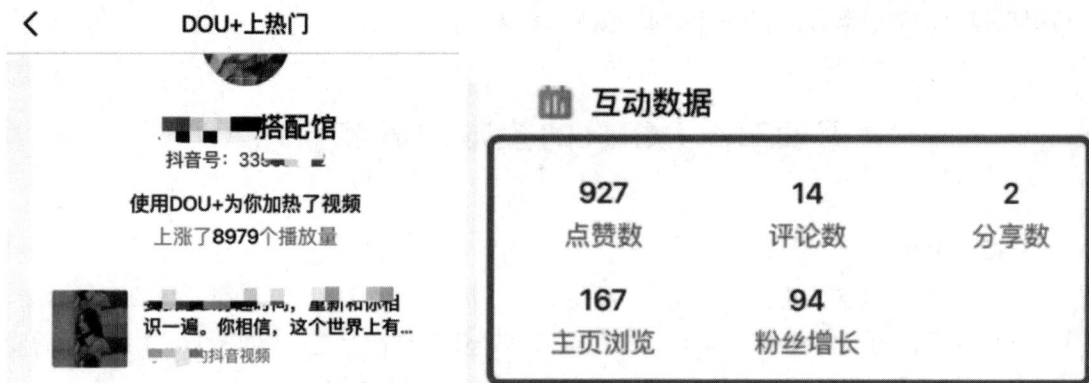

图 3-3-13　DOU+投放效果图

## 二、投放策略

制定一个有效的投放策略对于在 DOU+平台上实现成功的广告活动至关重要。以下是一些关键的投放策略,可以帮助广告主在 DOU+平台上获得更好的投放效果:

### 1. 确定目标受众

在制定投放策略之前,首先要明确广告的目标受众是谁。通过了解目标受众的年龄、性别、兴趣爱好、地理位置等信息,可以更好地定向投放广告,并确保广告的内容和创意与目标受众相匹配。

### 2. 设定广告目标

在投放策略中要设定清晰的广告目标,如品牌认知、产品销售、用户转化等。根据不同的广告目标,可以选择不同的广告形式和投放策略,以实现最佳的效果。

### 3. 制订预算和时间计划

确定投放广告的预算和时间计划是重要的一步。根据广告预算和时间限制,制订合理的投放计划,包括广告展示的频次、投放时段和持续时间等。

### 4. 选择适当的广告形式

DOU+平台提供了多种广告形式,包括原生视频广告、悬浮广告、插屏广告等。根据广告的目标和内容特点,选择适合的广告形式,以提高广告的曝光度和互动性。

### 5. 定向投放和定位策略

DOU+平台提供了精准的定向投放功能,广告主可以根据目标受众的属性和兴趣进行定向投放。结合定向投放和定位策略,将广告展示给真正对广告感兴趣的用户群体,提高广告的点击率和转化率。

### 6. 创意和内容优化

制作引人注目的创意和内容是吸引用户注意力的关键。在投放策略中,要不断优化广告的创意和内容,确保广告与目标受众的兴趣和需求相吻合。通过测试和分析,了解哪种创意和内容能够产生最佳的效果,并进行相应的调整和优化。

### 7. 监测和分析

在广告投放过程中,进行实时的监测和数据分析是必不可少的。通过监测广告的展示量、点击率、转化率等指标,可以了解广告的效果,并及时调整投放策略和优化广告内容。

### 8. 与 DOU+团队合作

DOU+平台提供了专业的客户支持团队,可以提供投放咨询、创意建议和数据分析等服务。与 DOU+团队合作,可以获得更好的投放效果和支持,确保广告活动的成功实施。

以上是一些投放策略的关键要点,广告主可以根据自己的需求和目标进行调整和优化,以实现在 DOU+平台上的成功投放。

# 第五节 账号粉丝的维护

## 一、种子用户获取方法

种子用户是指在产品或服务初始阶段对品牌有高度认同并愿意成为早期用户的一群人。他们可以成为品牌的忠实支持者和品牌传播的重要推手。以下是一些种子用户获取的方法:

### 1. 社交媒体引导

在品牌的社交媒体平台上积极引导用户成为种子用户(图 3-3-14)。可以通过发布吸引人的内容、举办用户参与的活动、提供独特的优惠或奖励等方式吸引用户关注和参与,并鼓励他们成为品牌的早期用户。

图 3-3-14 社交媒体引导粉丝举例图

### 2. 个人关系网络

利用个人关系网络寻找潜在的种子用户。通过亲朋好友、同事、合作伙伴等渠道,向他们介绍品牌并邀请他成为早期用户。由于个人关系的信任和影响力,这些人更有可能成为品牌的种子用户,帮助品牌传播。

### 3. 内测用户

在产品或服务推出前,通过内测的方式邀请一批用户体验并提供反馈。这些内测用户可以成为品牌的种子用户,因为他们对产品或服务有深入了解,并愿意为品牌提供宝贵的意见和建议。同时内测用户的反馈也可以帮助品牌进行产品优化和改进。

**4. 口碑营销和用户推荐**

通过口碑传播的方式吸引种子用户。可以通过口碑营销策略,如提供优质的产品或服务体验、激励用户分享和推荐、与行业影响者合作等,引发用户的兴趣和讨论,并吸引更多的种子用户加入品牌的用户群体。鼓励现有用户推荐他们的朋友、家人或同事成为种子用户。可以提供激励措施,如推荐奖励、优惠码、折扣等,以促使用户主动推荐并吸引更多种子用户参与。

**5. 品牌合作与内容营销**

与其他品牌进行合作,共同吸引种子用户。可以选择与在相似领域或目标受众重叠的品牌合作,通过联合推广、互换用户资源、共同举办活动等方式吸引种子用户的关注和参与。通过优质的内容营销吸引种子用户。提供有价值的内容,如博客文章、视频教程、行业洞察等,吸引潜在用户关注并成为种子用户。内容营销可以帮助品牌建立专业形象和专业声誉,并吸引更多用户参与。

以上是一些种子用户获取的方法,品牌可以根据自身情况和目标受众选择合适的方式,并结合营销策略和推广手段,积极吸引种子用户,推动品牌的发展和用户基础的壮大。

## 二、精准解析粉丝用户画像

精准解析粉丝用户画像是指通过数据分析和市场调研等手段,深入了解粉丝用户的特征、兴趣、需求和行为,以便更好地定制营销策略、个性化推送内容和提供更优质的用户体验。以下是一些方法和步骤来精准解析粉丝用户画像:

**1. 数据分析**

通过收集和分析用户数据,如年龄、性别、地理位置、消费行为、使用偏好等,来了解用户的基本特征。可以借助数据分析工具和平台,如 Google Analytics、Facebook Audience Insights 等,对用户数据进行深入挖掘和分析,以获取更准确的用户画像信息(图3-3-15)。

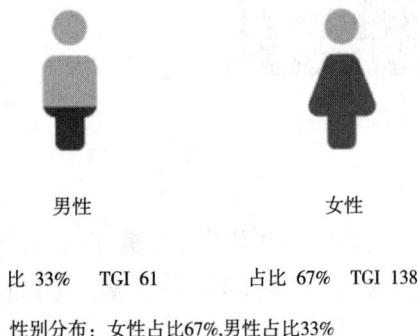

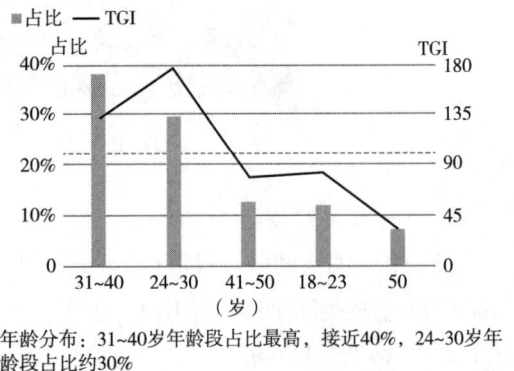

男性　　　　　　　　女性

比 33%　TGI 61　　　占比 67%　TGI 138

性别分布:女性占比67%,男性占比33%

年龄分布:31~40岁年龄段占比最高,接近40%,24~30岁年龄段占比约30%

图 3-3-15　用户大数据分析示例图

## 2. 市场调研

进行市场调研,通过问卷调查、访谈、焦点小组等方式收集用户意见和反馈(图 3-3-16)。可以针对特定的目标群体进行调研,了解他们的兴趣、喜好、购买习惯、价值观等。市场调研可以帮助品牌更全面地了解用户需求,为用户提供更贴近他们的产品和服务。

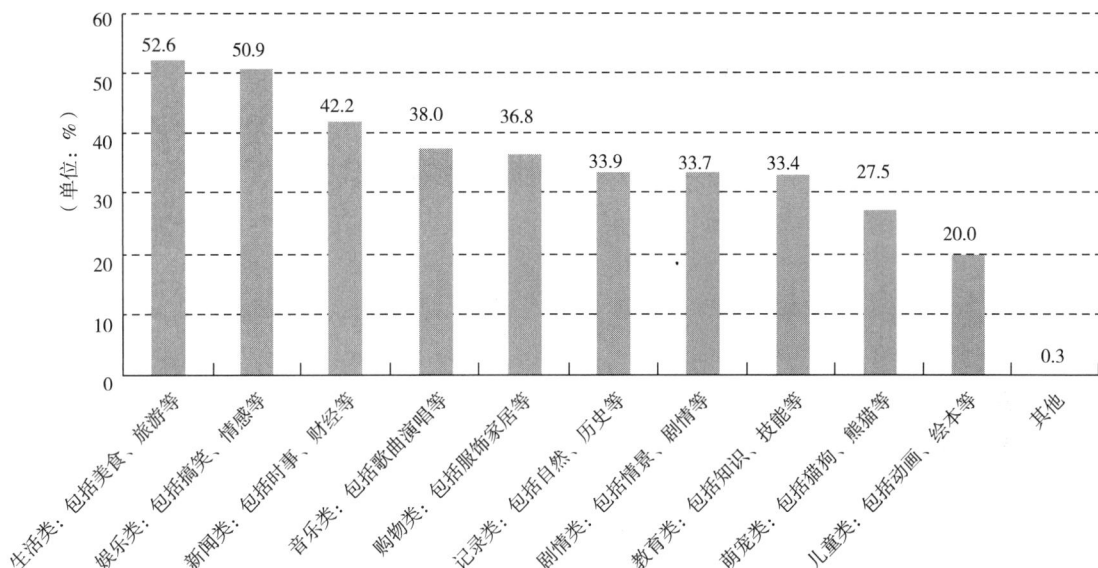

图 3-3-16 短视频用户偏好市场调研图

## 3. 用户行为分析

分析用户在产品或服务中的行为和互动,了解他们的使用习惯、浏览路径、参与程度等。通过监测用户的行为数据,可以了解他们对产品的偏好、关注的内容和互动的方式,从而更好地定制营销策略和推送个性化内容。

## 4. 社交媒体分析

分析用户在社交媒体平台上的行为和互动,了解他们的社交圈子、关注的话题、喜欢的内容类型等。可以通过社交媒体分析工具,如社交媒体统计报告、用户行为分析等,深入了解用户在社交媒体上的行为特征,以便更好地与他们互动和沟通。

## 5. 人眼研究

人眼研究是通过观察用户在特定情境下的行为和反应,了解他们对产品或服务的实际使用体验。可以通过实地观察、用户访谈、用户测试等方式,深入了解用户在真实环境中的需求和行为。

## 6. 数据整合和模型构建

将以上收集到的数据进行整合和分析,建立用户画像模型。可以使用数据挖掘和机器学习的方法,将用户特征、兴趣等因素纳入模型,更好地预测用户行为和需求(图 3-3-17)。

通过精准解析粉丝用户画像,品牌可以更好地了解目标用户,根据用户特征和需求,制定更有针对性的营销策略和推广计划,提供更个性化、精准的产品和服务,从而提升用户满意度和品

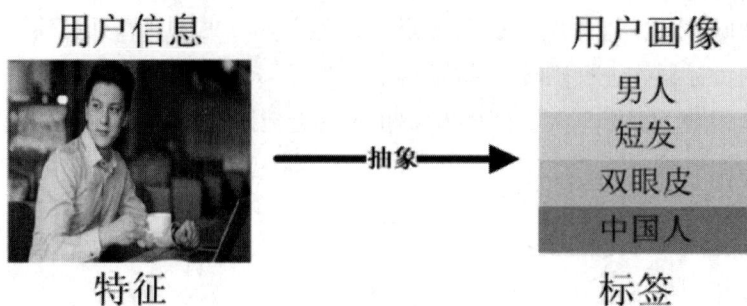

图 3-3-17　用户画像模型架构图

牌影响力。

### 三、增强粉丝黏性的方法

增强粉丝黏性是指通过一系列策略和方法,使粉丝对品牌或社交媒体账号产生更强的依赖和黏性,增加其互动和忠诚度。以下是一些增强粉丝黏性的方法:

**1. 提供有价值的内容**

创作并分享有价值的内容是增强粉丝黏性的关键。通过发布高质量、有趣、有教育意义的内容,满足粉丝的信息需求,提供帮助和解决问题的方案。品牌可以根据粉丝的兴趣和需求,创作多样化的内容,如教程、行业洞察、独家资讯等,以吸引粉丝的关注并持续吸引他们互动。

**2. 定期互动和回应**

与粉丝的互动是增强黏性的重要环节。品牌需要定期与粉丝进行互动,回复他们的留言、评论和提问,表达关心和感谢。可以设立专门的时间段或活动,与粉丝进行互动,如问答活动、投票、抽奖等,增加粉丝参与度和忠诚度。

**3. 社群建设**

创建一个积极、互助的社群环境,使粉丝之间建立联系和互动。品牌可以设立专属的社群平台或社交群组,提供一个讨论、分享和交流的空间。定期组织线上或线下的社群活动,促进粉丝之间的互动和沟通,增强他们的归属感和忠诚度。

**4. 个性化互动和奖励**

针对不同的粉丝,提供个性化的互动和奖励。可以通过分层次的会员制度,根据粉丝的互动频率、贡献度等给予不同的特权和奖励,如独家活动、专属礼品、折扣优惠等。个性化互动和奖励可以激发粉丝的参与和忠诚度,让他们感受到品牌的关怀和特殊待遇。

**5. 品牌故事和情感共鸣**

通过讲述品牌故事和价值观,与粉丝建立情感共鸣。品牌可以分享品牌的背后故事、核心理念和社会责任等,与粉丝建立更深层次的联系。情感共鸣能够加强粉丝对品牌的认同感和忠诚度,使他们更愿意与品牌保持互动和关注。

### 6. 创造互动体验

提供有趣、创新的互动体验,吸引粉丝的参与。可以设计各类互动活动,如有奖问答、抽奖互动、挑战赛等,激发粉丝的参与欲望。同时,结合新技术和趋势,创造更具创意和互动性的体验,如 AR 互动、直播互动、用户生成内容等,增加粉丝黏性和持续关注。

通过以上方法,品牌可以增强粉丝的黏性,建立良好的用户关系,并促进品牌的长期发展和用户基础的壮大。

# 第四章　内容推广与变现

## 第一节　短视频与营销

### 一、短视频的发展脉络

短视频是指在有限时间内呈现的小型视频内容,通常以几十秒至几分钟的短时长为主。近年来,随着智能手机的普及和移动互联网的快速发展,短视频成为人们喜爱的一种内容形式,并在社交媒体平台上迅速崛起。以下是短视频发展的脉络:

**1. 移动互联网和智能手机的普及**

随着移动互联网的普及和智能手机的快速发展,人们越来越依赖手机进行信息获取和娱乐消费。智能手机的高清摄像功能和便捷的社交媒体应用为短视频的创作和分享提供了便利。

**2. 社交媒体平台的兴起**

社交媒体平台如抖音、快手等崭露头角,通过简洁的界面和个性化的推荐算法,为用户提供了丰富的短视频内容。从下载量排行榜、评论数量来看,抖音和快手不管是在 IOS 市场还是在安卓市场,都排在前列。不过两家平台的定位不同,商业模式也不同:抖音采取的商业模式有启动页广告、短视频广告推送(与大品牌合作)、电商合作;而快手的商业模式有直播、粉丝头条、短视频打赏。两家平台几番"较量"下来难分伯仲,业界遂称"南抖音,北快手"。这些平台将用户的关注点和兴趣进行匹配,使用户能够轻松浏览和分享各类短视频。

**3. 用户对于快速、简洁内容的需求**

在快节奏的生活中,用户对于信息获取的要求变得更加迅速和简洁。短视频以简洁、直观的方式呈现内容,符合了用户迅速获取信息和娱乐的需求,吸引了大量的用户。

**4. 创新的创作方式和表达形式**

短视频给予创作者更多的创作自由度,可以通过剪辑、特效、音乐等手段来表达自己的想法和创意。创作者可以通过短视频形式来展示自己的才华、分享生活点滴,吸引观众的关注和共鸣。

**5. 广告和营销的变革**

短视频成为品牌推广和营销的重要渠道。通过在短视频平台上投放广告,品牌可以与用户直接互动,提高品牌曝光度和影响力。同时,一些创意的短视频广告也成了用户喜爱的内容,更容易引起用户的关注和共享。

**6. 短视频创作的专业化和商业化**

随着短视频行业的发展,越来越多的专业创作者涌现出来。他们在剧本创作、摄影技术、后期剪辑等方面具备较高的专业水准。同时，短视频也成为一种商业化的形式，创作者可以通过平台分成、品牌合作等方式获得经济收益。

总结起来，短视频的发展受到移动互联网和智能手机的推动，以及用户对于简洁、快速内容的需求所驱动的。短视频形式的出现为用户提供了更丰富的内容选择，也为创作者和品牌营销者提供了新的机遇。随着技术的进步和用户需求的变化，短视频行业还将继续发展壮大，探索出更多创新的形式和商业模式。

### 二、短视频的发展趋势

短视频作为一种受欢迎的内容形式，不断在发展和演变。以下是短视频发展的一些趋势：

#### 1. 垂直视频的兴起

第一财经商业数据中心（CBNData）每年的短视频行业大数据洞察显示，娱乐搞笑类题材占比逐渐下降，而多个垂直领域占比明显提升，如时尚美妆、美食、生活方式。服饰类等垂直内容更易获得资本青睐，更容易抓住用户。垂直视频在移动设备上的观看体验更好，逐渐成为短视频领域的主流。平台和创作者开始更加重视垂直视频的拍摄和展示方式，以适应用户的观看习惯。

#### 2. AI、5G 技术的应用

人工智能技术在短视频领域的应用不断增加。AI 可以辅助剪辑、特效处理和内容推荐，提高短视频的质量和个性化，为创作者和用户带来更好的体验。如果没有 4G，就不会有现在移动互联网爆发式的增长，更不会有短视频的爆发式涌现。就像我们无法估计 4G 带来的催化力量一样，我们同样难以想象 5G 对短视频会造成怎样的冲击和影响。2018 年很火的一个词是"区块链"，无论对区块链的未来有怎样的质疑，目前仍然有人在往这个方向靠拢。如火牛和今日必看就在坚持"短视频+区块链"的做法。今日必看的做法是用户可以通过发布视频和观看视频来获得 BIK 奖励。与此同时，平台邀请短视频优秀生产者来平台发布好的短视频，以此吸引更多用户看视频拿 BIK。而等广告商进驻后则需要购买 BIK 奖励给观看他们广告的用户（图 3-4-1）。

#### 3. 用户生成内容的重要性

用户生成内容（UGC）在短视频平台上占据重要地位。越来越多的用户参与到短视频的创作中，分享自己的生活、才艺和创意。UGC 能够提供更多元化和有趣的内容，同时也增加了用户参与度和忠诚度。

#### 4. 短视频直播的崛起

短视频直播的兴起为用户提供了实时互动和更直接的沟通方式。通过短视频直播，创作者可以与粉丝实时互动，举办线上活动和直播演出，提升用户参与度和黏性。

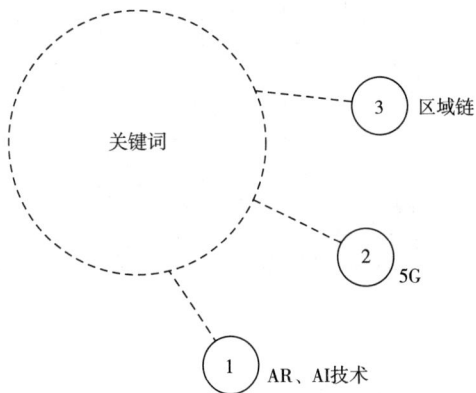

图 3-4-1　影响短视频未来发展的关键词

**5. 品牌整合短视频营销**

越来越多的品牌开始认识到短视频的营销潜力,通过在短视频平台上投放广告、合作创作等方式来推广产品和品牌。品牌整合短视频营销,将创意和宣传与用户的喜好和互动结合起来,提高品牌的曝光度和影响力。

**6. 社交媒体和短视频的融合**

社交媒体平台将短视频作为重要内容形式之一,并在其基础上进行拓展和创新。短视频与社交媒体的融合,为用户提供更多元化的互动方式,推动了短视频的发展和流行。

如今短视频平台开始建立和完善创作者生态系统,提供更多的支持和资源。平台推出创作奖励机制、知识产权保护措施等,吸引更多的创作者参与,并促进优质内容的创作和传播。

综上所述,短视频的发展趋势包括垂直视频、AI 技术应用、用户生成内容、短视频直播、品牌整合营销、社交媒体融合以及创作者生态的完善等方面。这些趋势将进一步推动短视频行业的发展和创新,为用户带来更丰富多样的短视频内容。

### 三、短视频的营销现状

短视频的营销在当前的社交媒体环境中已经成了一种重要的营销手段。以下是短视频营销的现状和特点:

**1. 品牌广告的投放**

许多品牌通过在短视频平台上投放广告来提升品牌知名度和推广产品。短视频平台提供了广告投放的机制和工具,品牌可以根据自己的目标受众定向投放广告,并通过数据分析和反馈评估广告效果。

**2. KOL 和网红合作**

短视频平台上的知名 KOL(关键意见领袖)和网红成了品牌合作的对象(图 3-4-2)。品牌可以与 KOL 和网红进行合作,让他们在自己的短视频中进行产品推荐、品牌宣传等,借助他们的影响力和粉丝基础,达到品牌营销的效果。

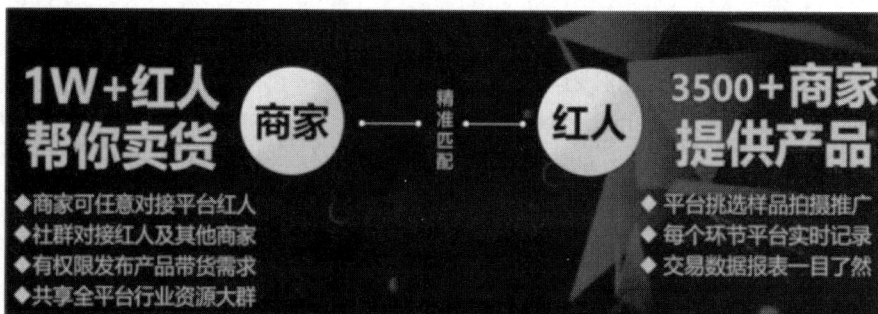

图 3-4-2　品牌与短视频达人商业对接示意图

**3. 创意营销策略**

短视频具有短时长、生动直观的特点,品牌可以通过创意的方式在短视频中展现产品特点、品牌形象等。一些有趣、创意的短视频广告能够吸引用户的注意力，增加品牌的曝光度和影响力。

**4. 用户生成内容的营销**

品牌可以通过用户生成内容(UGC)的方式进行营销。品牌可以发起短视频创作的活动，鼓励用户创作与品牌相关的短视频，并通过奖励、活动互动等方式吸引用户参与，增加用户对品牌的关注和参与度。

**5. 短视频直播的营销**

短视频直播为品牌营销提供了更直接、实时的互动方式。品牌可以通过短视频直播展示产品使用、线上活动、答疑解惑等内容，与粉丝实时互动，增强用户对品牌的认知和信任度。

**6. 数据分析和精准营销**

短视频平台提供了丰富的数据分析工具，品牌可以根据数据分析结果，了解用户的兴趣和行为，进行精准的营销策略制定。通过分析用户的喜好和反馈，品牌可以更好地调整营销策略，提高营销效果。

总体而言，短视频的营销已经成为品牌推广和传播的重要手段。品牌可以通过短视频平台与用户进行直接互动，提升品牌知名度、用户参与度和黏性，同时也为用户带来了更多有趣、有价值的短视频内容。随着短视频技术和用户需求的不断发展，短视频营销也将继续创新和发展，为品牌带来更多机遇和挑战。

## 四、短视频的营销趋势

短视频作为一种热门的营销手段，不断发展和演变。以下是短视频营销的一些趋势：

**1. 短视频直播的崛起**

短视频直播成为短视频营销的重要组成部分。品牌可以通过短视频直播与用户实时互动，举办线上活动、产品展示和解说，提升用户参与度和购买欲望。

**2. 用户生成内容的重要性**

用户生成内容(UGC)在短视频营销中扮演着重要角色。品牌可以鼓励用户创作与品牌相关的短视频，通过 UGC 传播品牌形象和产品信息，提升用户参与度和黏性。创意和故事性是吸引用户关注的重要因素。品牌可以通过短视频讲述故事、展示创意，引发用户的情感共鸣，提升品牌认知度和好感度。

**3. 垂直领域的深耕**

针对不同垂直领域的短视频平台正在崛起。品牌可以选择与特定领域相关的短视频平台合作，通过精准的定位和推广，与目标用户建立更紧密的联系。

**4. 精准投放和个性化推荐**

短视频平台的数据分析和推荐算法日益精准。品牌可以根据用户的兴趣和行为数据进行精准投放和个性化推荐，提高广告的点击率和转化率。在海量的短视频节目中，短视频内容生产者要想抓住用户的眼球，首先就要让自己的内容具有个性化。如何具有个性化？现今市场上主要分为兴趣个性化和地域个性化。对于前者，运营者可以利用大数据来精准获取用户的兴趣并将相关内容进行推送;对于后者,短视频运营者应该利用地缘特点来打动受众的情感心智,以获得更高的用户黏性。

**5. 多平台整合和跨界合作**

品牌可以将短视频营销与其他平台和渠道进行整合,如与社交媒体、电商平台等合作,提升品牌曝光度和销售效果。同时,跨界合作也成了短视频营销的一种趋势,品牌与影视、音乐等领域的合作,可以获得更多的关注和传播力。短视频内容创作进入组织进化阶段的标志就是多频道网络(MCN)插图的崛起。在此之前,短视频创作基于个体兴趣,或是通过构建小团队来生产制作更加优质的内容。但是这类制作方法缺乏中长期的规划能力和商业转化能力,往往中途夭折。而如今通过 MCN 就能很好地解决上述问题。就目前形势来看,MCN 的领域引来了融资的介入,这会为 MCN 的发展奠定一个非常好的基础。

**6. 长效运营和用户关系维护**

短视频营销不仅仅是一次性的活动,更需要长期的运营和用户关系维护。品牌可以通过持续的内容创作和互动活动,与用户建立稳固的关系,增加用户忠诚度和复购率。

总体而言,短视频营销的趋势包括短视频直播、UGC 的重要性、垂直领域深耕、精准投放和个性化推荐、创意与故事性的结合、多平台整合和跨界合作,以及长效运营和用户关系维护。品牌可以根据这些趋势,灵活调整营销策略,更好地利用短视频的优势,实现营销目标。

# 第二节　短视频的推广技巧

## 一、平台推荐算法机制

在短视频的推广过程中,平台推荐算法起着至关重要的作用。平台推荐算法根据用户的兴趣、行为和喜好,筛选并推送适合用户观看的短视频内容。了解平台推荐算法的机制对于短视频的推广至关重要。

在发布视频初期,会有 200~500 人的流量,再随着用户的反馈数据来判断是推向更大的流量池,还是中断推送。但很多人在做运营的时候,有一个不明白的点就是抖音官方透露,不管有没有粉丝,视频发出来都会有 200~500 个初始播放,那为什么我的播放量只有几十啊? 难道说系统没有给我推荐 200~500 人吗? 其实并不是这个问题。抖音官方在直播的时候已经有给出了非常明确的回复,即一个新的账号视频发出去,平台一定会把视频给到 200~500 人看,但这200~500 人当中,只有一小部分人会在你的视频上停留足够的时间,而能够停留足够长时间的这一部分的播放,才是在后台看到的播放,它有另外一个名字——有效播放量。以下是一些算法机制(图 3-4-3)。

**1. 用户兴趣标签**

平台会根据用户的行为和兴趣,给用户打上一系列的兴趣标签,用于判断用户的兴趣偏好(图 3-4-4)。比如,用户观看某个类型的短视频,平台会将该类型的标签与用户相关联。

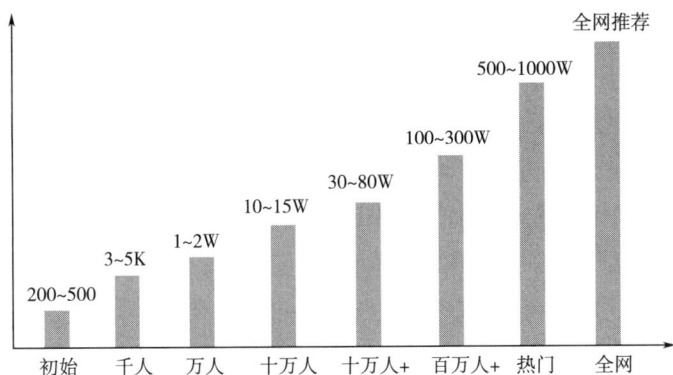

图 3-4-3 抖音播放推荐量的阶梯机制

兴趣特征

| | | | TGI |
|---|---|---|---|
| 吃货 | | 74% | 260~280 |
| 烹饪达人 | | 67% | 220~240 |
| 美丽教主 | | 57% | 220~240 |
| 家庭主妇 | | 57% | 220~240 |
| 速食客 | | 51% | 340~360 |
| 时尚靓妹 | | 50% | 200~220 |

图 3-4-4 用户兴趣标签图

## 2. 用户行为分析

平台会对用户的行为数据进行分析,如用户的观看历史、点赞、分享、评论等行为(图 3-4-5)。通过分析用户的行为模式,平台可以了解用户的兴趣爱好和偏好,从而进行推荐。

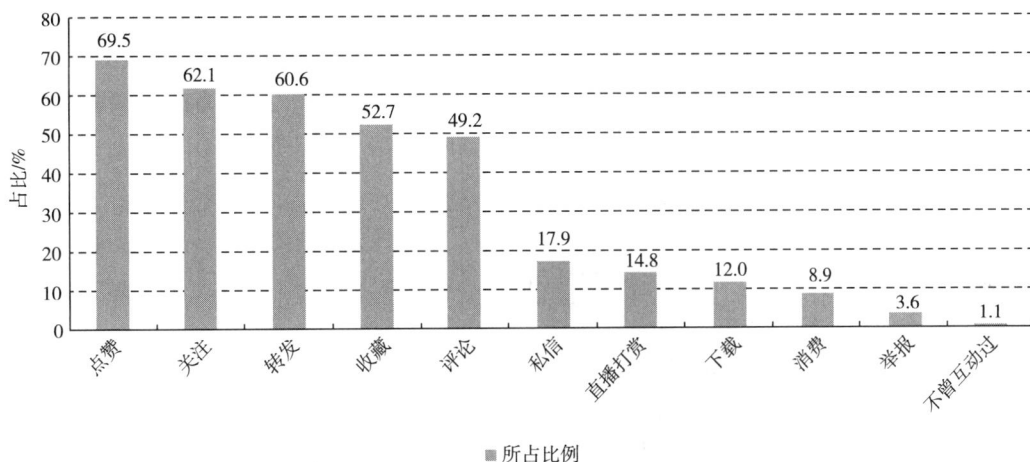

图 3-4-5 用户行为分析大数据示例图

## 3. 相似推荐和热门排行榜

平台推荐算法会根据用户的兴趣和行为,找到与用户兴趣相似的其他用户,将这些用户观看的短视频推荐给目标用户。相似推荐可以帮助用户发现新的感兴趣的内容。平台会根据短视频的播放量、点赞数、评论数等指标,生成热门排行榜,将热门视频推荐给用户。用户更容易接触到热门的短视频内容,从而提高了曝光率和观看量。

## 4. 个性化推荐

平台推荐算法会根据用户的个人信息和历史行为,进行个性化推荐。通过分析用户的性别、年龄、地理位置等信息,结合用户的兴趣和偏好,推送适合用户的短视频内容。平台推荐算法还可以根据实时的热点和趋势,推送与热点相关的短视频内容。比如,某个事件或话题突然成为热门,平台会优先推送与该热门事件相关的短视频给用户。

### 二、短视频发布的黄金时间

视频发布的黄金时间是指在哪个时间段发布短视频可以获得最佳的曝光和观看效果。不同平台和受众群体的习惯和行为有所不同,因此选择合适的发布时间可以增加短视频的曝光和吸引更多的观众。以下是一些常见的短视频发布的黄金时间:

#### 1. 工作日的晚间

工作日的晚间,尤其是周一至周四的晚间,往往是人们放松和娱乐的时间。在这个时间段发布短视频,可以吸引上班族和学生群体的关注。无论是工作日还是周末,发布时间在17~18点的视频都更易收获互动,而多数粉丝层红人发布视频的高峰期也同样出现在17~18点。工作日期间,17~19点发布的视频,收获的播放、互动都是最多的,粉丝300万以上的红人播放、互动占比都明显高于其他阶段红人。周末时段,因人们空闲时间更多,9~13点发布视频收获播放、互动占比都高于工作日。

#### 2. 周末的下午

周末的下午,人们通常有更多的空闲时间,愿意花时间在社交媒体上浏览短视频。在周末的下午发布短视频,可以获得更多的观众和互动(图3-4-6)。抖音、快手红人稍倾向于在周五和双休日发布视频,活跃程度为周六>周日>周五。同样地,红人这三天发布的视频也都更易收获播放、评论、点赞,其中周五点赞>播放、评论,双休日则是评论>点赞、播放。

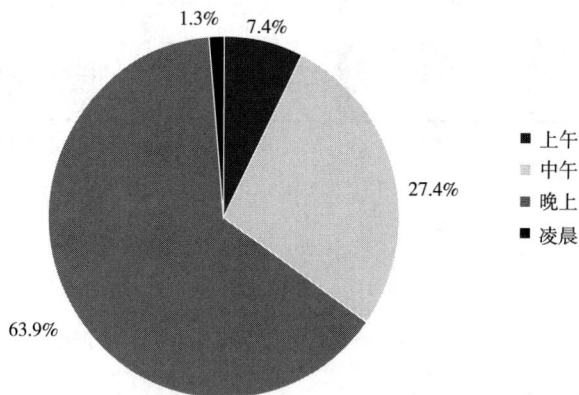

图3-4-6 快手短视频发布时间报告图

#### 3. 高峰期

针对特定平台,了解其用户活跃的高峰期,选择在这个时间段发布短视频。不同平台的高峰期可能有所不同,可以通过平台的数据分析或者观察平台上的活跃度来确定。

#### 4. 特殊节日和事件

在特殊的节日和事件期间发布短视频,可以吸引更多的关注和分享。比如,春节、圣诞节、世界杯等大型节日和活动,人们更容易关注与之相关的短视频内容。

### 5. 个人粉丝活跃时间

如果拥有一定数量的忠实粉丝,可以观察他们的活跃时间,选择在他们最活跃的时间段发布短视频。这样可以更好地与粉丝互动,增加短视频的曝光和分享(图 3-4-7)。

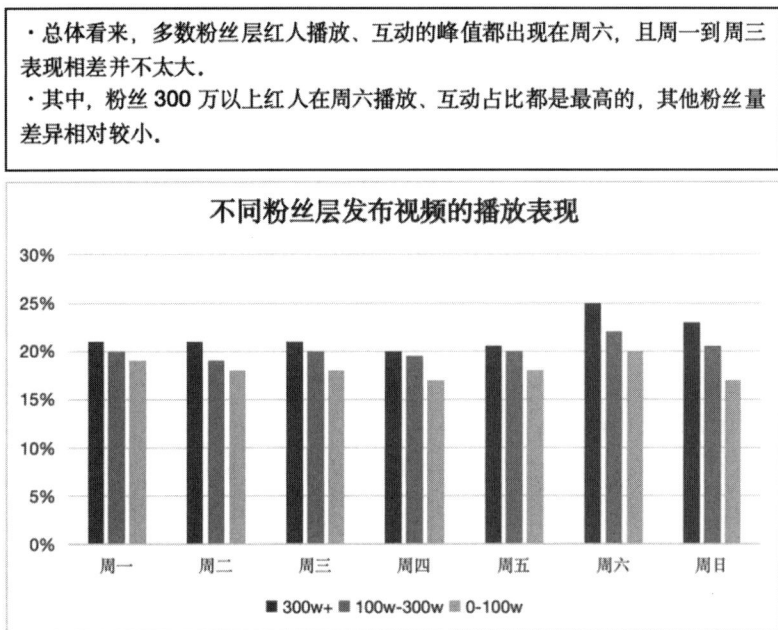

图 3-4-7　不同粉丝层互动表现时间对比图

需要注意的是,虽然有一些常见的黄金时间段,但实际上最适合发布短视频的时间还是因人而异。要根据自己的受众群体、内容特点和平台特点来确定最佳的发布时间。此外,持续性的发布和定期更新也是增加曝光和吸引观众的重要策略。通过分析观众的行为习惯和平台的数据,不断优化发布时间,可以提高短视频的曝光和观看效果,吸引更多的观众参与互动。

### 三、短视频必须规避的违禁词

在短视频制作和发布过程中,为了遵守平台规定和社会法律法规,需要规避一些违禁词,以确保内容的合法性和健康性。以下是一些常见的短视频必须规避的违禁词:

(1)涉及暴力和恶意攻击的词语。包括直接或间接鼓励暴力行为、挑衅、恶意攻击、辱骂或歧视他人的词语。

(2)色情和淫秽的词语。包括直接或间接的色情暗示、性暗示、低俗的言辞或图像等。

(3)政治敏感的词语。避免涉及政治敏感话题、政治人物或敏感事件的词语,以避免引发争议或违反平台规定。

（4）违禁品和违法行为的词语。避免使用违禁品（如毒品）和违法行为（如盗窃、贩卖等）的词语，以确保内容的合法性。

（5）诈骗和欺诈的词语。避免使用涉及诈骗、欺诈、虚假宣传等的词语，以保护用户利益和维护诚信环境。

（6）火灾、事故和灾难的词语。避免使用与火灾、事故、灾难等相关的词语，以避免给观众带来不适和恐慌。

（7）涉及版权侵犯的词语。避免使用与版权侵犯相关的词语，包括未经授权使用的音乐、影视剧、图片等。

（8）虚假宣传和误导性的词语。避免使用虚假宣传、夸大宣传或误导性的词语，以保持真实和客观的信息传递。

在制作和发布短视频时，应当对内容进行审查，确保不含有违禁词语。同时，要遵守平台的规定和政策，遵守社会法律法规，创作积极健康的内容，传递正能量，促进社会和谐发展。如果有疑问或不确定的词语，建议查阅平台的相关规定或咨询专业人士，以确保符合要求。

### 四、避免官方限流的实用技巧

避免官方限流是短视频推广的关键之一，限流可能导致短视频的曝光和传播效果受到影响。为了应对官方限流，可以采取以下实用技巧：

**1. 合规操作**

遵守平台的规范和政策，确保内容不涉及违规行为或敏感话题。平台通常会对违规内容进行限流处理，因此遵守规定可以降低被限流的风险。

**2. 高质量内容**

制作和发布高质量的短视频内容，包括有趣、有创意、有观赏性的内容。高质量的内容更容易引起用户的兴趣和互动，从而降低被限流的可能性。

**3. 视频时长控制**

避免制作过长的短视频，因为一些平台对较长的视频会进行限制。根据平台的要求和用户的习惯，控制短视频的时长在适宜的范围内，增加用户观看的可能性。

**4. 增加互动元素**

在短视频中增加互动元素，如投票、抽奖、评论互动等，可以增加用户的参与度和活跃度。平台通常会对有互动性的内容给予更多曝光，从而避免被限流。

**5. 频率和定时发布**

合理控制短视频的发布频率，避免过于频繁或过于集中发布。根据平台和用户的习惯，选择合适的发布时间段，避免与其他热门内容竞争，提高曝光和传播效果。

**6. 多平台分发**

在不同的短视频平台上进行分发，避免过度依赖单一平台。这样可以扩大受众范围，减少对单一平台的依赖性，降低被限流的风险。

### 7. 与粉丝互动

与粉丝保持良好的互动和沟通,回复评论、关注用户反馈,并根据用户喜好和反馈进行调整和改进。这样可以增加用户的黏性和活跃度,减少被限流的可能性。

### 8. 利用数据分析

使用数据分析工具和平台提供的数据分析功能,了解用户的行为习惯、观看偏好和互动情况。根据数据分析结果进行优化和调整,提高短视频的质量和用户体验。

总之,避免官方限流需要遵守平台规范,制作高质量的内容,增加互动元素,控制发布频率和时机,多平台分发,并与粉丝进行互动。同时,数据分析也是优化和调整的重要依据。通过综合运用这些实用技巧,可以提升短视频的曝光和传播效果,降低被限流的风险。

## 五、短视频发布效果的提升技巧

想要提升短视频的发布效果,增加曝光和吸引更多用户的关注是关键。以下是一些短视频发布效果提升的技巧:

### 1. 制作精彩的开头

在写作方面,很多人都听说过"凤头、猪肚、豹尾"的说法,即开头吸引人、主体言之有物、结尾简洁有力,在撰写新媒体文案时,这种写作方法同样适用。一篇文章的开头要精彩,只有这样才能吸引读者。特别是在网络时代,各种信息纷繁复杂,如果一篇文案的开头没能抓住读者的眼球,那么他们很可能就此打住,不会往下读下去了。因此,在写文案时,要在开头下足功夫,这样读者才有可能继续读下去。开头是吸引观众的重要部分,可以采用吸引人的画面、精彩的音效或引人入胜的剧情来吸引观众的注意力,吸引读者主动点击观看。

### 2. 优化视频标题和描述

使用有吸引力的标题和描述,准确地描述视频内容,并使用关键词以增加搜索引擎的发现性。切忌使用夸张或虚假的标题,以免误导观众。标题的形式可以有:情感共鸣型、名人效应型、矛盾冲突型、数字型标题、解决问题型或直击痛点型。

### 3. 注意视频封面

选择一个有吸引力的视频封面,它可以吸引用户点击观看。封面应反映视频的核心内容,并能引起观众的好奇心。封面上提现出视频主要表达的主体,如产品性能、人物表情等。选择有文字部分的片段作为封面,以此提示粉丝应该关注的点。这两点就是封面作为视频"引子"的作用,粉丝看到封面之后,如果是自己需求的,或者心里喜欢的,自然想要点击观看(图3-4-8)。

### 4. 优化视频配乐和音效

音乐和音效对于短视频的效果至关重要。选择合适的音乐可以增强情感表达,吸引观众的共鸣,并提升整体观看体验。一个好看的视频再搭配好的背景音乐,在一定程度上能起到升华的效果。让粉丝的情感、心理和视频内容进行融合,提高情感升华(图3-4-9)。而一个富有情感的视频,一定能获得更多的转发和点赞。所以,在发布抖音视频是一定要配上合适的背景音乐。

图 3-4-8　视频封面效果图

图 3-4-9　视频 BGM 使用图

**5. 注意视频长度和节奏**

短视频的长度通常在几十秒到几分钟之间。要注意保证视频的节奏紧凑、内容丰富,避免冗长和拖沓。

**6. 添加字幕和文案**

对于有文字内容的短视频,添加字幕和文案可以提供更好的理解和传达信息的能力。字幕应清晰易读,文案要简洁明了,以吸引观众的注意。发布文案就是发布作品之前要写一段话,可以从这两个方面掌握,第一,写出这个作品相关的主题,或者是中心思想;第二,可以写出此时此刻的感想或心情。

### 7. 利用话题和热点

在制作短视频时,关注当前的热点话题,与时俱进,制作与话题相关的内容,这样可以更容易吸引用户的兴趣和关注。就是#号键填写一些和我们的作品或者账号相关联的一些热词,能保证搜索热词的时候,搜索到我们的作品还可以写一些当下一些热词或者当下的热点话题。关联热点就是打开关联热点,这个关联热点,就是从我们的作品内容要和关联的这个内容相关,才能够关联的上,哪怕只有一两句话都是可以的。如果内容不相关,关联不上,这也就是所谓的蹭热点(图3-4-10)。

**#日常碎片**

176.7亿次播放

☆ 收藏

图 3-4-10 短视频带话题发布示例图

### 8. 引导观众互动

在视频中引导观众进行互动,如提出问题、鼓励留言、分享观点等,这样可以增加观众的参与度和黏性。与观众保持良好的互动,回复评论,关注粉丝反馈,这样可以建立更紧密的联系和忠诚度,有助于提升短视频的发布效果。

### 9. 利用社交媒体平台推广

利用社交媒体平台的分享功能,将短视频发布到各种社交媒体平台上,扩大曝光范围,吸引更多的观众。以上是一些提升短视频发布效果的技巧。通过注意这些方面,并不断尝试和优化,可以吸引更多的观众,提高短视频的曝光和传播效果。

## 第三节 短视频变现的评估和途径

### 一、变现能力评估方法

评估短视频账号的变现能力是对账号价值的综合评估,下面是一些常用的方法和指标来评估短视频账号的变现能力:

**1. 粉丝数量和活跃度**

粉丝数量是一个重要的指标,代表了账号的受众规模。然而,仅有数量还不足以评估变现能力,活跃度同样重要。评估账号的粉丝活跃度可以通过观察评论互动、转发和点赞等指标来判断。

**2. 视频播放量和观看时长**

视频播放量和观看时长是衡量账号影响力和吸引力的关键指标。账号的视频播放量和观看时长越久,代表账号的内容能够吸引观众,并具有更好的变现潜力。

**3. 受众特征和画像**

了解账号受众的特征和画像对于确定变现方式和合作伙伴非常重要。通过分析观众的性别、年龄、地理位置、兴趣爱好等特征,可以更好地匹配广告主或合作伙伴的需求,提高变现能力。

**4. 品牌合作和广告收入**

与品牌的合作和广告收入是短视频账号变现的主要途径之一。评估账号的变现能力时,可以考虑账号过去的品牌合作经历、广告收入以及合作伙伴的质量和数量。

**5. 社交媒体平台的政策和算法**

了解所在社交媒体平台的政策和算法对于评估变现能力至关重要。平台的政策可能限制某些广告形式或合作方式,而算法的变化也会影响账号的曝光和变现能力。

**6. 基于数据分析的评估**

利用数据分析工具和平台提供的数据来评估账号的变现能力是一种客观的方法。通过分析账号的观众数据、视频互动指标、用户行为等,可以得出更准确的评估结论。

综合考虑上述因素,评估短视频账号的变现能力可以更全面地了解账号的市场价值和潜力。然而,需要注意的是,变现能力的评估也取决于行业趋势、竞争环境和合作伙伴的需求,因此定期评估和调整也是必要的。

## 二、广告变现

广告变现是短视频账号常见的变现方式之一,通过与广告主合作,在视频中嵌入广告内容,获取广告收入。以下是一些常见的广告变现方式和相关注意事项:

**1. 品牌合作广告**

品牌合作广告是短视频账号常见的变现方式之一。合作品牌会支付费用,在视频中嵌入他们的产品或服务,并通过账号的影响力和受众群体来推广。账号主要通过展示产品、讲解使用方法或分享体验来推广品牌。这也是很多短视频账号的重要变现渠道。粉丝量达到一定程度,就会有媒介找来谈合作。比较好变现的平台是小红书,千粉左右就有人来谈合作了,因为平台本身商业属性强,所以也最容易变现,当然价格也不会太高。千粉左右,接一条推广大约在200元人民币。但优势在于单子多,最适合普通人做,积少成多。而像商业价值比较高的抖音、B站、微博平台,对粉丝基数的要求就相对高一些。其中B站比较看中粉丝的黏性,粉丝数在1万左右也能接品牌推广的广告,只要你的账号内容深度垂直,有很明确的粉丝群体。

注意事项:选择与账号定位和受众群体相关的品牌合作,保持内容的相关性和连贯性。充分了解品牌要求和合作方式,确保广告内容与账号的风格和形象相符。慎重选择品牌合作伙伴,确保品牌的信誉和声誉。

**2. 广告插入**

广告插入是指在短视频中插入预先制作的广告片段。这种方式通常在视频开始、中间或结尾的位置插入广告,以吸引观众的注意力并传递广告内容。

注意事项:插入的广告应与账号内容相关,并能够顺利过渡,不影响观众的观看体验。了解广告时长和插入位置的要求,确保广告的流畅和自然。

**3. 品牌代言**

品牌代言是指短视频账号代言某个品牌或产品,并通过在视频中推荐、使用或演示产品来推广。账号会与品牌签订合同,并获得相应的报酬。

注意事项:选择与账号受众和内容相关的品牌进行代言,保持推广的连贯性和可信度。对产品进行充分了解,并真实地分享自己的使用体验和观点,保持诚实和可信的形象。

**4. 广告联盟**

广告联盟是通过与广告平台或代理商合作,在短视频中展示广告,并根据点击、观看或转化等指标获得收入。账号可以选择加入广告联盟,根据平台提供的广告投放代码将广告展示在视频中。

注意事项:选择可靠的广告联盟平台,确保广告的质量和合法性。了解广告联盟的分成机制和结算周期,确保收益的可控性和及时性。

**5. 赞助和赞助内容**

赞助是指由品牌或合作伙伴为账号提供资金或资源,以支持账号的运营和创作。赞助内容是指账号与赞助方合作,创作特定的视频内容来展示赞助方的产品、活动或服务。

注意事项:选择与账号定位和受众相关的赞助方,确保赞助内容的相关性和合适性。在赞助内容中保持适度的宣传,应避免过度商业化和过度推销。

总的来说,广告变现是短视频账号常见的变现方式之一。在选择广告合作和变现方式时,账号应考虑与受众和内容相关的品牌合作,保持内容的连贯性和可信度。同时,账号也需要了解广告平台的政策和规定,遵守相关的法律法规,并与合作伙伴建立良好的合作关系,以实现可持续的广告变现。

### 三、电商变现

电商变现是短视频账号常用的变现方式之一,通过与电商平台合作或自建电商平台,在视频中推广和销售商品,从中获取收益。以下是一些常见的电商变现方式和相关注意事项:

**1. 电商平台合作**

与知名电商平台,如淘宝、京东、拼多多等进行合作,通过在视频中推广平台上的商品链接或优惠券来引导观众购买(图 3-4-11)。账号可以成为电商平台的推广达人或合作伙伴,获得推广佣金或奖励。

注意事项:选择与账号内容相关的商品进行推广,保持推广的连贯性和可信度。充分了解电商平台的推广政策和规定,遵守相关的法律法规。提供真实的使用体验和评价,增加观众的购买决心。

图 3-4-11　淘宝的哇哦视频和京东的发现页面

**2. 自建电商平台**

一些账号会选择自建电商平台,通过在视频中推广自己的商品并直接销售,实现直接的销售收入。这种方式可以增加账号的品牌价值和盈利空间,但也需要考虑物流、售后等运营方面的问题。

注意事项:选择与账号受众和内容相关的商品进行销售,保持销售的连贯性和合适性。提供良好的客户服务和售后支持,提高用户满意度和忠诚度。

**3. 推广优惠码和返利活动**

在视频中提供独有的优惠码或参与返利活动,通过发布短视频,将团购挂到左下角,观众看到相关视频,然后被团购内容吸引,点击左下角的入口,购买套餐,就会得到一定的收入,订单的价格越高,分成也越高(图 3-4-12)这种方式可以提高观众的购买欲望和转化率,同时也能够为账号带来一定的佣金或奖励。

注意事项:提供真实有效的优惠码和返利活动,确保观众的利益和权益。定期更新优惠码和返利活动,增加观众的参与度和购买动力。

**4. 推广品牌合作活动**

与品牌进行合作,推广品牌的限时折扣、促销活动或特殊活动。账号可以通过视频内容、宣传片段、使用体验等方式推广活动,引导观众参与购买。

注意事项:选择与账号受众和内容相关的品牌活动进行合作,保持推广的连贯性和合适性。

图 3-4-12　商品链接结合短视频推广效果图

充分了解品牌活动的规则和要求,确保推广的有效性和准确性。

总的来说,电商变现是短视频账号实现商业化的有效途径之一。账号需要选择与受众和内容相关的合作伙伴和产品,提供真实有效的推荐和购买体验,建立良好的信任关系,从而实现稳定的电商变现收入。同时,账号也要了解相关的法律法规和平台政策,遵守规定,确保变现行为的合规性和可持续性。

### 四、直播变现

直播变现是短视频账号常用的一种变现方式,通过进行直播内容创作和互动,吸引观众参与,并通过直播中的商品销售、打赏、粉丝会员等方式获取收益。直播带货比视频带货赚钱,因为直播带货的时效性更强,在直播间才会享有的限时价格,会让很多人冲动消费。所以头部主播收入很多。这行不是二八定律,而是一九定律。因为入行门槛低,只要有手机和网络,谁都可以开直播。但真正能坚持下来,并且做得好的是极少数。以下是一些常见的直播变现方式和相关注意事项:

#### 1. 商品销售

在直播过程中,推广和销售相关的商品。可以通过展示商品、演示使用效果、分享购买链接或优惠码等方式引导观众购买(图3-4-13)。直播中可以提供独家优惠、限时折扣等促销手段,增加观众的购买欲望。

注意事项:选择与直播内容和受众相关的商品进行销售,保持销售的连贯性和合适性。提供真实有效的商品信息和推荐,增加观众的购买信心。

图 3-4-13　商品带货直播示例图

### 2. 打赏和礼物

观众可以通过直播平台提供的打赏功能，向账号表达赞赏和支持。此外，一些直播平台还提供虚拟礼物系统，观众可以购买虚拟礼物并赠送给账号，账号会获得相应的收益。

注意事项：通过直播内容和互动，吸引观众的关注和支持，增加打赏和礼物的收入。提供特殊的互动和回馈，增加观众的参与度和忠诚度。

### 3. 粉丝会员制度

建立粉丝会员制度，观众可以通过购买会员或订阅服务，享受专属权益和内容。会员制度可以包括特定的直播活动、私密互动、专属内容等，为账号提供稳定的会员收入。

注意事项：提供高质量、独特的会员权益和内容，吸引观众购买会员。与会员保持互动和沟通，不断提供价值和回馈。

### 4. 广告和赞助

在直播中，与品牌进行合作，推广品牌的产品或活动。可以通过直播内容、宣传片段、使用体验等方式进行品牌推广，并获得广告费用或赞助收入。

注意事项：选择与直播内容和受众相关的品牌合作，保持推广的连贯性和合适性。提供真实有效的品牌推广，与观众建立信任关系。

总的来说，直播变现是短视频账号实现商业化的一种有效途径。账号需要根据自身特点和受众需求，选择适合的直播变现方式，并不断提升直播内容质量和观众互动体验，以获得稳定的变现收益。同时，账号也需要了解相关的法律法规和平台政策，遵守规定，确保变现行为的合规性和可持续性。

### 五、其他变现方法

除了广告、电商和直播等常见的短视频变现方式，还有一些其他的变现方法可以考虑。以下是一些短视频变现方法的介绍：

#### 1. 品牌、媒体合作和赞助

与品牌合作，推广品牌的产品或活动，并获得合作费用或赞助收入。可以根据账号的定位和受众特点，选择与品牌合作，通过视频内容、品牌露出、产品试用等方式进行推广。与媒体合作，提供独家内容或进行特定主题的合作。可以通过与新闻机构、杂志、电视台等合作，将短视频内容进行转载或展示,获取稿酬或曝光机会。

### 2. 前置广告和短视频素材销售

在短视频播放前插入广告,观众在观看视频之前会看到广告。可以通过与广告代理商或广告平台合作,获得广告费用。将自己拍摄的短视频素材进行销售,供其他创作者或机构使用。可以选择将素材上传到短视频素材库、摄影素材网站等平台进行销售。

### 3. 原创内容授权与知识付费

将短视频作品授权给其他媒体、平台或机构使用,以获取版权费用。可以选择将视频内容授权给电视台、视频平台、广告代理商等渠道进行二次利用和传播。提供专业知识和技能的付费内容,如教程、培训课程、咨询服务等。可以通过创建会员制度、开设线上课程平台等方式,实现知识付费收入。

### 4. 个人品牌推广

通过短视频内容展示自己的专业知识和技能,建立个人品牌。可以通过个人品牌的知名度和影响力,获取一些与个人品牌相关的商业机会,如咨询服务、演讲邀约等。这种方式主要适合时尚、纺织、服饰、化妆品、医美、装修、婚纱、摄影等专业、高客单价的行业。客户通过视频或直播被种草,然后与视频制作者取得联系,然后视频制作者根据客户咨询或者最后成交的数量,收取公司的佣金。如图 3-4-14 所示,表面上是个人婚纱摄影师,实际上是国内某大牌婚纱摄影师,把摄影师做好人设,推到消费者面前,最后带来咨询、成交。

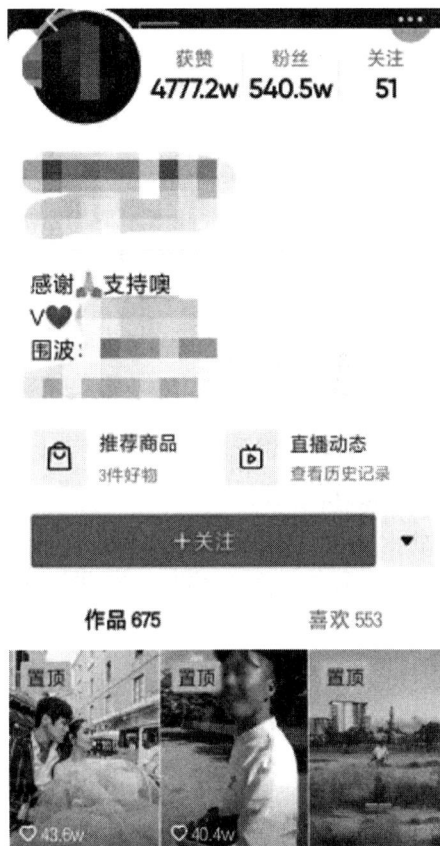

图 3-4-14 个人品牌推广账号示例图

### 5. 衍生品销售

将短视频内容衍生为衍生品,如 T 恤、服饰、家纺、海报、文化创意产品等,进行销售。可以通过自己的线上商店或与电商平台合作,将衍生品推向观众和粉丝。

在选择其他变现方法时,需要考虑账号的定位、受众需求和自身实力。同时,与合作伙伴和平台的合作也需要注意合同条款、版权保护和法律合规等问题,确保变现活动的合法性和可持续性。

# 第五章  数据分析与监测

## 第一节  短视频的评估指标

### 一、数据分析工具

在评估短视频的表现和效果时,数据分析工具是不可或缺的工具。通过数据分析,可以了解短视频的观看量、互动情况、用户行为等关键指标,做出有针对性的优化和决策。以下是一些常用的数据分析工具:

**1. Google Analytics**

Google Analytics 是一款强大的网络分析工具,可以追踪网站和应用程序的数据。通过在短视频中添加自定义链接或跟踪代码,可以获取关于观看量、用户来源、用户行为等详细数据。

**2. YouTube Analytics**

如果短视频主要发布在 YouTube 平台上,YouTube Analytics 是一个重要的数据分析工具。它提供了有关观众观看时间、观看渠道、观众互动等方面的数据,帮助你了解视频的表现和受众反应。

**3. TikTok Analytics**

TikTok Analytics 是针对 TikTok 平台的数据分析工具。它提供了关于视频观看量、互动、粉丝增长等方面的数据,帮助你跟踪短视频的表现,并了解受众喜好和行为。

**4. 微信公众号数据统计**

如果将短视频发布在微信公众号上,可以通过微信公众号后台的数据统计功能获取关于文章阅读量、用户互动、转发情况等数据。这可以帮助评估短视频在微信平台上的影响力。

**5. 社交媒体分析工具**

社交媒体分析工具如 Hootsuite、Sprout Social、Buffer 等可以监测和分析多个社交媒体平台上的短视频数据。可以追踪观看量、互动情况、受众反应等指标,从而优化短视频的发布策略。

**6. 自定义数据追踪**

除了上述工具,还可以根据自身需求创建自定义的数据追踪方式。例如,通过在短视频中添加自定义链接、推广码或特定的跟踪参数,可以追踪用户的转化率、购买行为等关键指标。

这些数据分析工具可以提供关键的指标和见解,评估短视频的表现并制定相应的优化策略。选择适合自己需求的工具,并定期进行数据分析,可以更好地了解受众和优化短视频的效果。

## 二、数据量指标

在评估短视频的效果和影响力时,有一些关键的数据量指标可以提供有价值的信息。这些指标可以了解短视频的观众数量、互动程度和用户参与度。

### 1. 观看量(view)

观看量是指短视频被观看的次数。这是衡量短视频受欢迎程度的重要指标之一。较高的观看量意味着更多的用户观看了视频,增加了曝光和影响力。

### 2. 播放完成率(play completion rate)

播放完成率是指用户观看短视频的完整程度。它表示用户观看视频的时间占视频总时长的比例。较高的播放完成率表明用户对视频内容感兴趣,并愿意观看完整的视频。完播率背后代表着视频内容和分发到用户的匹配度,越精准就越代表方向正确,如果完播率不高,要从两个方面去考虑原因并且给出解决的方案。从视频内容方面:这个内容是用户喜欢看的吗？是不是标题和封面太夸张了,导致视频内容和用户期望不同;从用户精准度方面:内容没有问题的话,是账号的标签不够精准,推荐的用户大部分都不是目标用户。

### 3. 点赞数和点击率(likes)

点赞数表示用户对短视频的喜爱程度。当用户觉得视频内容有趣、有价值或有吸引力时,可能会点赞。较高的点赞数反映了视频的受欢迎程度和观众对内容的认可。点击率是指观众对短视频中的链接、推广码或特定的呼叫行动的点击比例。较高的点击率表示观众对视频中的相关信息或资源感兴趣,并采取了进一步的行动。

### 4. 评论数(comments)

评论数表示用户对短视频的参与程度。当用户对视频有意见、问题或反馈时,他们通常会留下评论。较高的评论数表明视频引发了观众的互动和讨论,增加了用户参与度。用户对评论的欲望不高,尽管他觉得视频不错,但是多数时间只会点一个赞,想要他给视频评论,就必须给他一个评论的动力。所以有的账号会引导用户留言领东西,有的人会在视频当中留下一个问题和用户讨论,也有的人会故意做出有争议的问题或者槽点,让用户忍不住在评论区进行“吐槽”,表达自己的观点。

### 5. 分享数(shares)

分享数表示用户将短视频分享给其他人的次数。当用户认为视频内容有价值或有趣时,他们可能会选择分享给自己的朋友、家人或社交媒体上的关注者。较高的分享数可以扩大视频的传播范围和影响力。

### 6. 粉丝增长(follower growth)

粉丝增长指的是短视频账号的粉丝数量的增长情况。较高的粉丝增长意味着更多的用户关注了账号,对内容感兴趣,并希望获取更多的更新和短视频。

这些数据量指标可以评估短视频的受欢迎程度、用户参与度和互动程度。监测这些指标的变化趋势,并与设定的目标进行对比,可以了解视频的表现,并根据数据做出相应的优化和调整。不同的指标可能对于不同的短视频和目标有不同的重要性,因此需要根据需求选择适合的数据量指标进行评估。

### 三、短视频制作及发布指标

在短视频制作和发布方面,有一些关键绩效指标(key performance indicators,KPI)可以评估和衡量短视频的效果和表现。

**1. 创作速度(creation speed)**

创作速度指的是从策划到实际制作和发布短视频所花费的时间。这个指标可以评估团队或个人的工作效率,以及是否能够及时地发布内容。

**2. 视频质量(video quality)**

视频质量是指短视频的制作质量、画面清晰度、音频质量等方面的表现。通过评估视频质量,可以判断短视频在视觉和听觉上能否给观众带来良好的体验。

**3. 发布频率(publishing frequency)**

发布频率表示发布短视频的频率和稳定性。这个指标可以衡量是否能够按时发布内容,并保持一定的发布节奏,以满足观众的需求。

**4. 内容创新性(content innovation)**

内容创新性指的是短视频在内容上的独特性和创新性。这个指标可以评估短视频是否能够吸引观众的注意,并与其他视频有所区别。

**5. 互动率(engagement rate)**

互动率表示观众与短视频的互动程度,包括点赞、评论、分享等。较高的互动率表明观众对内容感兴趣,并与视频进行积极的互动。

**6. 播放时长(watch time)**

播放时长指的是观众在观看短视频时花费的时间。较长的播放时长意味着观众对内容感兴趣,并愿意花更多的时间观看视频。

**7. 转化率(conversion rate)**

转化率是指观众从观看短视频后采取视频中设定的目标行动的比例,如点击链接、购买产品等。较高的转化率表示视频能够有效地引导观众进行进一步的行动。

这些 KPI 可以评估短视频制作和发布的效果,并找到改进的机会。根据具体情况和目标,选择适合的 KPI 进行监测和分析,以提高短视频的效果和影响力。

### 四、短视频传播指标

在短视频传播方面,有一些关键绩效指标可以评估和衡量短视频的传播效果。

**1. 视频播放量(video views)**

视频播放量指的是短视频被观看的次数。这是衡量短视频传播效果的重要指标,能够反映视频的受欢迎程度和观众对内容的兴趣。

**2. 分享量(shares)**

分享量表示观众将短视频分享给其他人的次数。较高的分享量意味着观众认可内容并愿意将其传播给更多人,对于短视频的传播效果非常重要。

**3. 互动率（engagement rate）**

同短视频制作和发布。

**4. 曝光量（impressions）**

曝光量是指短视频在平台上被展示给观众的次数。较高的曝光量意味着视频有更多的机会被观众看到，是扩大视频影响力的重要指标。

**5. 点赞和评论比率（like-to-comment ratio）**

点赞和评论比率表示观众给短视频点赞和评论的比例。这个指标可以了解观众对于视频的喜好和参与度，以及他们对内容的情感反馈。

**6. 点赞和分享比率（ike-to-share ratio）**

点赞和分享比率表示观众给短视频点赞和分享的比例。较高的点赞和分享比率表明观众对视频内容非常喜欢，并愿意主动将其分享给其他人。

**7. 粉丝增长率（follower growth rate）**

粉丝增长率表示短视频账号的粉丝数量的增长速度（图3-5-1）。较高的粉丝增长率意味着视频内容能够吸引更多的观众关注和关注账号。

$$粉丝增长率=\frac{增量}{增长前总量}\times100\%$$

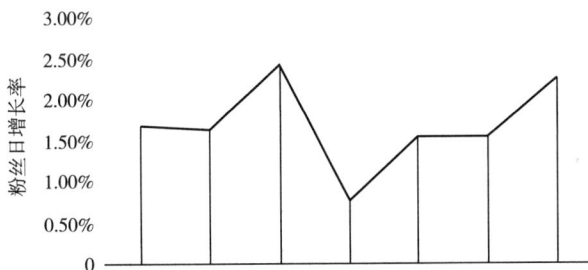

图3-5-1　粉丝增长率曲线图

这些KPI可以评估短视频的传播效果和影响力，了解观众对内容的反应和参与程度。根据目标和需求，选择适合的KPI进行监测和分析，并根据数据做出相应的优化和调整，以提高短视频的传播效果和影响力。

**五、短视频营销效果指标**

在评估短视频营销效果方面，以下是一些常用的关键绩效指标，可以衡量短视频营销的效果和效益：

**1. 转化率（conversion rate）**

同短视频的制作与发布。

**2. 销售额（sales revenue）**

销售额是指通过短视频营销而产生的实际销售收入。通过追踪销售额，可以评估短视频对于产品或服务销售的贡献,以及短视频的商业价值。

**3. 点击率(click-through rate, CTR)**

点击率是指观众点击短视频中的链接或按钮的比例。较高的点击率意味着观众对短视频呼吁的内容感兴趣,并愿意进一步与互动或了解更多信息。

**4. 曝光量(impressions)**

同短视频传播。

**5. 点赞和评论数量(likes and comments)**

同短视频传播。

**6. 品牌认知度(brand awareness)**

品牌认知度是指观众对于品牌或产品的认知程度。通过短视频的传播和观众的反馈,可以评估短视频对品牌认知度的提升效果。

**7. 分享量(shares)**

分享量表示观众将短视频分享给其他人的次数。较高的分享量意味着观众认可内容,并愿意将其传播给更多人,扩大短视频的影响范围。

**8. 用户参与度(user engagement)**

用户参与度包括观众的点赞、评论、分享、转发等互动行为。通过衡量用户参与度,可以评估短视频对观众的吸引力和互动效果。

以上是一些常见的短视频营销效果的关键绩效指标,可以根据自己的业务目标和营销策略来选择和定制适合你的 KPI,并通过定期的数据分析和监测,不断优化和改进短视频的营销效果。

# 第二节　短视频的效果分析与优化

短视频的效果分析与优化是为了更好地了解短视频的表现,并采取相应的措施来提高其效果。以下是短视频的效果分析和优化的一些关键要点:

## 一、观看量和播放时长分析

观看量和播放时长是衡量短视频受欢迎程度的重要指标(图 3-5-2)。通过分析观看量和播放时长,可以了解观众对于视频内容的兴趣和吸引力。如果观看量较低或播放时长较短,可能需要优化视频内容、标题、缩略图等,以提高观众的点击率和观看时长。古话说得好,鸡蛋不要放在同一个篮子里。现在很多自媒体都会把视频分别发布在不同的平台上,某博主在今日头条、抖音等平台播放自己制作的短视频,结果在不同平台上的播放量差异却很大,并且自己制作的短视频远远不及其他播主同类型的播放量。为此,需要对不同平台视频的播放量进行对比分析,还需要对同类题材的视频播放量进行分析,进而优化视频质量。

新增视频播放量

近7日新增107

7日　30日

22

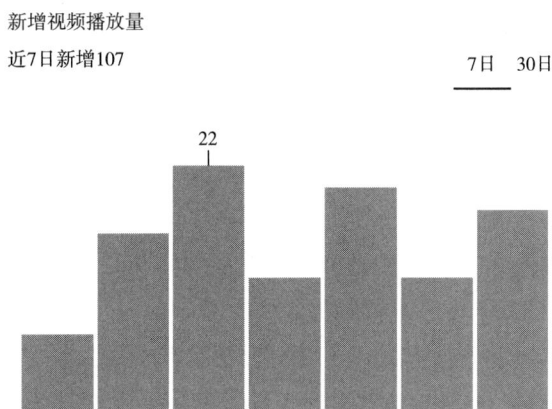

图 3-5-2　视频播放量增长图

## 二、点赞、评论和分享分析

点赞、评论和分享是观众对于短视频互动的主要方式,也是评估短视频受欢迎程度和用户参与度的重要指标。通过分析点赞、评论和分享的数量和内容,可以了解观众对于视频的反馈和互动程度(图3-5-3)。如果互动较少,可以尝试改进视频内容、增加互动元素,以吸引观众的参与和分享。

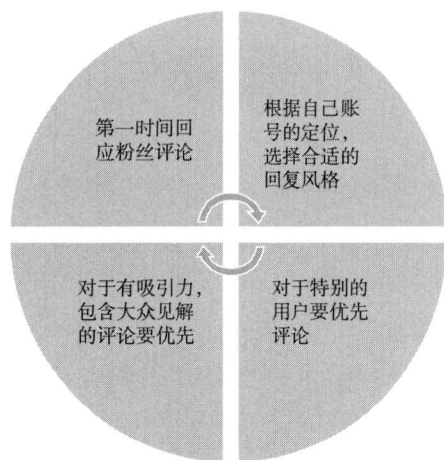

第一时间回应粉丝评论

根据自己账号的定位,选择合适的回复风格

对于有吸引力,包含大众见解的评论要优先

对于特别的用户要优先评论

图 3-5-3　评论区互动注意事项图

## 三、转化率分析

转化率是衡量短视频营销效果的关键指标之一。通过分析观看视频后的行为,例如点击链接、购买产品、订阅邮件列表等,可以了解视频的转化效果。如果转化率较低,可能需要优化呼吁和行动要求的方式,提供更明确的引导和激励,以提高观众的转化率。

## 四、用户画像和兴趣分析

了解观众的用户画像和兴趣是优化短视频效果的重要基础。通过分析观众的年龄、性别、地域等基本信息,以及他们在平台上的行为和兴趣偏好,可以针对性地调整视频内容、风格和推广策略,以更好地吸引目标受众并提高视频的效果。

## 五、A/B 测试和实验

进行 A/B 测试和实验是优化短视频效果的有效方法。可以尝试不同的视频内容、形式、长度、标题等进行对比测试,分析不同版本的表现和效果,以确定最佳的制作和推广策略。同时,也可以通过实验来尝试新的创意和互动方式,提高视频的创新性和吸引力。通过对比分析,可以了解自己和其他创作者在同一个领域的表现差异,找出自己的优势和改进的空间。同时,还可以进行实验,尝试不同的创作策略和内容,通过比较不同实验的数据结果,找到最适合自己的方式。

### 六、反馈和评估

与观众保持良好的沟通和互动是优化短视频效果的关键。及时回复观众的评论和反馈,倾听他们的意见和建议,并将其作为改进视频的重要参考。同时,定期评估和总结短视频的表现,分析数据和趋势,及时调整和优化策略,以不断提升短视频的效果。

总结起来,短视频的效果分析与优化需要综合考虑多个因素,包括观看量、播放时长、点赞评论和分享、转化率、用户画像和兴趣、A/B 测试和实验等。通过不断分析和优化这些指标,可以提高短视频的表现和营销效果,吸引更多的观众,并达到预期的目标。

# 结语

　　短视频营销已成为当今社会中一种极具影响力的营销方式。它通过短小精悍的视频内容，以及与观众互动和参与的方式，将品牌、产品或服务的信息直观地传递给目标受众。在这个信息爆炸的时代，人们对于内容获取的需求变得更加迅速和碎片化，短视频营销正是抓住了这一点，以简洁而有趣的方式迅速吸引了人们的关注。

　　如今，中国的用户已经发生巨大改变，20 世纪的理论已不再适用。用户在所有维度上，都已经发生了深刻的改变，而多维度的改变叠加使得用户的最终行为差异巨大。

　　必须明白，一旦消费者的结构发生不可逆的变化，过去所有的经验可能会对现今的营销造成误导，而全新的营销方式其实是全新的思维方式。

# 第四部分

# 私域流量运营

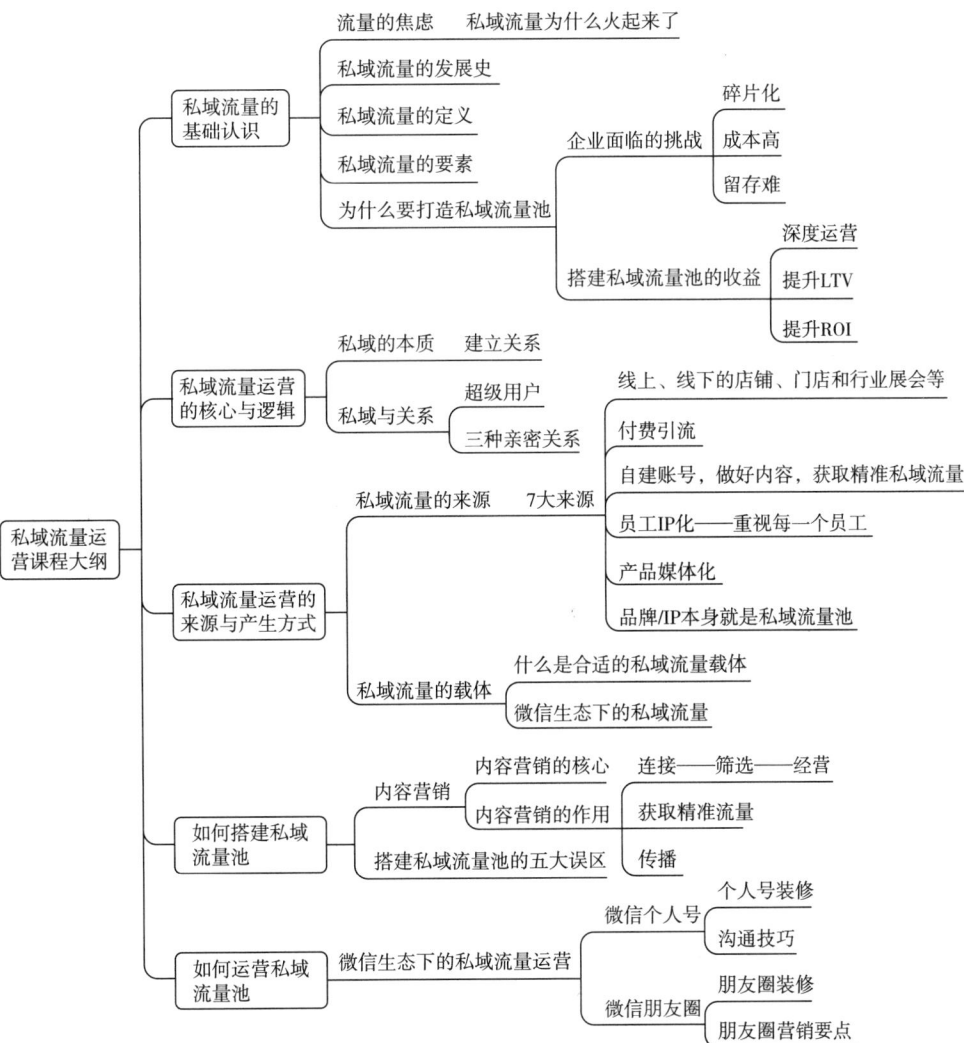

- 私域流量运营课程大纲
  - 私域流量的基础认识
    - 流量的焦虑　私域流量为什么火起来了
    - 私域流量的发展史
    - 私域流量的定义
    - 私域流量的要素
    - 为什么要打造私域流量池
      - 企业面临的挑战
        - 碎片化
        - 成本高
        - 留存难
      - 搭建私域流量池的收益
        - 深度运营
        - 提升LTV
        - 提升ROI
  - 私域流量运营的核心与逻辑
    - 私域的本质　建立关系
    - 私域与关系
      - 超级用户
      - 三种亲密关系
  - 私域流量运营的来源与产生方式
    - 私域流量的来源　7大来源
      - 线上、线下的店铺、门店和行业展会等
      - 付费引流
      - 自建账号，做好内容，获取精准私域流量
      - 员工IP化——重视每一个员工
      - 产品媒体化
      - 品牌/IP本身就是私域流量池
    - 私域流量的载体
      - 什么是合适的私域流量载体
      - 微信生态下的私域流量
  - 如何搭建私域流量池
    - 内容营销
      - 内容营销的核心　连接——筛选——经营
      - 内容营销的作用
        - 获取精准流量
        - 传播
    - 搭建私域流量池的五大误区
  - 如何运营私域流量池
    - 微信生态下的私域流量运营
      - 微信个人号
        - 个人号装修
        - 沟通技巧
      - 微信朋友圈
        - 朋友圈装修
        - 朋友圈营销要点

私域流量是指从公域（internet）、它域（平台、媒体渠道、合作伙伴等）引流到自己私域（官网、客户名单），以及私域本身产生的流量（访客）。私域流量是可以进行二次以上链接、触达、发售等市场营销活动客户数据。私域流量和域名、商标、商誉一样属于企业私有的经营数字化资产。早在几年前，很多互联网公司已经感觉增量到顶了，要想维持公司的增长势头，有两条路，要么获得新用户，要么让老用户的价值发挥得更大。在流量红利殆尽的当下，挖掘老用户更多的价值成了所有公司的共识，于是私域流量的概念开始流行起来。私域是指运营客户的能力已经成为企业和品牌最核心的能力之一。在数字经济时代，企业的核心目标是要从产权的高度上真正去重视和拥有"客户"这个最有价值的资产，并不断提升自己为每个客户创造更丰富价值的能力。

"AIE标准"的流量才是私域流量。

一是可自由触达（accessibility），这意味着私域流量的拥有者可以直接接触到流量。从这个意义上说，微信公众号、服务号、微博、抖音等平台上的粉丝都不能算作是私域流量。真正的私域流量主要存在于微信个人号。基于微信的即时通信（IM）属性，一对一的信息推送、一对多的社群运营（群控），都是私域流量运营的天然手段。

二是聚集流量的方式是"IP化"的，这意味着企业连接流量的方式是一个对用户足以形成影响的IP。现实一点的方式是做"品牌人格的实体化（形成个人IP）"，变成有温度的专家渗透到社交圈。这种角色可能是购物助手（了解货品）、专家（了解领域）、KOL（文化引领）、KOC（行为引领），甚至是能够与用户深度交流、有温度的个人伙伴。没有人希望微信朋友圈里有一个"功能化"的品牌客服，只有个人IP才是社交网络里的有效节点。

三是具有耐受性（endurance），这意味着流量不会轻易离开。这一条标准是检验连接的稳固性。流量之所以不会离开：一方面是因为连接是基于社交平台，而不是微博那种偏信息流平台的社交平台，道理很简单，只要有人际连接就有"人情世故"，关系就相对稳定。另一方面是因为连接必须给对方提供价值，即使是在朋友圈里发货品广告，也需要流量（用户）认可这些信息的价值。

# 第一章 私域流量的基础认识

## 第一节 私域流量兴起的原因

私域流量在近年来的互联网发展中成为热门话题,其兴起主要源于流量的焦虑。传统的互联网模式主要依赖于第三方平台的流量入口,如搜索引擎、社交媒体等。在2020年,有一个词特别火叫增长黑客。基本上,与其他人交流时,只要一提如何增长,那么90%以上可能性,他就会和你聊到增长黑客这个词,接着就是听过无数遍的流量AARRR漏斗模型。几年前又爆出了新的一个词,叫私域流量。如图4-1-1所示很明显私域流量这个词的搜索指数已经超过了增长黑客的搜索指数。

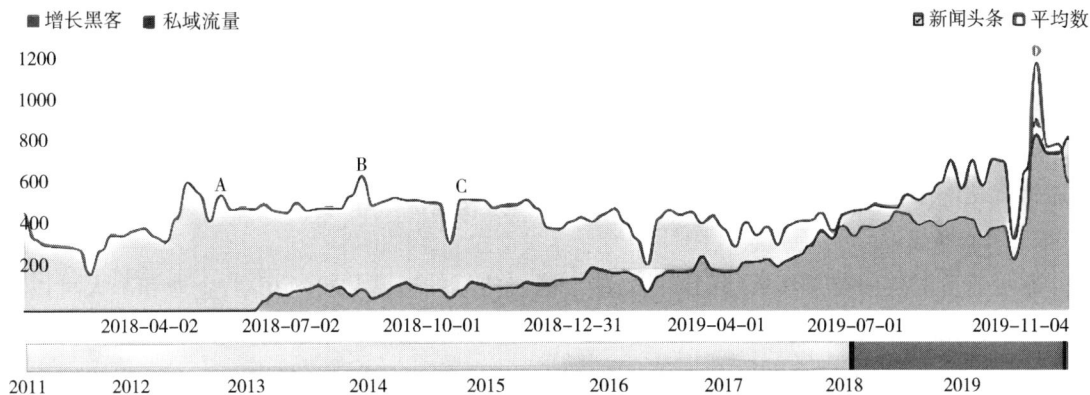

图4-1-1 "私域流量"网络搜索量增长曲线图

但随着互联网竞争的加剧和第三方平台的算法调整,许多企业和个人面临着流量获取困难、流量成本上升、流量变现难等问题,引起了大家对私域流量的关注和追求。

### 一、传统流量模式面临的问题

#### 1. 流量获取困难

传统的互联网模式中,企业和个人主要依赖于第三方平台来获取流量,但随着平台用户数量的增加和竞争的加剧,流量获取变得越来越困难。在众多竞争者中脱颖而出,获得足够的曝光和用户关注,需要投入更多的资源和精力。

### 2. 流量成本上升

由于流量获取的竞争激烈,广告投放成本不断攀升。企业和个人需要花费更多的资金来购买广告位、进行推广,这对于小型企业和个人而言是一个较大的负担。

### 3. 流量变现难

对于依赖于广告收入的企业和个人而言,流量变现是至关重要的一环。然而,第三方平台的流量变现模式往往对中小型企业和个人不够友好,收益不稳定,且被平台控制较大。因此,许多企业和个人希望寻找一种更稳定、更可控的流量变现模式。

## 二、私域流量的优势

由于这些问题的存在,私域流量作为一种新的流量获取和变现方式逐渐兴起。私域流量指的是企业和个人自身拥有的、可控的流量资源,如自建网站、邮件列表、社群粉丝等。与第三方平台的流量相比,私域流量具有以下优势:

### 1. 可控性强

企业和个人可以更加自主地管理和运营私域流量,不受第三方平台的限制和算法调整。可以根据自身的需求和目标进行精细化的管理和运营。

### 2. 精准度高

私域流量更加具有精准性,因为企业和个人可以根据自身的定位和目标受众来吸引和留住流量。可以通过个性化的内容、精准的推送等方式,更好地满足用户需求,提高用户黏性。

### 3. 成本控制

相对于购买广告位和进行推广活动,私域流量的获取和运营成本相对较低。企业和个人可以通过优化网站、开展粉丝运营等方式,实现流量的低成本获取和变现。

### 4. 长期积累

私域流量的价值在于其长期积累的效应。通过持续的运营和粉丝互动,企业和个人可以建立起稳定的用户关系,形成粉丝的口碑传播和品牌忠诚度,进一步增加流量和销售的稳定性。

总而言之,私域流量的火起来源于对传统流量获取模式的焦虑,企业和个人希望能够拥有更稳定、可控的流量来源,并在私域流量的管理和运营中获得更高的自主权和收益。私域流量的兴起也推动了更多企业和个人开始关注和实践私域流量的建设和运营。

# 第二节 私域流量的发展阶段

私域流量的发展可以追溯到互联网的早期阶段。以下是私域流量发展的主要里程碑和阶段(图4-1-2):

### 1. 萌芽期

2009~2012年是私域流量的萌芽期。当时还没有私域流量的概念,而是下意识地做了一些现在看来跟私域流量有关的动作。

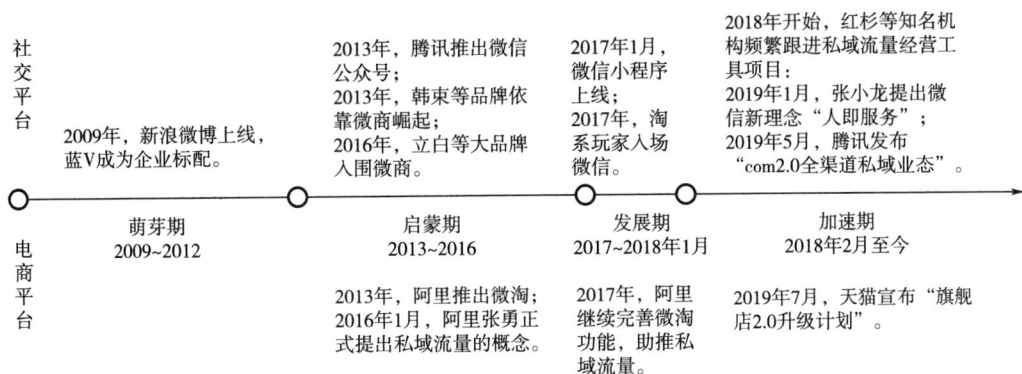

图 4-1-2　私域流量发展时间轴

2009 年，从新浪微博上线开始，蓝 V 就是标配的功能，不过打造蓝 V 的趋势，是在随后兴起的。当时，大部分企业并没有流量运营的意识，只是把这个界面当成了一种新型的 PR（伙伴关系管理）或者 CRM（客户关系管理）工具。

**2. 启蒙期**

2013～2016 年是私域流量的启蒙期。开始在探索私域流量的运用方式，并随着探索的深入形成了这个领域的一些常识。

微信公众号最初推出也是微商业务流行的阶段，这种方式直接指向现金流，更接近当前的私人流动发挥。最开始，微商还是运作一些服饰产品，特点是成本低、定价低、定倍率高，模式是往代理层层压货，甚至有传销特征。近年来，越来越多的传统大公司进入微商行业，如立白、舒客、浪莎等服饰品牌。

在推出微信公众号的同时，阿里推出了"微淘"，成为其打造私人交通空间的战略举措。其实追根溯源，第一次明确提出"私域流量"概念的是阿里巴巴，阿里巴巴认为"我们既要鼓励商家去运营他的私域空间，同时我们也应该鼓励所有业务团队去创造在无线上的私域空间……"

**3. 发展期**

在 2018 年上半年是私域流量的发展期。之所以在这个节点爆发，可能有两个原因：

一是阿里的获客成本在 2016 年急速攀升，到了 2017 年依然处于高位；京东的获客成本也在 2017 年暴涨。其次，云集、拼多多等微信电商平台开始崛起，社交平台流量红利肉眼可见。拼多多的获客成本依然保持在 6.64 元的低位，相对 2016 年的 3.68 元只是略微上涨（图 4-1-3）。

**4. 加速期**

2018 年下半年进入加速期，私域流量发展开始加速。这段时间，阿里巴巴、京东、拼多多三大电商的获客成本再次大幅上涨，私域流量的重要性无须证明。于是，大厂的布局逐渐激进而步调一致。

2019 年开始，以社交电商兴起为契机，私域流量爆发式增长。以个人账号为核心，群组为辅助的私域流量模型款式已经成为商家的主流共识。一个典型的现象是，虎赞、聚客通、一点点

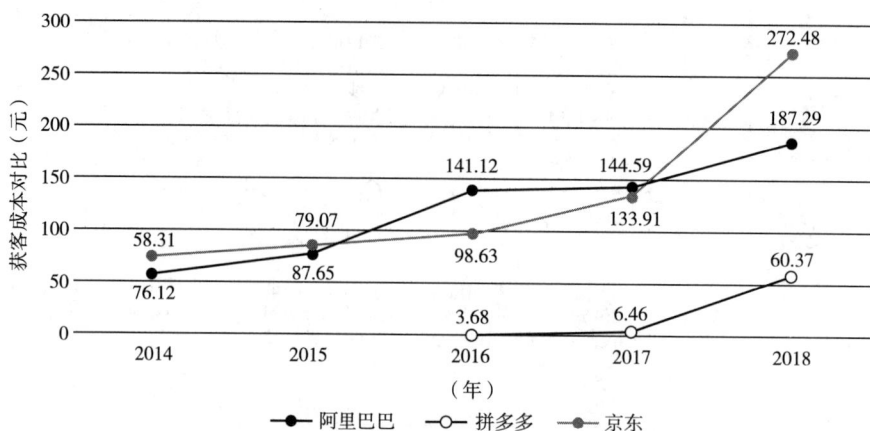

图 4-1-3　电商平台获客成本分析图

等赋能私域流量运营的工具项目开始涌现,并呈现爆发式的势头。2019 年,红杉资本中国基金、阿米巴资本、源码资本、金沙江创投等知名投资机构也纷纷入市。

　　总的来说,私域流量的发展可以看作是互联网发展和市场环境变化的产物。随着互联网用户数量的增加和竞争的加剧,企业和个人对于流量获取和变现的焦虑推动了私域流量的兴起。私域流量的发展经历了个人网站时代、邮件列表兴起、社群和粉丝运营、知识付费和内容订阅等阶段,逐渐形成了较为成熟的私域流量生态。同时,私域流量管理工具的出现也为企业和个人提供了更好的流量运营和管理手段。随着互联网环境的变化和技术的发展,私域流量的发展也将不断演进和完善。

# 第三节　私域流量的定义和要素

## 一、定义

　　私域流量是指企业或个人拥有并可自主管理的用户流量资源,与第三方平台无直接关联。私域是品牌能够直连并且低成本反复触达的流量。商家能和用户直连,并且反复以合理的方式触达用户,精细化运营用户,挖掘用户的生命价值。这里面会包含用户自身产生的价值和社交裂变价值。私域流量的定义涵盖了多个方面的内容,包括用户数据、订阅用户、粉丝社群等。

### 1. 用户数据

　　私域流量包括企业或个人拥有的用户数据,如用户信息、购买行为、兴趣偏好等。这些数据是通过用户在企业或个人网站、应用或其他渠道的注册、登录、交互等行为中获得的。通过对用户数据的分析和利用,企业或个人可以更加精确地了解用户需求和行为模式,提供个性化的产品和服务。

### 2. 订阅用户

　　私域流量还包括订阅用户,即通过邮件订阅、App 推送或其他方式主动关注并接收企业或个人提供的信息和内容的用户。这些订阅用户具有较高的活跃度和忠诚度,可以成为企业或个人进行精准营销和推广的重要对象。

### 3. 粉丝社群

私域流量中的粉丝社群指的是企业或个人在社交媒体平台或其他自建社群中积累的粉丝和关注者。这些粉丝对企业或个人的品牌或内容表现出较高的兴趣和关注度,对于推广和传播品牌形象、产品或服务具有重要作用。

### 4. 特点和优势

私域流量的定义强调了企业或个人对用户数据和用户关系的掌控和管理能力。与第三方平台的流量相比,私域流量具有以下特点和优势:

(1)自主性。企业或个人可以自主决定如何使用和管理私域流量资源,而不受第三方平台的限制和算法调整。可以根据自身需求和目标进行精细化运营和营销。

(2)精准性。私域流量更加精准,因为企业或个人可以根据自身的定位和目标受众来吸引和留住流量。可以通过个性化的内容、精准的推送等方式,更好地满足用户需求,提高用户黏性。

(3)长期积累。私域流量的价值在于其长期积累的效应。通过持续的运营和粉丝互动,企业或个人可以建立起稳定的用户关系,形成粉丝的口碑传播和品牌忠诚度,进一步增加流量和销售的稳定性。

私域流量的重要性在于企业或个人可以减少对第三方平台的依赖,建立起稳定、可控的流量来源。通过精细化的运营和个性化的营销,可以更好地满足用户需求,提高用户参与度和忠诚度,进而实现流量的变现和业务的增长。

## 二、要素

私域流量的要素是构成私域流量生态系统的关键元素,它们共同作用于私域流量的获取、管理和变现。以下是私域流量的主要要素。

### 1. 用户群体

私域流量的核心是用户群体,即企业或个人拥有的潜在用户或现有用户。用户群体是私域流量的基础,通过吸引和留住用户,建立起稳定的私域流量资源。对用户群体的深入了解和精准定位是私域流量管理的重要前提。

### 2. 内容产出

内容产出是私域流量的关键驱动力。企业或个人需要根据用户需求和关注点,持续产出有价值、吸引人的内容。优质的内容能够吸引用户的注意力,提高用户参与度和留存率,进而推动私域流量的增长。

### 3. 用户关系管理

私域流量的管理需要建立和维护良好的用户关系,包括与用户的互动、粉丝社群的建设、用户的个性化服务等。通过建立稳定的用户关系,可以提高用户忠诚度和活跃度,为私域流量的变现创造条件。

### 4. 数据分析与洞察

私域流量的有效管理离不开对数据的分析和洞察。通过数据分析,企业或个人可以了解用户的行为、偏好和需求,做出更有针对性的运营决策和策略调整。数据分析也可以帮助企业或个人发现潜在机会和优化私域流量的变现效果。

### 5. 营销与推广

私域流量的变现需要有效的营销和推广策略。企业或个人可以通过精准的营销手段和渠道,将私域流量转化为商业价值。这包括推出优惠活动、个性化推送、合作营销等方式,提升私域流量的变现效果。

### 6. 技术工具与平台

私域流量的管理和运营可以借助各种技术工具和平台来实现。这些工具包括 CRM 系统、邮件营销工具、社交媒体管理工具等,能够帮助企业或个人更好地管理用户关系、内容发布和推广活动。

私域流量的要素相互关联,共同构建了一个可持续发展的私域流量生态系统。企业或个人需要综合考虑和优化这些要素,以实现私域流量的稳定增长和有效变现。同时,随着技术和市场环境的变化,私域流量的要素也需要不断调整和优化,以适应新的挑战和机遇。

# 第二章　私域流量运营的核心与逻辑

## 第一节　私域的本质:建立关系

私域流量运营的核心逻辑是建立关系。私域流量的本质是与用户建立紧密的关系,通过深度运营和精细化管理,实现用户的参与和留存,进而实现持续的价值创造。以下是私域流量运营中建立关系的重要方面:

**1. 用户关系的建立**

私域流量运营的首要任务是与用户建立稳定的关系。通过与用户的互动、个性化的服务和内容推送,企业可以建立用户与品牌之间的情感链接。这种关系建立不仅仅是简单的购买行为,更是建立在用户信任和品牌认同的基础上。通过建立良好的用户关系,企业可以增加用户的忠诚度和留存率,进而实现长期的价值创造。

私域 2.0 时代流量争夺进一步升级,简单的用户运营已经无法帮助企业品牌获取用户的信任,这也就意味着转化、复购、用户黏性已无法由简单的私聊、朋友圈来满足,会员体系和用户忠诚度管理升级很有必要。要认认真真地研究已经成为用户的人群。如今的用户增长,不是研究如何把用户规模做大,而是要思考怎么把单个用户的终身价值做大,也就是怎么把用户在品牌生命周期里带来的价值做大。

**2. 数据驱动的关系管理**

私域流量运营需要基于数据的驱动,通过对用户数据的分析和挖掘,了解用户的需求和行为模式,从而精准地推送内容和服务。通过数据驱动的关系管理,企业可以更好地满足用户的需求,提高用户的参与度和忠诚度。同时,企业也可以通过数据分析找出用户的潜在需求和机会,进一步扩大用户关系的深度和广度。

**3. 个性化运营和服务**

私域流量运营强调个性化的运营和服务(图 4-2-1)。通过了解用户的兴趣、偏好和行为习惯,企业可以提供个性化的产品、服务和推荐内容,满足用户的个性化需求。个性化运营和服务有助于提高用户的参与度和满意度,增强用户与企业之间的关系,进一步推动用户的留存和消费。

**4. 用户参与的培养**

私域流量运营需要培养用户的参与意识和行为。通过开展互动活动、用户社群和用户参与的内容创作,企业可以激发用户的参与热情,增加用户与企业之间的互动和交流(图 4-2-2)。用户的参与不仅仅是消费,更是通过用户生成内容(UGC)和口碑传播,为企业带来更多的品牌曝光和用户增长。

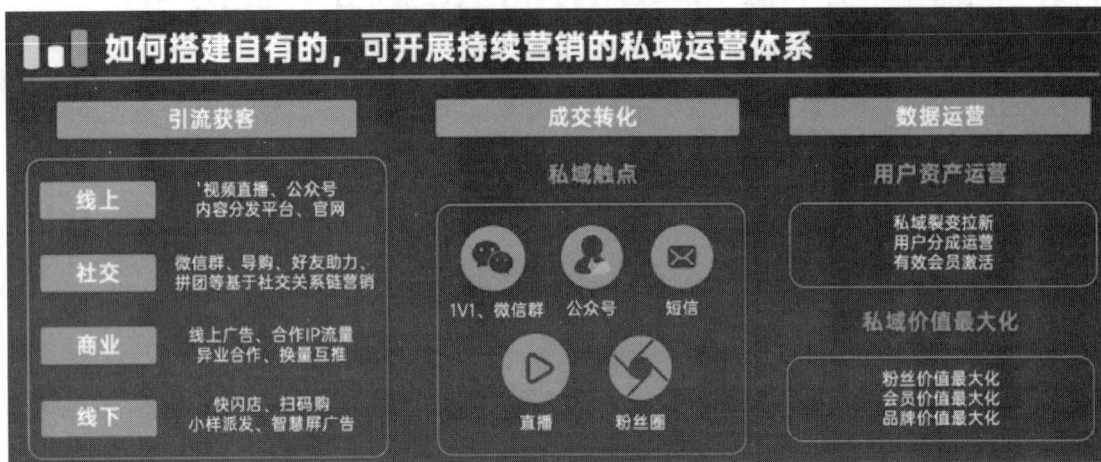

图 4-2-1　私域运营体系图

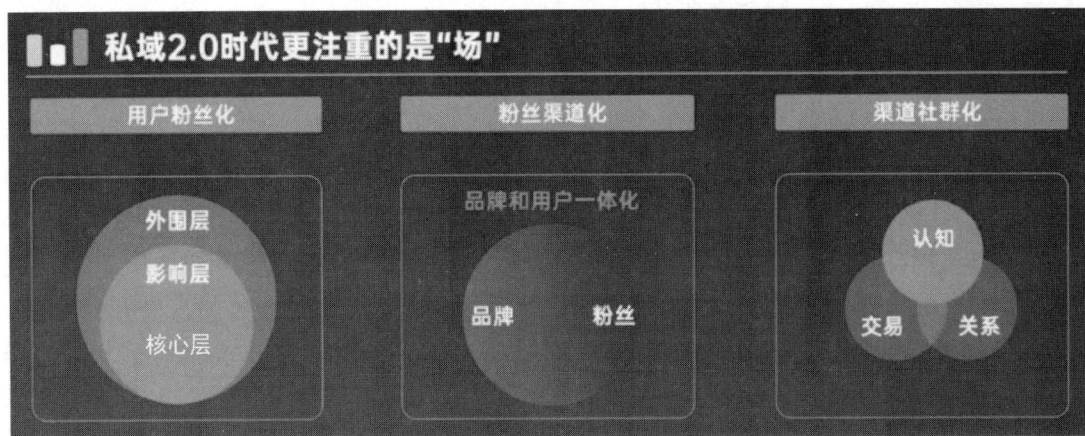

图 4-2-2　"私域时代"用户培养量化图

　　用户粉丝化不简单把目标群体分为男性、女性、老人、小孩,而是要想办法定义对产品最有痛点的人群,称为核心层;能帮产品扩大影响的人群,称为影响层;最后,还有外围层。圈层定位后,要对每个圈层的人群去做情绪调动和品牌价值观的输出。

　　粉丝渠道化的底层逻辑是品牌和用户一体化。双方边界在渐渐模糊。如果说用户粉丝化可以提高复购率、转化率;而粉丝渠道化意味在招商合作伙伴、分销体系搭建、老带新转介绍上,可以带来更多新的流量。

　　社群并不只是微信群,社群既是线上线下打通的一个空间,也是相互关系的一个网络。从单边关系转化成双边关系,最后进入多边关系的一个过程。多边关系,即用户主动与其他的用户一起组织相关的活动、话题,甚至是相关的交易等。想不和用户建立关系就产生交易越来越难,这也是流量越来越贵的原因。

**5. 持续的关系维护**

私域流量运营强调持续的关系维护。通过定期的互动和沟通,企业可以与用户保持密切的联系,了解用户的需求和反馈。同时,企业也需要及时回应用户的问题和投诉,提供良好的客户服务,保持关系的稳定和良好。持续的关系维护有助于提高用户的满意度和忠诚度,巩固用户与企业之间的关系。确保用户留存价值的前提,一定是解决在私域的服务属性层面,完成了跃迁,即如何以服务为核心导向,通过社群、1对1私聊,将与用户的关系从买卖双方转变过来。

私域营销将是为消费者提供有趣的、无缝的品牌体验内容。在内容设计引导中,让人们产生新的消费习惯,从而将产品销售出去。所以未来的营销工作就是为消费者提供顺畅无缝的品牌体验内容,而不再是广告。

一个"私域"是否被正确构建,在于是否通过"内容"而非促销来达到营收目的。根据《三大平台种草力研究报告》,67.8%的用户会认为种草内容对选择商品并产生购买行为有重大影响(图4-2-3)。

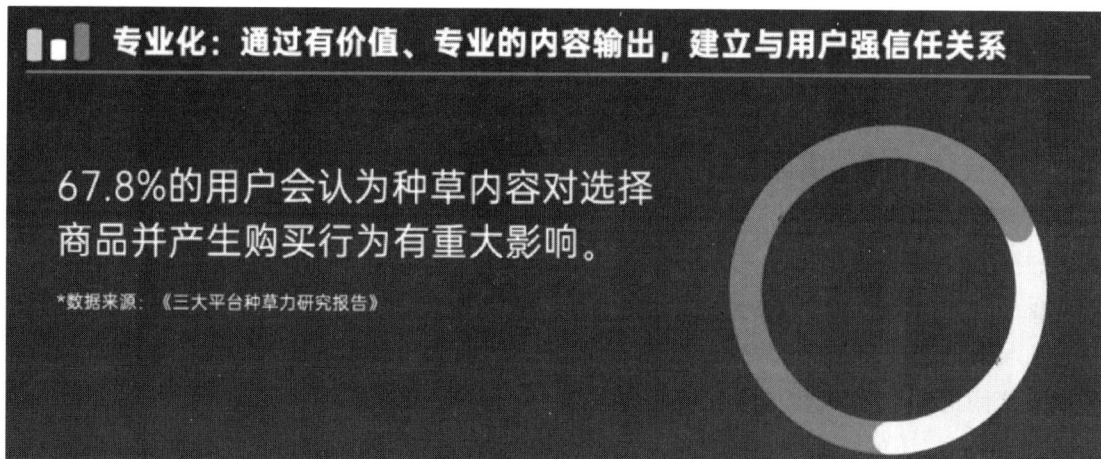

图4-2-3 私域对用户建立关系图

综上所述,私域流量运营的核心逻辑是建立关系。通过与用户建立稳定的关系、数据驱动的关系管理、个性化运营和服务、用户参与的培养以及持续的关系维护,企业可以实现用户的参与和留存,从而实现持续的价值创造和业务增长。

# 第二节 私域与关系

**一、超级用户**

超级用户是指在私域流量中表现出较高忠诚度和参与度的用户群体。他们对品牌或企业非常关注,经常参与互动、购买产品或服务,并愿意分享自己的体验和推荐给其他人。品牌只有

被用户认可和接纳,才能逐步筛选和培养出真正的超级用户,而这些超级用户,明显具备以下"四高"的特征:

(1)高度关注。对品牌或企业的动态和活动非常关注,经常浏览和参与互动。

(2)高参与度。积极参与互动,如评论、点赞、分享等,与品牌或企业保持紧密的互动联系。

(3)高忠诚度。对品牌或企业具有高度的忠诚度,持续购买产品或服务,并能够为品牌或企业做口碑传播。

(4)高影响力。在自己的社交圈或社群中有一定的影响力,意见和推荐往往能够影响其他人的决策。

超级用户对企业非常重要,他们不仅是品牌的忠实支持者,还可以帮助企业扩大影响力、引导其他用户和潜在客户,提升品牌口碑和销售业绩。因此,企业应该积极与超级用户互动,提供更多的关注和回馈,激励他们继续参与和推广品牌。

## 二、三种亲密关系

### 1. 用户与品牌的情感关系

建立用户与品牌之间的情感联系非常重要。通过品牌故事、品牌形象塑造、品牌文化等方式,让用户对品牌产生认同感和情感共鸣,从而建立亲密的情感关系。用户对品牌的情感认同和喜爱,会促使他们对品牌更加忠诚,并在消费行为中优先选择品牌的产品或服务。公司的服务可以帮助增强夫妻之间、父母之间、朋友之间的关系。例如,如果父母可以通过线上,通过远程视频的方式,实时关注到幼儿在幼儿园的情况,那么这种服务,就是帮助家长维系与孩子亲密关系的桥梁。

### 2. 用户与用户之间的社交关系

私域流量中的用户之间可以形成社交关系。通过建立用户社群、用户互动平台等,促进用户之间的互动和交流,形成用户之间的社交关系。这种社交关系可以促进用户的参与度和忠诚度,还可以通过用户之间的口碑传播扩大品牌的影响力。比较典型的就是游戏里面的小队系统、师徒系统、夫妻系统。通过这些玩法,让游戏玩家之间模拟建立起各种联系。

### 3. 用户与内容之间的互动关系

私域流量运营中,内容是与用户建立关系的重要媒介。通过提供有价值的内容,满足用户的需求和兴趣,激发用户的参与和互动,建立用户与内容之间的互动关系。用户对内容的关注和互动,可以促使他们与品牌保持持续的联系,并对品牌产生更高的认知和信任。例如,蔚来汽车的车主社群运营,就是让车主参与到蔚来汽车从 0 到 1、从 1 到 10 的不断完善与成长中。车主把蔚来汽车这个品牌,当作自家的孩子一样来看待。而这种模式只是品牌与用户模拟建立亲密关系的其中一种形式。

建立超级用户和亲密关系(图 4-2-4)是私域流量运营的核心策略。通过与用户建立情感关系、社交关系和内容互动关系,企业可以提升用户的参与度和忠诚度,实现持续的价值创造和业务增长。

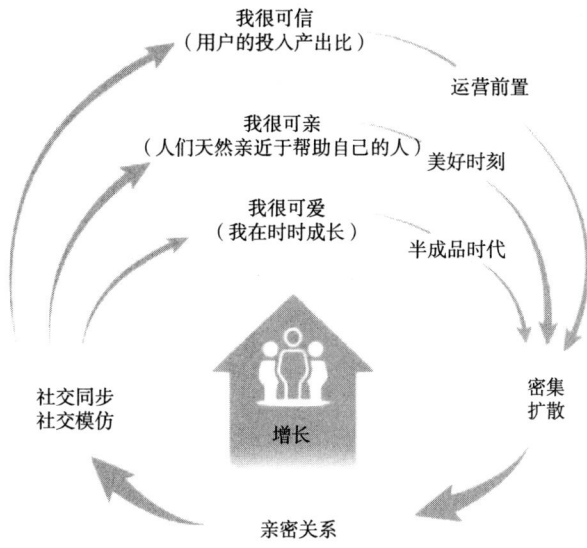

图 4-2-4　私域流量用户三种亲密关系图

# 第三章　私域流量运营的来源与生产方式

## 第一节　私域流量的来源

### 一、线上、线下的店铺、门店和行业展会等

私域流量的来源可以分为线上和线下两类。在线上,私域流量主要源于企业的线上店铺、社交媒体平台、自媒体平台等;在线下,私域流量主要源于实体店铺、门店、行业展会等。以下是私域流量的主要来源:

**1. 线上店铺**

企业的线上店铺是获取私域流量的重要来源之一。通过建设自己的官方网站、电商平台店铺等,企业可以吸引潜在客户,进行产品展示和销售,同时也可以与用户建立关系并获取用户数据。

**2. 实体店铺**

对于线下业务的企业来说,实体店铺是获取私域流量的重要来源之一。路过和进店的客户都可以用个人微信连接起来,很多商家不重视自己门店、活动线下的流量,造成注量的白白浪费。通过提供优质的产品和服务,提升用户体验,引导用户参与和互动,企业可以吸引顾客到店铺消费,并与顾客建立稳定的关系。

**3. 社交媒体平台**

社交媒体平台如微信、微博、抖音等是获取私域流量的重要渠道。通过在社交媒体上发布有价值的内容、互动和引导用户参与,企业可以吸引用户关注、增加粉丝数量,并通过私信、评论等方式与用户进行沟通和互动。目前主流的社交媒体平台有图文类(微信公众号、微博长文篇、企鹅号、天天快报、头条号、搜狐号、网易号、大风号、百家号、一点资讯、脉脉、知乎、悟空问答、豆瓣、简书等)、视频/短视频类(抖音、快手、微信视频号、B站、微视等)、音频类(喜马拉雅FM、网易云音乐、荔枝FM、荔枝微课、小鹅通等)。如果生产出优质的内容提供给用户、做好内容营销讲好自己的故事,布下内容之网,建好流量之渠,用内容连接用户筛选用户,就可以源源不断地获取精准流量,再放到私域流量池里长期经营。

**4. 自媒体平台**

自媒体平台,如知乎、简书、公众号等,是获取私域流量的另一重要途径。通过在自媒体平台上发布高质量的内容、专业知识分享和品牌故事,企业可以吸引目标用户,建立品牌影响力,并引导用户进入私域流量池。

**5. 门店**

对于餐饮、零售等行业的企业来说，门店是获取私域流量的重要渠道之一。通过提供优质的产品和服务，提升用户体验，引导用户转化为常客，并通过会员制度、促销活动等方式与用户保持联系。

**6. 行业展会**

行业展会是企业获取私域流量的重要机会。通过参展、展示产品、与潜在客户互动等方式，企业可以吸引目标客户的关注和参与，并与客户建立联系。

**7. 线下推广活动**

企业可以通过线下推广活动，如路演、主题活动、粉丝见面会等，吸引用户参与和关注。这些活动可以增加用户互动和参与度，进而建立稳定的用户关系。

这些来源提供了企业获取私域流量的渠道和机会。企业可以根据自身业务和目标用户的特点选择合适的来源，并通过优质的内容和服务吸引用户参与和留存，实现私域流量的生产和积累。

## 二、付费引流

付费引流是一种通过投入资金来获取私域流量的方式。它可以帮助企业快速扩大品牌影响力、增加用户数量，并引导用户进入私域流量池。以下是付费引流的几种常见方式：

**1. 广告投放**

企业可以选择在各大社交媒体平台、搜索引擎等渠道进行广告投放，通过付费的方式获取流量。例如，在社交媒体平台上购买广告位，将品牌或产品信息展示给目标用户。通过精准的定向投放和优化广告内容，企业可以吸引潜在客户点击、关注和互动，从而引导他们进入私域流量池。

**2. 关键意见领袖（KOL）合作**

企业可以与有影响力的 KOL 合作，通过支付一定的费用或提供产品的方式，让 KOL 为品牌进行推广。由于 KOL 在特定领域或社群中有一定的影响力和粉丝基础，他们的推荐和介绍可以吸引大量的目标用户关注和参与，帮助企业扩大品牌曝光和私域流量。

**3. 搜索引擎优化（SEO）**

通过优化网站内容和结构，提高在搜索引擎中的排名，从而增加有机流量。企业可以通过对关键词的优化、网站的技术调整、优质内容的发布等方式，提高在搜索引擎结果页面的曝光率，吸引潜在用户点击进入网站，进而引导他们进入私域流量池。

**4. 内容推广**

企业可以通过付费的方式将优质内容推广到各大平台，如付费广告、合作推广等。通过有吸引力的内容和精准的目标定位，吸引用户点击和参与，并引导他们进入私域流量池。

**5. 线下推广活动**

企业可以组织付费的线下推广活动，如展会、路演、促销活动等，吸引潜在客户的参与。通过活动现场的宣传和互动，引导用户进入私域流量池，进一步与用户建立联系。

**6. 付费引流的优势**

能够快速获取大量的流量,并帮助企业扩大品牌影响力和用户基础。但企业在进行付费引流时需要注意以下3点:

(1)精准定位目标用户,选择合适的渠道和方式进行付费引流,避免浪费资源。

(2)保持与目标用户的沟通和互动,建立关系,促使他们成为忠实用户。

(3)监控和优化引流效果,根据数据分析调整引流策略,提升ROI。

综上所述,付费引流是获取私域流量的一种重要手段。通过合理的策略和有效的资源投入,企业可以获得大量的目标用户,并通过深度运营与他们建立长期稳定的关系。

### 三、自建账号

自建账号并做好内容是获取精准私域流量的重要策略之一。通过自建账号,企业可以掌握用户数据和运营权,有更多的自由度和创造力来打造吸引人的内容,吸引目标用户并建立亲密的关系。以下是获取精准私域流量的6个关键步骤:

**1. 确定目标用户**

需要明确目标用户是谁,包括他们的年龄、性别、兴趣爱好、消费习惯等。通过深入了解目标用户的需求和偏好,才能创作出符合他们兴趣的内容,从而吸引他们进入私域流量池。

**2. 精心策划内容**

根据目标用户的特点和需求,精心策划内容。内容可以包括文章、图片、视频、音频等形式,要有价值、有趣、有吸引力,能够引起目标用户的共鸣和关注。可以通过故事讲述、专业知识分享、实用技巧传授等方式,提供有益、有趣、有帮助的内容,从而赢得用户的喜爱和关注。

**3. 提供互动和参与机会**

在内容中提供互动和参与的机会,如发起话题讨论、征集用户意见、举办有奖活动等。通过与用户的互动和参与,建立起更紧密的关系,并提高用户的参与度和忠诚度。

**4. 引导用户进入私域流量池**

在内容中巧妙引导用户进入私域流量池,如通过提供独家福利、优惠券、会员特权等方式,鼓励用户注册、关注、订阅等行为,从而获取他们的个人信息,并建立起私域流量池。

**5. 定期推送内容**

定期推送优质内容,保持与用户的持续沟通和互动。通过定期更新内容,保持用户的关注和参与,加深与用户的关系,并促使他们成为忠实用户。

**6. 数据分析与优化**

对用户行为和互动数据进行分析,了解用户喜好和需求的变化,根据数据结果优化内容策略和运营策略,不断提升私域流量的质量和精准度。

通过自建账号并做好内容,企业可以吸引到更加精准的目标用户,建立起稳定的关系,并持续输出有价值的内容,实现私域流量的生产和积累。同时,要注意根据用户反馈和数据分析进行优化,不断提升私域流量的效果和质量。

## 四、员工 IP 化

员工 IP 化是指将企业员工打造成具有影响力和个人品牌的 IP（知名人物），以提升企业形象和吸引私域流量的策略之一。通过重视每一个员工，充分发挥他们的个人特点和潜力，可以带来以下 6 个方面的好处：

### 1. 员工形象与品牌形象的融合

企业员工是企业品牌的重要代表，他们的形象和行为会直接影响企业形象的塑造和传播。通过培养每个员工的个人特点和潜力，将他们的形象与企业品牌进行融合，可以加强企业品牌的认知度和信任度。

### 2. 员工个人品牌的建立

美国著名艺术家安迪·沃霍尔曾经对他所能预见的未来做出过两个相互关联的预言："每个人都可能在 15 分钟内出名""每个人都能出名 15 分钟"。这是因为在我们的潜意识中，每个人都渴望影响他人，改变世界。

不可否认的是，这个世界愿意为影响力买单，同样的话从大 IP 口说出来就是"金句"，从"隔壁老王"口中说出，也许就是一句闲话。

优质的员工个人 IP 就好像优质的商业 IP 一样，能源源不断地产生价值。这里的价值，既可以是物质上的，也可以是非物质的。每个员工都有自己的特长、经验和知识，可以通过个人品牌的建立来展示和分享。企业可以提供培训和资源支持，帮助员工打造个人品牌，提升他们在特定领域的影响力和知名度。员工的个人品牌可以吸引私域流量，进一步推动企业品牌的传播和发展。

### 3. 内容创作与分享

员工作为企业内部的专家和从业者，可以为企业创造高质量的内容，如行业观点、经验分享、案例分析等。通过鼓励员工参与内容创作和分享，可以增加企业在目标用户中的影响力，吸引更多私域流量的关注和参与。

### 4. 社交媒体的活跃参与

员工可以在社交媒体平台上积极参与和互动，分享企业的最新动态和成果。他们作为企业的代表，可以通过社交媒体与目标用户建立更加亲近和真实的连接，进一步增加私域流量的参与和转化。

### 5. 口碑传播和推荐效应

员工是企业最直接的口碑传播者，他们的积极评价和推荐可以引起其他人的信任和兴趣。通过重视每个员工的体验和满意度，营造良好的企业文化和工作氛围，可以激发员工积极推荐企业和产品的意愿，带来更多的私域流量和潜在客户。

### 6. 实现员工 IP 化的方法

为了重视每一个员工并实现员工 IP 化，企业可以采取以下策略和措施：

（1）建立员工培训和发展计划，帮助员工发掘自己的特长和潜力，提升个人技能和知识水平。

（2）提供资源支持，鼓励员工参与行业研究和知识分享，培养专业领域的专家形象。

（3）激励员工参与内容创作和分享，通过内部平台或社交媒体平台展示员工的专业知识和经验。

（4）创建良好的企业文化和工作环境，激发员工的创造力和热情，增强员工对企业的认同感和归属感。

（5）建立内部沟通和交流机制，鼓励员工参与企业决策和活动，让他们感受到自己的价值和影响力。

通过重视每一个员工的个人发展和价值，企业可以将员工打造成具有影响力和个人品牌的IP，进一步吸引私域流量，提升企业品牌的影响力和市场竞争力。

### 五、产品媒体化

产品媒体化是指将产品打造成具有媒体属性和传播能力的IP，通过在媒体平台上展示和推广产品，吸引私域流量的策略之一。通过产品媒体化，企业可以通过媒体渠道进行产品的宣传、推广和销售，实现品牌知名度的提升和私域流量的增加。以下是一些关键点来实现产品媒体化：

#### 1. 产品定位和创意

需要明确产品的定位和创意，确定产品的核心特点、卖点和目标用户。通过独特的产品定位和创意，可以在市场上脱颖而出，并吸引媒体和目标用户的关注。

#### 2. 媒体策略和合作

选择适合产品的媒体平台进行合作，包括电视、杂志、网络媒体、社交媒体等。根据目标用户的特征和消费习惯，选择合适的媒体渠道，进行产品的宣传和推广。与媒体进行合作，可以借助其影响力和传播渠道，将产品推向更广泛的受众。

#### 3. 媒体原创内容

为产品创作独特的媒体内容，包括广告、宣传片、新闻报道、产品评测等。通过精心策划和制作的媒体内容，可以吸引媒体和用户的关注，并增加产品的曝光度和知名度。

#### 4. 品牌整合传播

将产品与品牌进行整合传播，通过产品的宣传和推广，加强品牌形象的塑造和传播。产品的特点和卖点与品牌的核心价值进行有机结合，打造出具有差异化竞争优势的品牌形象。

#### 5. 用户参与和口碑传播

通过用户的参与和口碑传播，增加产品的信任度和影响力。例如，通过用户体验活动、用户分享活动等方式，鼓励用户亲身体验和分享产品的优点和特色，从而扩大产品的影响力和私域流量。

#### 6. 数据分析与优化

通过对媒体数据的分析和评估，了解产品在媒体平台上的表现和效果。根据数据结果进行优化和调整，不断改进产品的媒体传播策略，提升私域流量的质量和效果。

通过产品媒体化的方式，企业可以将产品打造成具有媒体属性和传播能力的IP，通过媒体渠道吸引私域流量，提升产品的知名度和市场竞争力。同时，要注重媒体策略和合作，创造独特的媒体内容,并与品牌整合传播,以提升产品的影响力和用户参与度。通过不断优化和数据分析,企业可以实现产品媒体化的目标,并获得更多的私域流量和用户参与。

### 六、品牌 IP

品牌和 IP 本身就是私域流量池的重要组成部分。品牌和 IP 具有一定的知名度、影响力和粉丝基础,可以成为企业吸引私域流量的重要资产。以下是品牌和 IP 作为私域流量池的一些关键特点:

#### 1. 粉丝基础

品牌和 IP 拥有一定数量的忠实粉丝,他们对品牌或 IP 具有高度的认同和喜爱,愿意主动关注、参与和分享相关内容。这些粉丝是私域流量的重要来源,他们的参与和传播可以帮助企业吸引更多的潜在客户和目标用户。

#### 2. 知名度和影响力

品牌和 IP 在市场上具有一定的知名度和影响力,拥有一定的社会认知度和美誉度。这使得品牌和 IP 的宣传和推广更加容易和有效,能够吸引更多的关注和关注度,进而增加私域流量的曝光和参与。

#### 3. 粉丝互动和参与

品牌和 IP 的粉丝通常具有高度的参与度和互动性。他们喜欢与品牌或 IP 进行互动、留言、评论等,积极参与各类活动和社群,形成一个活跃的私域流量群体。这种粉丝互动和参与可以促进私域流量的持续增长和活跃度。

#### 4. 用户转化和购买意愿

品牌和 IP 的粉丝通常对其产品或服务有一定的信任和认同,他们更倾向于购买和使用品牌或 IP 所推出的产品。这使得品牌和 IP 成为私域流量转化为实际销售和商业价值的重要渠道。

通过建立和发展品牌和 IP 作为私域流量池,企业可以充分利用其知名度、影响力和粉丝基础,吸引更多目标用户和潜在客户,提高品牌认知度和市场占有率。同时,要注重粉丝互动和参与,提供有价值的内容和体验,建立良好的用户关系,以促进私域流量的转化和持续发展。

# 第二节　私域流量的载体

### 一、私域流量的合适载体

合适的私域流量载体是指适合企业进行私域流量运营和营销的平台、渠道或工具。选择合适的私域流量载体非常重要,它能够帮助企业更好地吸引、管理和转化私域流量,实现营销目标和商业价值。以下是一些常见的合适的私域流量载体:

#### 1. 品牌官网和电商平台

企业的品牌官网和电商平台是最直接的私域流量载体。通过优化和提升品牌官网的用户体验,提供有价值的内容和服务,可以吸引潜在客户和目标用户的关注,并引导他们进行购买和转化。电商平台可以为企业提供在线销售渠道,增加销售额和用户转化率。

**2. 社交媒体平台**

社交媒体平台是私域流量运营的重要载体之一,包括微信、微博、抖音、小红书等。通过在社交媒体上建立品牌账号,提供有趣、有用的内容,与粉丝进行互动和交流,可以吸引粉丝关注和参与,提升品牌知名度和影响力。同时,社交媒体平台也提供了精准的广告投放和推广功能,帮助企业实现私域流量的精准引流和转化。

**3. 电子邮件营销**

电子邮件营销是一种经典的私域流量运营方式。通过建立邮件订阅系统,收集用户的电子邮件地址,并定期发送个性化的邮件内容和优惠信息,可以与用户建立稳定的关系,提升用户参与度和购买意愿。电子邮件营销可以帮助企业保持与用户的持续沟通和互动,实现私域流量的留存和转化。

**4. App 和小程序**

企业开发自己的 App 或小程序也是私域流量的重要载体。通过提供有用、便捷的功能和服务,吸引用户下载 App 和使用小程序,并建立用户的账号和关系,实现私域流量的管理和运营。App 和小程序可以为企业提供更加个性化的推荐和体验,增加用户黏性和转化率。

**5. 内容营销平台**

内容营销平台,如知乎、简书、豆瓣等,是企业进行私域流量运营和品牌传播的重要载体。通过发布优质的内容、回答用户问题、分享经验和知识,可以吸引目标用户的关注和信任,建立专业形象和品牌认知度。

选择合适的私域流量载体需要根据企业的特点、目标用户的特征和行业的情况进行综合考虑。关键是选择能够与目标用户建立良好关系、提供有价值内容和服务的平台,实现私域流量的引流、留存和转化。同时,要根据实际情况进行数据分析和优化,不断调整和改进私域流量的运营策略,实现营销目标和商业价值的最大化。

## 二、微信生态下的私域流量

微信生态下的私域流量是指在微信平台上进行私域流量运营和营销的一系列活动和策略。微信作为中国最大的社交媒体平台之一,拥有庞大的用户基础和强大的社交功能,为企业提供了丰富的机会和工具来吸引、管理和转化私域流量。如图 4-3-1 所示为微信生态下的私域流量的一些关键特点和策略:

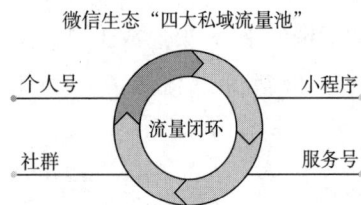

图 4-3-1　微信生态下的私域流量来源图

**1. 微信公众号**

微信公众号是企业在微信平台上建立品牌形象、发布内容、与用户互动的重要渠道。通过建立自己的微信公众号,企业可以提供有价值的内容,与用户进行互动和交流,吸引粉丝关注和参与。同时,微信公众号还提供了广告投放、推文推广等功能,帮助企业实现私域流量的精准引流和转化。微信公众号是私域流量的主阵地之一,而且其功能权限强大,企业可以用公众号为潜在客户推送新品上新、活动举办、积分兑换、营销活动等服务。当潜在客户关注企业的微信公众号之后,公众号发出的每一篇文章粉丝可以收到。从微信公众号、朋友圈、线下门店引流到小程序,企业轻松实现 0 成本拓客,并且,小程序还能帮助企业更好地推广裂变吸粉、促进锁客留存、提升转化下单率。

**2. 微信小程序**

微信小程序不用下载、不占内存,用完即走,方便快捷。微信小程序是在微信平台上提供应用功能的轻量级应用(图 4-3-2)。通过开发自己的微信小程序,企业可以提供更加个性化和便捷的用户体验,吸引用户下载和使用,建立用户的账号和关系。微信小程序可以实现用户的购买、预约、参与等多种行为,帮助企业实现私域流量的管理和运营。小程序是活动和事务登录在私域流量系统中的应用,支持整个场景私有域操作系统的建立,告别平台流量,创建业务私有域流量池。

图 4-3-2 微信小程序示例图

这些平台虽然完成了粉丝的一些沉淀,但是没有办法随时跟粉丝去沟通交流,并且推送消息也是不具备强提醒功能的,存在无法触及或者是被粉丝忽略的风险。

**3. 微信群**

微信群是企业进行私域流量互动和社群运营的重要方式。通过建立专属的微信群,企业可以与粉丝进行更加密切的互动和交流,分享有价值的内容和优惠信息,提高用户的参与度和忠诚度。微信群可以形成一个独特的私域流量池,帮助企业实现用户的留存和转化。想要承接各个平台进来的客户流量,微信群可以一次性承接大量用户,裂变传播氛围和效果更好,商家可以通过社群活动推送、优惠福利券发放等营销方式高效触达客户,运营私域流量。但社群运营的难度也很大,这需要运营人员掌握一定的方式方法,否则,再活跃的群也会慢慢沦为"广告群"。

社群的运营最重要的是要把它当作围绕一个目的创建的圈子来维护(图 4-3-3),就像是一场线下"沙龙",而关键意见消费者(KOC)就是这场沙龙的主办方,应该牢牢掌握着话语权。

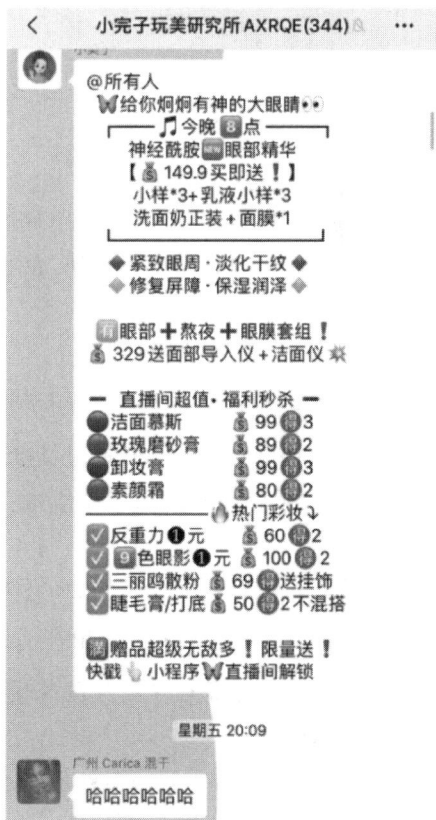

图 4-3-3 微信社群运营示例图

要维护好圈子,还应该设置门槛,筛选掉不属于这个圈子的用户,让用户更精准,同时设置入群仪式,让用户更有归属。社群活动时,除了有奖品激励以外,还应该有 KOC 的捧场粉丝,最后利用从众心理让用户下单。

### 4. 微信支付

微信支付是微信生态下的重要组成部分,可以帮助企业实现私域流量的转化和变现。通过在微信平台上接入微信支付功能,企业可以方便地进行线上支付和交易,提供便捷的购买体验,促进用户的消费行为和转化率。

### 5. 微信广告

微信广告是企业进行私域流量推广和精准引流的重要工具。微信平台提供了多种广告形式,如朋友圈广告、公众号广告、小程序广告等,可以根据目标用户的特征和兴趣进行定向投放,实现私域流量的精准引流和转化。

在微信生态下进行私域流量运营需要注意与用户建立良好的关系,提供有价值的内容和服务,增加用户的参与度和忠诚度。同时,要根据实际情况进行数据分析和优化,不断调整和改进运营策略,实现私域流量的持续发展和商业价值的最大化。

# 第三节　为何要搭建私域流量池

## 一、企业面临的挑战

### 1. 碎片化

在当今数字化时代,用户的关注点和参与渠道变得碎片化,传统的广告渠道难以满足用户多样化的需求。通过打造私域流量池,企业可以更好地了解和掌握用户的兴趣、偏好和行为习惯,精准地推送内容和服务,提高用户留存和参与度。

### 2. 成本高

企业在依赖第三方平台获取流量时,往往需要投入大量的广告费用和资源。而打造私域流量池可以降低企业的营销成本。通过精准的用户定位和个性化的营销策略,企业可以提高流量的转化率和变现效果,从而降低营销成本,提升企业的盈利能力。

### 3. 留存难

在竞争激烈的市场环境中,用户的留存成为一个关键的挑战。通过打造私域流量池,企业可以建立稳定的用户关系,通过与用户的互动和个性化的服务,提高用户的忠诚度和留存率。稳定的用户关系为企业提供了持续的流量来源,并能够形成用户口碑传播和品牌忠诚度。

### 4. 数据掌握

在第三方平台上,企业对用户数据的掌握和利用受到限制。而打造私域流量池使企业能够自主管理和掌控用户数据。通过对用户数据的分析和挖掘,企业可以更好地了解用户需求和行为模式,精细化运营和个性化推送,提高用户参与度和转化率。

### 5. 建立品牌价值

私域流量池的建设可以帮助企业建立品牌价值。通过与用户的互动和个性化的服务,企业可以树立自己的品牌形象,塑造品牌价值观,并与用户建立深度的情感链接。这种品牌价值的建立和传播有助于提升企业的竞争力和市场地位。

总之,打造私域流量池对企业来说是应对碎片化、降低成本、提高用户留存和数据掌握的重要策略。通过私域流量池的建设,企业可以更好地掌握用户需求,精准营销,提高用户忠诚度和品牌价值,从而实现持续的业务增长。

## 二、搭建私域流量池的收益

### 1. 深度运营

通过搭建私域流量池,企业可以进行深度运营,实现对用户的精细化管理和个性化服务。通过与用户的互动、精准的内容推送和个性化的营销活动,企业可以建立稳定的用户关系,提高用户参与度和忠诚度。深度运营不仅可以增加用户黏性,还可以提升用户体验,为企业带来长期稳定的收益。

### 2. 提升生命周期总价值(LTV)

私域流量池的搭建可以帮助企业提升用户的生命周期价值。通过精细化运营和个性化服务,企业可以延长用户的使用时间,增加用户的付费频次和金额,提高用户的生命周期总价值(LTV)。私域流量池中的用户更容易被激活和转化为付费用户,从而带来更高的收益。

### 3. 提升投资回报率(ROI)

相比于在第三方平台上进行广告投放,搭建私域流量池可以带来更高的投资回报率。通过精准的用户定位和个性化的营销策略,企业可以提高广告和营销活动的转化率,降低获取用户的成本,从而提高 ROI。私域流量池中的用户更具有购买意愿和忠诚度,能够更好地响应企业的推广活动。

### 4. 品牌价值的提升

私域流量池的搭建有助于提升企业的品牌价值。通过与用户的互动和个性化服务,企业可以树立自己的品牌形象,塑造品牌价值观,并与用户建立深度的情感链接。这种品牌价值的建立和传播有助于提升企业的竞争力和市场地位,为企业带来更多的商业机会和收益。

总的来说,搭建私域流量池可以带来深度运营、提升用户生命周期价值、提高投资回报率和品牌价值的收益。通过有效地管理和利用私域流量,企业可以建立稳定的用户关系,提高用户参与度和忠诚度,实现持续的业务增长和盈利能力的提升。

## 三、微信个人号

微信个人号是商家建立私域流量池的重要来源,也是目前私域流量渠道中最直接、最有效地到达客户的渠道。通过深入的个人号运营,商家可以快速提高私域流量转化率,增加用户黏性,促进业绩增长。商家和企业可以根据顾客相同或相似的兴趣、习惯、喜好等建立精准的社区,通过内容和互动进行营销渗透,从而通过社区的精细化运作,将原来的一次性业务和普通用户转变为产品的忠实粉丝。微信个人号的两个关键点是个人号装修和沟通技巧。

**1. 个人号"装修"**

个人号"装修"是建立个人品牌形象和吸引关注的重要一环。个人号装修包括头像、昵称、个性签名等元素的设置，以及动态、照片、音乐等内容的分享。在个人号"装修"时，可以选择与自身特点和定位相符的风格和主题，展示个人特色和魅力。同时，要注意保持一定的专业性和亲和力，吸引目标受众的关注和关心。个人号其实就是KOC，不同于KOL的遥不可及，KOC是目标客户信任的朋友，可以影响目标客户"买买买"。但是KOC的打造和KOL有很多相似之处，知家曾经在抖音达人Q运营中梳理出一套抖音5C增长模型：内容定位、人设特点、服饰化妆、流行趋势、剪辑技术，也适用于KOC的内容打造。

**2. 沟通技巧**

微信个人号的成功运营离不开良好的沟通技巧。以下是几个建议：

（1）高质量的互动。与关注者保持良好的互动，回复留言和评论，及时解答问题，与粉丝建立亲密的关系。

（2）个性化的沟通。根据关注者的兴趣和需求，提供个性化的内容和服务，增加关注者的参与和忠诚度。

（3）定期更新。保持内容的新鲜和更新，定期发布有价值的信息、见解和经验，吸引关注者的注意和关注。

（4）创造互动机会。通过抽奖、问答、话题讨论等形式，创造互动机会，增加关注者的参与和活跃度。

（5）保持真诚和友善。与关注者保持真诚和友善的态度，建立良好的沟通氛围，提升关注者的体验和满意度。

通过个人号装修和运用良好的沟通技巧，可以建立一个个性化、有魅力和具有影响力的微信个人号。在私域流量运营中，个人号可以吸引目标受众的关注和关心，建立个人品牌形象，实现个人价值的传播和分享。

## 四、微信朋友圈

微信朋友圈是微信平台上的社交功能之一，用户可以在朋友圈中发布文字、图片、视频等内容，并与朋友互动、评论和点赞。在私域流量运营中，微信朋友圈也是一个重要的渠道，可以用于个人品牌建设和内容传播。以下是关于微信朋友圈的两个关键点：朋友圈装修和朋友圈营销要点。

**1. 朋友圈装修**

朋友圈的装修是展示个人风格和品牌形象的重要一环。通过设置个人头像、背景图片、个人签名等元素，可以塑造自己的个人形象和品牌特点。此外，还可以选择发布有品质、有价值的内容，展示个人的兴趣、经验和观点。朋友圈装修需要注重整体风格和视觉效果，与个人定位相符，吸引关注者的目光和兴趣。朋友圈不仅是私域流量中裂变分享的落地点与入口，也是品牌方广告投放的主阵地。更重要的是，随着企业微信运营的体系化，越来越多的品牌方开始一对一地为客户打造专属的朋友圈展示和人设。很多服务商也设计了完整的标准作业程序（SOP）帮助品牌方搭建相关运营体系。

例完美日记的个人号小完子塑造的就是一个真实的女生形象,她的朋友圈精心运营,一天2~3条,不只是产品介绍,还有自拍、生活感悟、日常分享等内容,仿佛就是一个真实的喜欢化妆的女生。这样一个女生放在朋友圈,不仅不会让用户引起任何反感,还会在不知不觉中加深对完美日记的品牌印象(图4-3-4)。

图 4-3-4 微信朋友圈装修示例图

### 2. 朋友圈营销要点

在朋友圈进行营销需要注意以下几点:

(1)提供有价值的内容。发布有趣、有深度、有帮助的内容,吸引关注者的关注和参与。可以分享生活经验、行业见解、专业知识等,让关注者从中获得价值。

(2)增加互动和参与度。通过提问、引发讨论、征集意见等形式,增加关注者的互动和参与度。回复关注者的评论和留言,与他们进行交流和互动,建立良好的关系。

(3)控制发布频率。适度控制朋友圈的发布频率,避免过度发布,保持关注者的关注度和兴趣。同时,要注意发布时间的选择,选择适合关注者阅读和参与的时段。

(4)利用朋友圈工具。微信朋友圈提供了一些工具和功能,如发布动态、设置可见范围、使用标签等。要善于利用这些工具,掌握发布内容的时机和方式,增加内容的曝光和传播效果。

(5)与其他社交渠道结合。朋友圈可以与其他社交渠道结合,如微博、小红书等,通过跨平台的分享和链接,扩大内容的传播范围和影响力。

通过精心装修朋友圈、提供有价值的内容、增加互动和参与度,以及与其他社交渠道结合,可以在微信朋友圈上进行有效的私域流量运营。要注意保持内容的质量和一致性,与关注者保持良好的互动和沟通,建立良好的关系和口碑。

# 第四章　搭建私域流量池

## 第一节　内容营销

### 一、内容营销的核心

内容营销是搭建私域流量池的重要策略之一,它的核心在于通过有价值的内容来吸引、留住和转化目标用户。以下是内容营销的核心要点:

**1. 确定目标受众**

在进行内容营销前,首先需要明确目标受众是谁。了解目标受众的特征、需求、兴趣等信息,可以帮助企业更好地针对他们提供有价值的内容。

**2. 提供有价值的内容**

内容营销的关键是提供有价值的内容,满足目标用户的需求和兴趣。内容可以包括文章、视频、图片、音频等形式,要有足够的深度和专业性,能够解决用户问题、提供实用信息或带来娱乐价值。

**3. 引发用户互动**

好的内容能够引发用户的互动和参与。通过在内容中引入问题、引发讨论或提供互动活动,可以鼓励用户留言、评论、转发和分享,增加用户参与度和品牌曝光。

**4. 个性化定制**

针对不同的目标用户,进行个性化的内容定制。了解用户的偏好和行为数据,根据用户的兴趣和需求进行内容推荐和定制,提高内容的相关性和吸引力。

**5. 多平台分发**

将优质的内容分发到多个平台上,扩大内容的覆盖面和传播效果。除了企业自有的平台,还可以利用社交媒体、内容平台、行业论坛等渠道进行内容分发,吸引更多的目标用户。

**6. 持续更新和优化**

内容营销需要持续更新和优化,保持新鲜度和吸引力。定期分析用户反馈和数据指标,了解用户的喜好和需求变化,不断改进和优化内容,提高用户的参与度和转化率。

通过内容营销,企业可以吸引目标用户的关注,建立与用户的关系,形成私域流量池。内容营销不仅能够提高用户的忠诚度和转化率,还能够增加品牌知名度和影响力,为企业带来长期的商业价值。

## 二、内容营销的作用

### 1. 连接、筛选、经营

内容营销通过有价值的内容来连接品牌和目标用户,建立起品牌与用户之间的关系。通过筛选和吸引目标用户,企业可以经营和培养这些用户,建立起稳定的私域流量池。

### 2. 获取精准流量

内容营销能够吸引和获取精准的目标流量。通过提供有价值的内容,企业能够吸引到真正对自己产品或服务感兴趣的用户,提高流量的质量和转化率。精准的流量意味着更高的用户参与度、转化率和购买意愿。

### 3. 传播

内容营销可以通过用户的分享和传播,帮助企业扩大品牌的影响力和知名度。当用户觉得内容有价值时,会主动分享给他人,从而达到传播的效果。通过内容的传播,企业可以拓展自己的私域流量池,吸引更多的目标用户。

### 4. 建立品牌形象和口碑

内容营销是企业建立品牌形象和口碑的重要手段。通过提供有价值的内容,企业能够塑造自己的品牌形象,传达自己的核心价值观和品牌文化。用户通过消费和分享有价值的内容,帮助企业树立良好的口碑,进一步扩大私域流量。

### 5. 增强用户参与度和忠诚度

好的内容能够吸引用户的关注和参与,增强用户的参与度和忠诚度。通过与用户的互动和交流,建立起用户对品牌的信任和认同,提高用户的忠诚度。忠诚用户不仅能够为企业带来稳定的销售和转化,还能成为品牌的品牌传播者。

内容营销在私域流量搭建中是一项重要的策略,能够帮助企业建立与目标用户的关系,获取精准的流量,提高品牌知名度和口碑,增强用户的参与度和忠诚度。通过不断优化和改进内容营销策略,企业能够构建一个稳定、可持续发展的私域流量池,为企业的发展提供有力支持。

# 第二节　搭建私域流量池的误区

搭建私域流量池是很多企业的目标,但在实施过程中,可能会遇到一些误区。以下是搭建私域流量池时常见的 5 个误区:

### 1. 依赖单一渠道

很多企业在搭建私域流量池时过于依赖单一的渠道,如只依赖某一个社交媒体平台或某一个内容平台。这样做的问题是,一旦该渠道发生变化或出现问题,企业的私域流量就会受到影响。为了降低风险,企业应该多渠道布局,将内容分散投放在多个渠道上,建立稳定和多样化的私域流量池。

### 2. 忽视用户体验

搭建私域流量池的关键是提供有价值的内容和良好的用户体验。然而,一些企业在追求短期效果的同时,忽视了用户体验,导致用户流失。要建立一个稳定和持续发展的私域流量池,企业应该注重提供优质的内容和良好的用户体验,关注用户的需求和反馈,不断改进和优化。

### 3. 长期不投入

搭建私域流量池是一个长期的过程,需要持续不断地投入资源和精力。然而,一些企业在初期投入了一定的资源后,就放松了对私域流量的管理和运营。私域流量池的成功需要持续的运营和管理,包括更新内容、维护用户关系、定期分析数据等。只有持续投入,才能建立一个稳定和有价值的私域流量池。

### 4. 忽视数据分析

数据分析对于搭建私域流量池非常重要,可以帮助企业了解用户行为和兴趣,优化内容策略和运营方案。然而,一些企业在搭建私域流量池时忽视了数据分析的重要性,缺乏有效的数据采集和分析方法。要避免这个误区,企业应该建立健全的数据分析系统,定期分析和评估私域流量的表现,根据数据结果做出相应的优化调整。

### 5. 过于追求数量而忽视质量

在搭建私域流量池时,一些企业过于追求数量而忽视流量的质量。他们可能采取一些不规范的手段,如购买粉丝、刷量等,以迅速增加流量。然而,这样的流量通常是低质量的,对企业的实际效益没有太大帮助。搭建私域流量池应该注重流量的质量,吸引真正感兴趣和有价值的目标用户,建立良好的用户关系,实现更好地转化和商业价值。

搭建私域流量池需要注意避免上述误区,注重多渠道布局、提供优质的内容和用户体验、持续投入和管理、重视数据分析以及关注流量质量。只有在全面考虑这些因素的基础上,企业才能成功搭建一个稳定、有价值且具备商业潜力的私域流量池。

# 结语

　　私域流量前景明朗,已实现运营常态化。由于私域流量运营具有个体所有、流量可控、免费以及深入沟通用户的独有优势受到众多公司的青睐,帮助了许多品牌与商家转变了其固有的营销思维,使其拥有自主运营流量和管理用户的能力。当前私域流量发展前景明朗,私域运营有望成为企业经营的标配。

　　基于数字化基础,私域流量的精细化运营越来越重要。私域流量运营存在脱粉的问题,导致有效用户并不多且很难形成营销闭环。越来越多的商家借助数字化的系统和更丰富的工具实现精细化运营,如 SaaS 服务机构、流量运用平台、营销服务平台等,为用户提供更加精准、个性化的服务。

　　私域流量运营应重视内容,产品和服务成为提高转化率和复购率的重要因素。私域流量不仅要解决精准流量的问题,还要保证优质的产品和服务。一味追求流量多不再成为商家的选择,优质的产品和服务才能够吸引消费者购买。消费者在拥有一次良好的购物体验后会选择复购从而提高产品的转化率。

　　私域流量运营方应切实维护消费者个人隐私,减少不必要信息收集。互联网技术已经逐渐走向成熟,我国网民在互联网使用中对个人信息保护的意识逐渐加强,57%的中国网民对私域运营不满意的原因是个人隐私泄露,私域运营方应减少不必要的客户信息收集,并且切实保护客户个人信息。

# 从数字到数智一场静悄悄的革命

数智营销是指利用大数据、人工智能、物联网等先进技术手段,对消费者行为进行精准分析和预测,从而制定出更加科学、有效的营销策略。它不仅改变了营销的方式,更重塑了营销的生态,构建新时代的商业增长引擎。展望未来,数智营销将呈现出更加智能化、个性化、场景化的发展趋势。本书预测了数智营销的未来发展方向,并提出了相应的应对策略和建议。

在这个充满机遇伴随挑战的新时代,数智营销不仅是企业增长的新引擎,更是推动整个行业生态进化的重要力量。我们希望《数智营销》能够成为您探索未知、拥抱变化的指南针,助力每一位读者在数字浪潮中破浪前行,共同开创商业的新纪元。在数字经济时代,营销的边界正在被打破,数智化已经成为企业获取竞争优势的关键。

本书希望为积极布局数智化转型的中小企业提供帮助,为数智化潮流中的院校教育提供创新引擎,致力于成为连接理论与实践的桥梁,不仅深入浅出地解析数智营销的底层逻辑与核心概念,还通过丰富的案例研究,展示国内外领先企业在这一领域的探索与实践成果。

我们的目标是,无论您是市场营销的专业人士,还是对数字营销感兴趣的学者、企业家,都能从中获得启发,掌握实施数智营销的实战技能,推动企业转型升级,抢占市场先机。欢迎踏上这场激动人心的旅程,让我们一同见证并参与这场由智能引领的营销变革!